굿바이
공황장애

두려움에서 벗어나 행복 찾기

굿바이 공황장애

두려움에서 벗어나 행복 찾기

최주연 지음

시그마북스
Sigma Books

두려움에서 벗어나 행복 찾기

굿바이 공황장애

발행일 2017년 8월 1일 초판 1쇄 발행
      2024년 8월 12일 초판 8쇄 발행
지은이 최주연
발행인 강학경
발행처 시그마북스
      Sigma Books
마케팅 정제용
에디터 최연정, 최윤정, 양수진
디자인 김문배, 강경희, 정민애

등록번호 제10-965호
주소 서울특별시 영등포구 양평로 22길 21 선유도코오롱디지털타워 A402호
전자우편 sigmabooks@spress.co.kr
홈페이지 http://www.sigmabooks.co.kr
전화 (02) 2062-5288~9
팩시밀리 (02) 323-4197
ISBN 978-89-8445-885-7(03180)

* **시그마북스**는 ㈜**시그마프레스**의 단행본 브랜드입니다.
  Sigma Books

경험은 창조할 수 없다. 단지 겪는 것이다.

• 알베르 카뮈, 소설가(1913~1960) •

감기처럼 누구에게나
올 수 있는 병일 뿐

"선생님, 저는 좀 다른 사람들이랑 다른 것 같아요. 비현실감이 들면 내가 아닌 것 같고, 뭔가 이상한 일이 일어날 것 같아요. 너무 불안해져서 아무것도 못 해요.", "선생님, 이번에는 좀 다른 것 같아요. 가슴이 조이고 등 쪽으로 이상한 느낌이 전해져요. 전에 불안하거나 공황이 올 때는 이런 증상들이 없었는데." 진료실에서 공황장애 환자분들이 걱정스러운 눈빛으로 이야기합니다. 나는 다른 사람들과 다르다고, 이번에는 전과 또 다르다고. 다르기 때문에 감당할 수 없는 큰 문제가 생길 것 같다고 걱정합니다.

공황을 경험하고 공황장애라는 진단을 받으면서 환자분들은 공황, 정신질환, 장애라는 단어에 너무 놀라고 두려워하게 됩니다. 뭔가 특별한 불치병을 가진 것 같고 나만 이상한 사람이 된 것 같은 느낌에 예민해지고 위축됩니다. 공황장애 환자분들은 외래에서 자신의 지금 상태가 얼마나 특이한지 이야기하려고 하시는데 그럴 때면 저는 일단 환자분들이 어떤 생각을 하고 있는지 충분히 듣는 시간을 갖습니다. 환자분들의 불안과 두려움에 대해서 공감하고 인정하면서 듣다 보면 환자분들은 조금씩 마음의 안정을 찾게 됩니다. 그러면 저는 환자분들의 두려움, 걱정에 대해서 환자분들이 얼마나 특별하지 않은지 설명하기 시작합니다. 불안과 공황에 대해서 설명하고 공황장애라는 병에 대한 개념도 설명합니다. 공황장애가 특별한 사람들에게 오는 무서운 질병이 아니고 감기처럼 누구에게나 올 수 있는 병일 뿐이라고 말합니다. 공황이 불편한 것이지 위험한 것은 아니고 치료를 잘 받으면 얼마든지 건강해질 수 있다고 설명합니다.

진료실에서 공황장애를 설명할 때 감기와 비교해서 자주 이야기를 합니다. 감기는 흔한 병입니다. 아마 한 번도 경험하지 않은 사람은 없을 것입니다. 또 한 번만 경험한 사람도 없을 것 같습니다. 평생 감기를 안 걸리게 예방할 수는 없습니다. 감기란 병은 어느 누구에게나 올 수 있습니다. 감기가 있는 동안은 기침도 나고 열도 나고 오한도 들고 소화도 잘 안되고 여러 가지 신체증상을 동반합니다. 심할 때는 학교나 직장에 가지 못하고 일상생활에 제약을 가져옵니다. 하루 이틀에 끝나지는 않지만 치료를 하면 일정한 시간이 지나면 좋아집니다. 특별히 치료하지 않아도 스스로 완쾌되는 경우가 많이 있습니다. 불편하지만 건강에 치명적이지는 않습니다. 이유 없이 걸리기도 하지만 주로 면역기능이 떨어져 있을 때, 몸이 약해져 있을 때 잘 걸리게 됩니다. 치료는 잘됩니다. 그러나 시간이 지나면 또 걸릴 수 있습니다.

공황장애는 어떤가요? 공황장애도 누구에게나 올 수 있습니다. 불안, 공포를 살면서 한 번도 경험하지 않는 사람은 없습니다. 한 번만 경험한 사람도 없습니다. 평생 다시는 불안, 공포를 경험하지 않게 할 수도 없습니다. 공황이 올 때는 여러 가지 불편한 신체증상들이 동반됩니다. 이런 증상들이 일상에 지장을 주기도 합니다. 하지만 건강 자체에 나쁜 영향까지 주지는 않습니다. 불편한 것이지 위험한 것은 아닙니다. 갑자기 공황이 찾아오기는 하지만 대부분 병이 있기 전에 심리적·신체적 피로가 높아졌을 때 옵니다. 예민해져 있고 스트레스 대처 능력이 떨어졌을 때 잘 오게 됩니다. 치료는 잘됩니다. 약물치료에 반응을 잘하기도 하고 시간이 지나면서 스스로 회복되기도 합니다. 하지만 나중에 다시 공황장애의 모습으로 찾아올 수 있습니다. 특히 스트레스가 커지고 감당할 능력이 약해지면 재발하기 쉽습니다.

이처럼 감기와 공황장애는 공통점이 많습니다. 그런데 두 질병 사이에 큰 차이가 있습니다. 그것은 병에 대한 두려움, 병을 대하는 태도입니다. 감기 걸린 분들이 감기 때문에 두려움에 빠지거나 절망하지는 않습니다. 분명히 감기를 불편해하고 걸리지 않으려고 노력하지만 걸리면 어쩔 수 없는 것으로 받아들이고 치료에 집중합니다. 감기가 치료되면 자신 있게 치료되었다고 이야기하지 치료에 대해서 의심하지는 않습니다. 그리고 몇 달 후에 다시 감기에 걸리면 좌절하고 자책하기보다는 병원에 가서 진료받고 약을 먹고 치료합니다.

하지만 공황장애 환자분들은 좀 다릅니다. 공황장애에 걸리면 그 자체에 대해서 재앙적으로 생각하고 두려워합니다. 치료를 잘해서 공황을 경험하지 않게 된 후에도 자신 있게 극복했다 이야기하지 못하고 의심합니다. 완치되고 몇 년 후에 다시 불안해지고 공황장애가 생기면 재발에 대해서 자책하고 절망합니다. 정신과 병원을 다시 가는 것을 절대로 다시 가면 안 되는 곳을 가는 것처럼 심각하게 고민합니다. 평생 이 병에서 벗어나지 못한다는 두려움까지 가지게 됩니다. 약을 다시 먹게 되면 마치 큰 패배를 맛본 것같이 반응합니다.

왜 병에 대한 태도가 이렇게 다를까요? 그 이유는 사람들이 감기를 잘 안다고 생각하기 때문입니다. 감기에 걸리면 어떻게 해야 하는지 스스로 알고 있다고 생각하기 때문입니다. 반면 공황장애를 두려워하는 이유는 공황장애가 낯설고 잘 몰라서 어떻게 대처해야 할지 모른다는 데 있습니다. 감기는 잘 알고 있다고 생각하기 때문에 걸리는 것도 재발하는 것도 약을 먹는 것도 병원에 가는 것도 두려워하지 않습니다. 공황장애는 모르기 때문에 모든 것이 두렵고 절망스럽습니다.

환자분들을 진료하면서 감기를 알고 있다고 생각하는 것처럼 환자분들이 공황장애를 잘 알게 할 수는 없을까 고민하게 되었습니다. 공황장애를 정확하게 알게 된다면, 감기약에 대해서 알고 있는 것만큼 공황장애 약을 알 수 있다면, 감기 걸릴 때 해야 할 일과 하지 말아야 할 일을 알듯이 공황장애에 걸렸을 때 대처할 수 있다면 감기만큼 재발했을 때 좌절하거나 절망하지 않을 수 있다면 더 이상 공황장애는 특별한 병이 아닐 것입니다. 제가 『굿바이 공황장애』를 쓰게 된 이유입니다.

저는 2000년 강남 연정신과를 개원했습니다. 인지행동치료에 관심을 가지고 공부하고 배우면서 자연스럽게 공황장애라는 병에 대해서 더 많이 관심을 가지게 되었습니다. 공황장애에 가장 효과적인 치료가 약물치료와 인지행동치료이기 때문에 인지행동치료를 임상에 적용하면서 공황장애 환자분들을 많이 만나게 되었습니다. 2002년부터 작은 집단치료실에서 공황장애 환자분들을 대상으로 집단인지행동치료를 실시했습니다. 환자분들을 좀 더 효과적으로 치료하기 위해 Daum에 '공황장애를 극복하기 위해'라는 카페를 만들게 되었습니다. 공황장애에 대한 이해를 돕기 위해 카페 게시판에 글을 쓰기 시작했고 환자분들도 자신의 이야기를 써서 서로 소통하고 다른 분들에게 도움을 주셨습니다. 글들이 모아지면서 2008년 『굿바이 공황장애』라는 책을 (주)시그마프레스의 도움을 받아서 처음 출간하게 되었습니다. 책을 출간할 시기에 여러 연예인분들이 자신이 공황장애임을 밝히면서 공황장애에 대한 관심도 높아졌습니다. 감사하게도 지난 9년 동안 많은 분들이 책을 읽어주셨습니다. 처음 이 책을 출간했을 때보다는 사람들이 공황장애라는 병을 바라보는 시각도 달라지고 치료를 받으러 오시는 환자분들의 마음도 변화되었습니다. 공황장애를 감기 정도로는 생각하지는 못하지만 공황장애라는 병이 누구에게나 올 수 있고 치료하면 좋아질 수 있다는 생각 정도는 갖게 된 것 같습니다.

2017년 현재 저희 병원은 인지행동치료 84기 모임을 진행하고 있습니다. 카페 회원도 이미 만 명 이상이 되었습니다. BAND에 '굿바이 공황장애'도 만들어서 많은 환우분들이 실시간으로 서로 도움을 주고받을 수 있는 공간도 만들어졌습니다. 변화된 환경에 맞추기 위해서 2008년에 출판된 『굿바이 공황장애』를 이번에 다시 정리해서 개정판을 내게 되었습니다. 이 책이 공황장애 환자분들이 공황장애를 극복하는 데 그리고 공황장애라는 병이 더 이상 편견 속에 있지 않게 하는 데 조금이나마 도움이 되었으면 하는 바람입니다.

　마지막으로 카페에 있는 자신의 글을 책에 싣는 것을 허락해 주신 감리 님, 연우사랑 님, 난 건강해! 님, disillusion 님 감사드립니다. 저에게 인지행동치료를 가르쳐 주신 최영희 선생님, 항상 제 옆에서 걱정해 주는 아내와 사랑하는 딸, 아들 그리고 책을 보고 기뻐해 주실 부모님에게도 고마움을 전하고 싶습니다.

2017년 진료실에서
최주연

차
례

2장

생각이 바뀌면 공황도 바뀐다

3장

생각 다루기

4장
행동하기

5장
공황장애를 극복하기 위해

축하합니다
당신은 공황장애입니다

"축하합니다. 당신은 공황장애입니다. 이제부터 당신에게는 새로운 인생이 기다리고 있을 것입니다."

진료실에서 처음 공황장애를 진단받는 사람들에게 제가 하고 싶은 말입니다.

힘들어 죽겠는데 무슨 생뚱맞은 소리냐고요?

많은 사람들이 공황장애를 가지고 있다는 것에 대해서 비관하고 힘들어하고 또 그런 병을 가지게 된 것에 대해서 원망합니다. 하지만 공황장애클리닉을 운영하면서 제가 내린 결론은 공황장애란 참 고마운 병이고 이런 병을 가지게 된 사람들은 어떻게 보면 행운(?)이라는 것입니다. 그럼 공황장애라고 진단받는 것을 축하해야 하는 이유를 이야기해 보겠습니다.

첫째, 공황장애라고 진단받는 것은 진단받기 전에 가졌던 막연한 두려움으로부터 해방시켜 줍니다. 공황장애라고 진단받는 순간, 여러 증상 때문에 재앙적으로 생각하던 두려움으로부터 벗어날 수 있습니다. 죽는 것은 아닌지, 미치는 것은 아닌지, 심장마비가 오는 것은 아닌지, 자제력을 잃고 엉뚱한 행동을 하게 되는 것은 아닌지 등 여러분을 두렵게 만들던 여러 의혹으로부터 해방될 수 있습니다. 무슨 문제인지 알았기 때문에 진단을 받은 다음에는 두려움에서 벗어나 공황장애라는 병을 치료만 하면 되니까 희망을 가지고 지낼 수 있는 것입니다.

공황장애라는 병은 심리적인 병이면서 신체적인 병입니다. 심리적으로 불안하고 신체적으로 불편한 병입니다. 하지만 신체적인 불편함은 어떤 질병으로 인해서 몸에 이상이 진행되는 것이 아니라 다른 사람들도 충분히 경험할 수 있는 신체적인 변화가 다른 사람들보다 예민하게 나타나는 것입니다. 신체적으로 고통스럽지만 생리적인 현상이기 때문에 아무리 자주 나타난다고 해도 그 자체가 실제로 심각한 신체적인 질병으로 발전하지는 않습니다. 공황장애의 최악은 그저 공황일 뿐입니다. 그 이상도 그 이하도 아닙니다. 어떤 질병도 이렇게 최악이 분명한 질병은 없습니다. 감기만 해도 치료를 잘 하지 않으면 폐렴 같은 질환으로 발전할 수 있습니다. 하지만 공황장애는 신체적으로 어떤 심각한 질병을 유발하지 않습니다. 공황장애라고 진단받는 순간 최악의 상황이 단순해지고 위험하지 않게 되는 것입니다.

심리적인 불안도 행동에 영향을 줄 수 있고 일상에 불편을 줄 수는 있지만, 그 자체는 공황장애 환자들에게만 있는 감정이 아니라 누구나 가질 수 있는 본능적인 감정일 뿐입니다. 좀 더 예민할 뿐이지 다른 사람들에게 없는, 없어져야만 하는 그런 증상은 아니라는 것입니다. 물론 불안으로 인해서 여러분의 행동에 제약을 가져오기도 합니다. 하지만 불안한 상태에서 어떤 행동을 하는가 안 하는가는 여러분의 선택입니다. 공황장애가 여러분을 못하게 하는 것이 아니라 여러분 마음속의 두려움이 못하게 하고 있는 것뿐입니다.

"최소한 당신은 생명에 지장이 있는 병은 아니고 이 질환으로 신체적인 문제가 생기지는 않습니다. 당신은 다른 사람과 판이하게 다른 것이 아니라 다른 사람보다 신체적·심리적으로 예민해져 있는 사람일 뿐이니 이제 막연한 불안감에서 벗어나서 공황장애 치료만 하면 됩니다."

두 번째, 공황장애는 여러분을 건강하게 만들어 줍니다. 일단 공황장애를 갖고 있는 사람들은 신체적인 증상들이 나타나기 때문에 몸에 대해서 여러 가지 검사를 받게 됩니다. 경우에 따라서는 입원을 해서 온몸을 샅샅이 검사하게 됩니다. 건강에 대해서 확인할 수 있는 계기를 만들어 주고 건강을 돌볼 수 있는 기회를 주는 것입니다. 검사 중에 문제가 있다면 그 결과에 따라서 치료를 하면 됩니다. 검진을 통해서 건강을 확인한 사람이 아무 문제가 없다는 생각에 검사도 받지 않고 자신에 대해서 막연하게 과신하고 있는 사람보다는 질병적인 면에서 보면 훨씬 건강한 사람입니다.

공황장애를 가진 사람들은 건강에 대해서 항상 많은 관심을 가지게 됩니다. 몸에 좋지 않은 것은 멀리하게 되고 몸에 좋은 것만 취합니다. 많은 경우 담배를 끊게 되고 무절제한 음주를 삼가게 됩니다. 환자들 중에는 전에는 담배 끊기가 그렇게 힘들었는데 공황장애가 오면서 금

단증상도 없이 담배를 단번에 끊었다고 하는 사람들도 많습니다. 불규칙한 생활에서 벗어나 충분한 휴식을 취하게 되고 과도한 스트레스에서 자신을 보호하려고 노력합니다. 건강에 좋은 것을 찾게 되고 종교 생활을 열심히 하기도 합니다.

한번 생각해 보기 바랍니다. 자신의 몸이 어떤지도 모르면서 술, 담배를 무절제하게 하고 불규칙적으로 생활하는 사람들이 건강할까요? 아니면 검진을 통해서 몸 상태를 확인했고 술, 담배를 멀리하고 규칙적으로 생활하면서 건강하게 살려고 항상 신경 쓰는 사람이 건강할까요? 나는 공황을 몸이 우리에게 전하는 경고 메시지라고 생각합니다. 신체적으로, 심리적으로 힘든데도 불구하고 아무 생각 없이 살고 있는 나에게 이제 좀 쉬고 몸도 생각하면서 살라고 하는 경고인 것입니다. 그대로 놔두면 혹시라도 심각한 병이 생길 수도 있으니까 어떤 문제를 사전에 예방할 수 있게 해 주는 공황은 고마운 것이라고 할 수도 있을 것입니다.

"공황장애 때문에 충분히 검사를 해서 본인의 건강상태에 대한 확인을 했기 때문에 이제 최소한 자신의 건강상태가 어떤지도 모르는 주변의 다른 사람들보다는 건강합니다. 그리고 당신은 공황 때문에 술, 담배 같은 몸에 안 좋은 것을 멀리하고 규칙적으로 생활하고 항상 건강을 챙기기 때문에 다른 사람들보다 더 건강하고 오래 살게 될 것입니다."

세 번째, 공황장애는 여러분이 공황이 있기 전에 가지고 있던 문제를 해결할 수 있는 실마리를 제공합니다. 공황장애를 통해서 여러분이 가지고 있던 취약성이 드러나면 그 취약성을 적극적으로 해결할 수 있는 출발점이 되는 것입니다.

나는 공황장애를 고름에 비유하곤 합니다. 고름은 보기도 안 좋고 통증도 유발하지만 고름을 통해서 그 밑에 어떤 염증이 있다는 것을 알 수 있게 해 주고 고름을 짜서 치료하게 되면 그 밑의 염증도 함께 치료되는 것을 보게 됩니다. 물론 짤 때의 고통은 참아야 하고 중간에 그만두면 안 되고 충분히 짜야만 하겠지요.

공황장애가 생기기 전에는 본인은 알지 못하는 문제가 수면 밑에서 진행되고 있는 경우가 많습니다. 상황적으로 본다면 지나친 과로로 인해서 피로가 많이 누적되어 있었다거나 심리적인 압박감을 너무 많이 받고 있어서 스트레스가 쌓여 있을 수 있습니다. 장기적인 부분에서 본다면 대인관계에서 상처를 받기 쉬운 패턴을 가지고 있거나 성격적으로 예민함이 지나치거나 문제를 해결하는 방식에 문제가 있거나 자존감이 너무 낮아져 있거나 건강에 대해서 너무 많은 생각을 하고 있어서 건강염려적인 문제를 가지고 있을 수 있습니다.

저는 공황장애를 포장지에도 비유를 하는데, 내면에 가지고 있던 문제가 쌓여서 공황장애라는 모습으로 밖으로 표현되는 것입니다. 고구마 줄기를 캐다 보면 고구마가 따라 나오듯이 공황장애를 치료하다 보면 그 사람이 평소 가지고 있던 심리적 · 신체적인 문제가 드러나게 됩니다. 감추어져 있던 이런 문제들이 공황장애를 진단하고 치료하는 과정 중에 함께 해결될 수 있는 것입니다. 물론 열심히 치료를 받아야 하고 진단받고 치료받는 과정이 고통스러울 수 있지만 내면에 있던 취약성까지 함께 들여다볼 수 있고 해결할 수 있기 때문에 공황장애가 오기 전보다 심리적·신체적으로 더 건강해질 수 있습니다.

"공황장애라는 질병을 통해서 자신의 문제를 들여다볼 수 있는 기회를 가지게 되고 공황이 올 수밖에 없었던 문제에 대해서 함께 대처해 나갈 수 있기 때문에 공황장애가 오기 전보다 신체적·심리적으로 더 안정되고 건강해질 수 있습니다."

네 번째, 공황장애는 여러분을 인격적으로 성숙하게 만들어 줍니다. 이 부분에 대해서는 원래 공황장애라는 것이 착하고 인격적으로 성숙한 사람들에게서 주로 잘 나타나는 것인지 아니면 공황장애가 사람들을 인격적으로 성숙하게 만드는 것인지는 저도 잘 모르겠습니다. 하지만 공황장애를 진단받고 잘 치료받은 사람들이 인격적으로 성숙해지는 것은 분명한 것 같습니다.

공황장애는 불안과 관련된 병입니다. 공황장애 환자분들은 불안을 유발하는 상황을 가급적 피하려고 합니다. 사람들은 죄를 짓는다고 생각하면 죄책감이 들어서 불안해집니다. 누군가를 속이게 되면 거짓말하는 것이 탄로 날까 봐 불안해집니다. 다른 사람에게 피해를 주게 되면 피해를 받은 사람이 공격할까 봐 또 다른 사람들이 그것을 알고 비난할까 봐 불안해집니다. 공황장애 환자분들이 죄를 짓거나 거짓말을 하거나 남에게 피해를 주는 행동을 안 하게 되는 것은 당연할 수도 있습니다.

실제 환자분들이 이제는 죄를 짓지 못하겠다는 소리를 많이 합니다. 전에는 아내에게 큰소리도 치고 화도 잘 냈는데 이제는 집에서 조용해지고 가정적이 되었고 전에는 바람도 피우고 밖에서 나쁜 짓도 하고 그랬는데 이제는 공황 때문에 그런 짓은 전혀 못한다고 합니다. 환자 중에는 룸살롱을 운영하면서 불법영업도 하고 폭력도 곧잘 쓰곤 했지만 공황장애 이후로 자주 불안해지고 공황이 올까 무섭고 또 뭔가 잘못을 해서 감옥에 가게 되면 답답한 것을 감당하지 못할 것 같아 아예 다른 일을 하게 된 경우도 있었습니다.

또한 공황장애는 환자들을 겸손하게 만들어 줍니다. 죽음을 생각하고 많은 고통을 경험하면서 자신과 주변을 돌아보게 되고 다른 사람들의 고통을 이해하게 되면서 겸손한 사람이 됩니다. 실제로 카페 '공황장애를 극복하기 위해(www.cafe.daum.net/okpanic)'에는 치료를 끝내고 다른 사람들을 도와주는 사람들이 정말 많습니다. 힘든 사람을 위로하고 그 사람들이 올바른 방향으로 갈 수 있도록 좋은 글이나 정보를 공유합니다. 물론 공황장애가 아니더라도 그랬을 수도 있지만 공황장애를 통해서 다른 사람들을 더 생각하고 봉사할 수 있게 된 사람들이 많은 것 같습니다.

공황장애 후에 종교를 가지고 있던 사람들은 종교적으로 더 독실해지는 경우도 많이 있고 바깥 일에 몰두하느라 가족들이 어떤 생각을 하고 어떻게 느끼고 있는지 몰랐던 사람들도 가족들을 좀 더 이해할 수 있게 되면서 아내나 아이들에게 가정적인 가장이 되는 사람들도 많이 볼 수 있었습니다. 건강과 사람들의 마음에 대한 관심이 많아지면서 책도 많이 읽고 명상이나 요가 등 자신을 성숙시킬 수 있는 활동을 하게 되는 경우도 많았습니다. 이런 변화들이 공황장애가 사람들을 인격적으로 성숙하게 만드는 것이 아닌가 생각합니다.

"공황장애는 전에 보지 못했던 것, 느껴보지 못했던 것, 전에 생각하지 못했던 것을 보고, 느끼고, 생각하게 해 줄 것입니다. 세상을 다른 곳에서 바라보게 되면서 당신의 인격을 성숙시킬 수 있는 기회가 될 것입니다."

공황장애를 축하해야 하는 네 가지 이유에 대해서 설명했습니다. 그런데 공황장애를 기쁜 마음으로 받아들이기 위해서는 전제조건이 있습니다. 여러분이 공황과 공황장애를 정확하게 알고 공황장애를 열심히 치료하겠다는 마음가짐입니다. 앞에서 공황장애를 고름에 비유했는데, 고름이 어디 있는지도 모르고 얼마나 큰지도 몰라서 염증에 대처하지 못하면 염증이 점점 더 심해지고 다른 곳으로 퍼져서 합병증이 생기는 것을 지켜볼 수밖에 없듯이 아무리 공황장애가 좋은 점이 많은 질병이라고 해도 정확하게 모르고 적절하게 치료받지 못한다면 여러분의 행복을 제약하고 고통만 줄 수밖에 없는 질병이 될 것입니다.

우리 몸 어디에 고름이 생겼다면 고름의 위치와 크기를 정확하게 알고 어떤 이유로 생겼는지 알아야 하고, 알았다면 아무리 고통스럽더라도 칼로 째서 고름을 충분히 밖으로 배농해야 하며 나중에 그 부위를 깨끗하게 소독하고 봉합하고 약도 처방해서 염증의 뿌리를 뽑아야만 더 이상의 통증 없이 원래의 건강한 상태로 돌아갈 수 있을 것입니다. 이런 과정은 고통을 수반하고 불편하지만 치료 후에는 건강한 몸 상태로 돌아갈 수 있고 염증 원인의 파악을 통해서 다음에 염증이 오지 않도록 예방할 수 있게 하며 혹여 다시 염증이 생긴다고 해도 전에 충분히 치료했던 경험이 있기 때문에 염증이 깊어지기 전에 조기에 쉽게 대처할 수 있게 해 줍니다. 그래서 오히려 염증이 있기 전보다 우리 몸을 더 건강하게 만들 수 있습니다.

공황장애에서도 마찬가지입니다. 공황과 공황장애를 정확하게 모르고 적절하게 대처하지 못하면 점점 더 병을 키우고 힘들게 만들 수도 있지만 정확하게 알아서 열심히 치료만 할 수 있다면 치료 과정을 통해서 단순한 공황장애만 극복되는 것이 아니라 신체적·심리적으로 더 건강하고 성숙한 사람이 될 수 있습니다.

공황장애라고 진단받은 여러분을 축하해야 하는 이유가 설명되었나요? 지금까지 공황장애를 원망하고 비관하고 있었다면 이 글을 읽고 공황장애에 대해 다른 생각을 가지기를 바라며 공황장애를 극복하기 위해서 더 적극적으로 치료받을 것을 권합니다.

공황장애를 극복하는 순간 여러분은 너무나 많은 것을 얻게 됨을 알 수 있을 것입니다.

Tip!

공황장애 진단을 축하해야 하는 이유

- 공황장애는 최악이 그저 공황일 뿐인 안전한 병입니다. 진단받는 순간 당신은 죽음이나 심각한 질병, 미치는 것 같은 재앙적인 걱정에서 벗어날 수 있습니다. 이제 막연한 두려움에서 벗어나 공황장애만 치료하면 됩니다.

- 충분히 몸에 대해서 검사한 당신, 질병에 대한 두려움으로 몸에 안 좋은 것을 피하고 건강에 신경 쓰는 당신은 최소한 건강에 대해서 아무 생각 없이 사는 다른 사람들보다는 건강한 사람입니다.

- 치료 과정을 통해서 공황장애가 올 수밖에 없었던 심리적·신체적인 문제를 해결할 수 있는 기회를 갖게 될 것입니다. 치료가 끝난 후에는 공황장애 전보다 심리적·신체적으로 더 안정된 상태를 만나게 될 것입니다.

- 공황장애를 경험하고 치료하는 과정은 당신을 돌아볼 수 있는 기회를 줄 것입니다. 당신을 인격적으로 성숙하게 만들어 줄 것입니다.

공황장애
바로 알기

공황장애란

공황장애의 역사

공황장애를 이해하기 위해서 우리는 공황장애라는 진단명이 어떻게 생기게 되었는지를 먼저 알아야 할 것 같습니다. 공황장애라는 진단명의 역사는 그렇게 오래되지 않았습니다. 물론 그 전에도 비슷한 증상들을 묘사하는 진단명들은 있었지만 현재 공황장애라는 개념을 나타내는 진단명은 아니었고 다소 광범위하게 불안을 가진 질병을 통틀어 그냥 불안신경증이라고 이야기하는 식이었습니다.

진단을 체계적으로 해야 할 필요성이 생기면서 1952년에 미국정신의학회에서 『정신장애 진단 및 통계편람(DSM-I)』을 발간했습니다. 이 책에서 종전에 불안신경증이라고 부르던 것을 불안반응과 공포반응이라는 개념으로 구분해 놓았습니다. 이후 진단체계는 시간이 지나면서 다시 변화하였는데 1980년에 나온 『DSM-III』에서는 불안을 주증상으로 하는 모든 정신장애를 불안장애라는 큰 범주의 제목으로 명하고 그 안에 공황장애라는 별도의 진단명을 붙이게 됩니다. 1987년 수정판에서 공황발작의 유무를 불안장애의 각 유형을 구분하는 기준으로 사용하였고 그 후 1994년에 발행된 『DSM-IV』에서는 공황장애와 공황발작을 분명하게 구분했습니다.

공황장애라는 진단명에 대해서 다시 정리한다면 과거 신경쇠약이라고 부르던 것이 정신분석적인 이론을 토대로 불안신경증이라는 용어를 사용하게 되었고 다음에는 불안반응으로 분류되었습니다. 후에 다시 불안신경증으로 분류되다가 1980년에 이르러서야 독자적인 공황장애라는 명칭을 얻게 된 것입니다. 현재는 공황장애와 공황발작을 구별하고 있고 공황이라는 개념은 불안장애를 분류하는 데 중요한 기준으로 이용되고 있습니다. 오래전부터 존재해 왔던 질병임에는 분명하지만 지금처럼 명확하게 분류하고 진단하게 된 것은 1980년이 지나서부터입니다.

공황이란

그럼 본격적으로 공황장애에 대해서 이야기해야 할 것 같습니다. 최근 공황이라는 용어가 경제용어로 많이 사용되고 있고 공황장애라는 진단명이 매스컴에 오르내리면서 공황장애에 대한 관심이 높아지고 있습니다. 병원을 방문하는 사람들 중에는 스스로 공황장애라는 진단을 내리고 치료를 위해서 정신과 병원 문을 두드리는 사람들이 많이 있습니다. 하지만 실제로는 현재 공황장애라고 진단받고 치료를 하고 있거나 또 스스로를 공황장애라고 생각하고 있는 사람들 중에서도 공황장애를 정확하게 아는 사람들은 그렇게 많지 않습니다.

단순하게 불안한 것을 공황장애라고 보는 사람들도 있고 숨차고 어지럽고 답답하고 괴로운 신체적인 증상을 공황장애로 여기기도 하고 사람 많은 곳을 가지 못하고 지하철을 못 타고 운전을 못하는 것을 공황장애라고 생각하는 사람도 있습니다. 하지만 이런 것들은 공황장애에서 나타날 수 있는 한 단면이고 이런 증상은 공황장애뿐만 아니라 다른 질환에서도 나타날 수 있는 것입니다.

공황장애를 정확하게 알려면 먼저 공황이라는 것을 알아야 합니다. 공황panic의 사전적 의미는 돌연한 공포, 당황, 겁먹음입니다. 'panic'의 어원은 원래 신화에 나오는 목신 '판Pan'에서 유래된 것입니다. 양과 소의 번식을 관장하는 목동의 신 판은 머리와 하반신은 산양의 모습을 하고 있었으며 곱슬곱슬한 머리카락과 머리 위의 뿔 그리고 두 개로 쩍 갈라진 양의 발톱 등 매우 흉측한 모습을 하고 있었습니다. 낮잠 자는 것을 방해하면 참을 수 없이 화를 내고 소리를 질러서 동물들을 공포에 떨게 했으며 올림포스의 신들이 거인족을 몰아내고 올림포스에 새로운 나라를 건립할 때는 엄청나게 큰소리를 질러서 거인족을 공포에 떨게 만들었다고 합니다.

이런 공포의 상징인 판 신에서 유래된 공황이라는 단어는 극도의 공포 상태를 말하는 것입니다. 그런데 이런 유래에서도 알 수 있듯이 공황이라는 것은 어떤 질병을 의미하거나 질병의 증상을 이야기하는 것이 아니라 단순히 극도의 공포 상태를 말하는 것입니다. 다시 말해서 공황은 공황장애에서만 나타나는 어떤 질병 상태를 말하는 것이 아닙니다. 공포나 당황은 누구에게나 있을 수 있는 감정 변화입니다. 뭔가 위험을 감지하고 불안이 극단적이 되면 느끼게 되는 본능적인 감정입니다.

즉, 공황은 누구나 느낄 수 있는 감정 상태입니다. 생명에 위협을 느끼는 위험한 상황이 되면 공포감에 빠지는 것은 당연합니다. 길을 가다가 만난 강도가 목에 칼을 들이대서 생명의 위협을 느끼거나 낭떠러지에서 떨어질 것 같은 위협을 느끼게 되는 상황에서는 누구나 공포감을 경험하고 당황하게 되는데 이런 상태를 공황이라고 할 수 있는 것입니다.

2004년에 개봉한 〈태극기 휘날리며〉라는 영화에서도 우리는 공황을 만나볼 수 있습니다. 평범한 고등학생으로 평화롭게 살고 있던 진석(원빈)이 어느 날 갑자기 학도병으로 전쟁터에 끌려가게 됩니다. 고등학생이고 다소 순진한 진석이 아무것도 모르는 상태에서 전쟁터 한복판으로 가게 되는 것입니다. 영화 속 장면은 다소 극적입니다. 낯설지만 평화로운 것 같은 장면에서 갑자기 포탄이 날라옵니다. 여기저기 포탄 연기가 자욱한 가운데 바로 옆에 있던 사람들이 죽어가는 유혈이 낭자한 상황에서 진석은 전쟁의 공포감에 압도되어 숨을 가쁘게 쉬고 토하고 어쩔 줄 모르고 당황해합니다. 형 진태(장동건)가 뺨을 치고 몸을 흔들고 소리를 질러야만 정신을 차리고 안정을 찾습니다.

생명에 위협을 느끼고 공포감에 떨고 있는 진석의 모습이 어떻게 보면 전형적인 공황의 모습이라고 할 수 있습니다. 이처럼 공황은 극단적인 공포감을 느끼면서 신체적인 항진증상들과 당황함을 경험하는 상황을 말합니다. 누구나 위험한 상황에서 만날 수 있는 감정 상태입니다.

공황장애란

공황장애는 이런 공황이 예상하지 못하는 상황에서 나타나는 것을 말합니다. 전쟁터도 아니고 강도를 만난 것도 아니고 어떤 외부적인 위험이 없는 상태에서 갑자기 불편한 신체적인 증상을 경험하고 그 증상에 공포로 반응하게 되는 것을 말합니다. 〈태극기 휘날리며〉에서 진석은 그렇게 심한 공황을 경험했지만 공황장애가 되지는 않습니다. 오히려 늠름한 군인으로서 씩씩하게 생활합니다. 공황장애 환자들과는 어떤 차이가 있을까요?

이유는 간단합니다. 진석은 공황이 온 이유를 정확하게 알고 있어서 자신에게 나타난 여러 가지 현상을 스스로 이해했기 때문입니다. 포탄이 떨어지고 생명에 위협이 되었기 때문에 공포감이 든 것이고 이런 상황에서는 숨이 차고 맥박이 빨라지고 땀 나고 긴장하는 것은 너무나 당연하며, 이런 위험이 지나가면 공포감은 사라질 것이고 몸에 나타나는 신체증상들도 사라질 것이라고 생각할 수 있는 것입니다. 그렇기

1장 공황장애 바로 알기

때문에 포탄이나 전쟁 상황은 두려워하지만 자기 자신에게서 나타난 공포감이나 신체증상들은 두려워하지 않는 것입니다.

반대로 공황장애 환자들은 전혀 예상하지 못한 상황에서 공황을 경험하게 됩니다. 포탄이 날아오지도 않았고 주변에 위험을 느낄 만한 요소들이 아무것도 없고 오히려 너무나 일상적인 상황에서 갑자기 공황을 경험하게 됩니다. 이렇게 예기치 못한 공황을 경험하게 되면 실제로 아무런 일이 일어나지 않았고 다시 원래의 몸 상태로 돌아오더라도 공황장애 환자들은 세 가지 변화를 보이게 됩니다.

첫 번째는 언제 이런 공황을 다시 경험하게 될까 항상 노심초사합니다. 어떤 위험한 상황에서 공황이 왔다면 그 상황만 피하면 된다고 생각할 수 있는데 전혀 이유 없이 이런 증상들이 나타났다고 생각되기 때문에 언제 다시 이렇게 힘든 경험을 하게 될까 걱정하게 됩니다. 아주 조금만 신체적인 조짐을 보여도 안절부절못하게 되고 언제 다시 공황이 나타나지 않을까 자신의 몸에 대해 신경을 곤두세우게 됩니다.

두 번째는 왜 이런 일이 일어났는지 모르고 어떻게 시작되었는지도 모르기 때문에 이 상황의 결과가 어떻게 끝날지에 대해서 걱정합니다. 강도를 만나서 그런 증상이 나타났다면 강도가 사라지면 이 증상 또한 없어질 것임을 예측할 수 있지만 특별한 외부적인 이유 없이 나타났기 때문에 자신의 몸에서 이유를 찾기 시작합니다. 증상 하나하나를 어떤 질병과 관련시켜서 재앙적으로 생각하고 이러다 혹시 죽는 것은 아닐까, 미치는 것은 아닐까, 자제력을 잃는 것은 아닐까, 심장마비가 오지는 않을까 등 파국적인 생각에 불안해합니다.

세 번째는 행동에 변화를 보이게 됩니다. 평소에 잘 하던 행동을 못하거나 피하게 됩니다. 또 공황과 관련해서 평소에 잘 가던 곳을 잘 못가게 되기도 합니다. 공황이 올 것 같은 행동 또는 공황 때 경험했던 신체적인 증상과 비슷한 증상을 경험하게 되는 행동을 못하게 되고 공황이 나타났던 장소나 그와 비슷한 장소들을 못 가고 피하게 됩니다. 건강에 지나치게 민감해져서 작은 신체적 불편에도 응급실로 뛰어가고 병원을 전전하면서 검사를 반복하기도 합니다. 일상생활에까지 영향을 주어서 생활의 리듬을 잃기도 하고 무기력한 생활에 빠지게도 됩니다.

물론 모든 공황장애 환자가 이런 변화를 경험하는 것은 아니고 똑같은 강도로 경험하게 되는 것도 아닙니다. 사람에 따라서 경험하게 되는 정도는 다를 수밖에 없습니다. 예기치 못한 공황을 경험한 후에 이런 세 가지 변화된 모습을 한 달 이상 지속적으로 보이게 되면 공황장애라고 진단을 내리게 됩니다.

정리하면 공황은 누구에게나 올 수 있는 일시적인 공포감입니다. 그리고 공황장애는 이런 공황을 예상하지 못한 상황에서 반복적으로 경험한 후 생각과 행동에 변화를 보이는 것입니다.

공황이 누구에게나 올 수 있는 상태이고 또 예상하지 못한 상황에서 온 것이기 때문에 생기는 질병이라는 것은 치료적으로 이야기할 때는 매우 희망적일 수 있습니다. 누구에게나 올 수 있는 상태라는 것은 우리 몸에 심각한 영향은 주지 않는다는 의미가 되고 예상하지 못한 것이 문제라면 정확하게 알아서 공황을 예상하고 공황이 왔을 때 제대로 대처하기만 한다면 얼마든지 극복할 수 있는 것이라는 의미가 될 수 있기 때문입니다. 이 책은 여러분이 공황을 제대로 알고 극복할 수 있게 구체적으로 설명할 것입니다. 책을 통해서 공황에 대한 두려움이 줄어들기를 희망합니다.

저자의 추가 생각

공황발작, 공황장애라고 누가 이렇게 이름을 지었을까요? 사람들이 느끼는 고통은 어떤 상황 자체보다는 상황에 부여한 의미에 더 영향을 받습니다. 어떤 의미를 부여하는가에 따라 고통이 달라지기도 합니다. 이름은 그 자체가 상징적인 의미를 가지고 있습니다. 병에 어떻게 이름을 붙이는가에 따라서 환자분들이 느끼는 두려움이나 고통은 달라질 수도 있습니다.

발작, 장애. 이 단어가 주는 연상은 왠지 재앙적인 상황들입니다. 발작이라 하면 간질 환자가 간질이 왔을 때 의식을 잃고 거품을 물고 경련을 하면서 쓰러지는 모습을 연상하게 만들고 장애라는 단어는 평생 고치지 못하고 어쩔 수 없이 받아들여야만 하는 상태를 상상하게 만듭니다. 공황장애라고 진단받았을 때 환자분들이 절망감을 느끼고 두려움에 빠지는 이유는 본인이 경험한 어떤 상황도 있지만 공황발작이라는 단어에서 왠지 공황이 오면 끔찍한 일이 벌어질 것 같은 상상을 하게 되고 공황장애라는 단어에서 평생 치료되지 않는 장애를 가지게 된 것 같은 연상을 하기 때문입니다.

그런데 사실 발작과 장애는 공황장애와는 전혀 어울리지 않는 단어입니다. 영어로 표현하면 공황장애에서 발작과 장애를 연상하기는 어렵습니다. 왜냐하면 영어로 공황발작은 panic seizure(발작)나 panic convulsion(경기)이 아니라 panic attack입니다. 공황장애는 panic disability(장애)가 아니라 panic disorder(병)이기 때문입니다. 발작이 아니라 그냥 공황, 공포가 엄습하는 것이고 장애가 아니라 치료하면 충분히 완치가 되는 그저 질병에 불과한 것입니다.

그래서 저는 환자분들에게 공황발작이라는 단어보다는 그냥 공황이 왔다(경험했다)라고 표현하고 공황장애라기보다는 공황병이라고 표현하라고 권합니다. 어떤 언어를 선택하는가에 따라서 연상되는 의미가 다르고 그 의미에 따라 고통의 크기도 변하기 때문입니다. 처음 공황장애를 우리나라에 소개하고 번역하는 과정에서 나름 어떤 이유가 있었겠지만, 발작이라는 단어와 장애라는 단어 때문에 놀라고 겁을 먹었다면 억울한 측면이 많이 있습니다.

공황장애
진단 기준

공황장애는 단순하게 신체적인 병은 아닙니다. 또 심리적인 면만 있는 병도 아닙니다. 심리적인 면과 신체적인 면이 함께 있는 병입니다. 다소 복잡하고 막연할 수도 있는데 이런 공황장애를 정의하기 위해서 미국정신의학회는 2013년 새롭게 개정된 『DSM-V』에서 다음과 같은 기준을 제시했습니다. 먼저 공황에 대한 진단 기준입니다.

———

공황은 심한 두려움과 불편감이 갑자기 밀려오는 것으로 수 분 내에 최고조에 다다르게 됩니다. 공황으로 진단하려면 공황 상태에서 다음과 같은 증상이 4개 이상 체크되어야 합니다.

1. 빈맥, 심장이 쿵쾅거림 또는 심장박동 증가

2. 땀 흘림

3. 떨림, 전율

4. 호흡이 짧아지는 느낌 또는 질식감

5. 숨 막히는 느낌

6. 가슴 통증 및 불쾌감

7. 구역질 또는 복부 불쾌감

8. 어지러움, 불안정감, 머리 띵함, 또는 기절할 것 같은 느낌

9. 오한 또는 화끈거림

10. 감각이상(마비감 또는 짜릿짜릿한 느낌)

11. 비현실감(비현실적으로 느낌) 또는 이인증(자기 자신으로부터
    분리된 듯한 느낌)

12. 자제력 상실 또는 미칠 것 같은 두려움

13. 죽을 것 같은 두려움

다음은 공황장애 진단 기준입니다.

A. 예기치 못한 공황이 반복해서 발생한다.

B. 공황 발생 중 적어도 한 번은 1개월 이상 다음 중 하나나 두 가지 상
   태가 지속되어야 한다.

   1. 추가적인 공황 발생이나 공황과 관련된 여러 가지 가능성에 대한

지속적인 걱정(자제력 상실, 심장마비, 미치지 않을까 등)

2. 공황과 관련된 행동에 있어서 뚜렷한 부적절한 변화(운동이나 낯선 상황을 회피하는 것같이 공황이 오는 것을 피하기 위한 행동 변화)

C. 이런 장애가 물질(약물 남용이나 약물치료)이나 내과적인 질환 상태(갑상선 항진증이나 심혈관 질환 등)에 의한 생리적인 영향 때문에 생긴 것이 아니어야 한다.

D. 이런 장애가 다른 정신과 질환으로 더 잘 설명되어서는 안 된다.

이와 같은 진단 기준을 읽은 사람들은 자기 나름대로 해석하고 자신의 증상을 공황장애에 맞추는 경우가 많습니다. 그런데 이 기준을 볼 때는 주의할 것이 있습니다. 자칫 체크되는 항목의 수에만 초점을 두면 모든 사람이 공황장애라는 진단 기준에 맞추어질 수도 있습니다. 공황과 관련지어 나열한 여러 가지 신체적인 증상들은 흥분하게 되면 언제든지 나타날 수 있는 것들이기 때문입니다. 운동을 해도, 옆에 좋아하는 사람이 있어도, 화가 날 때도, 먹은 것이 체해서 불편할 때도 앞에서 열거한 증상 중 네 가지 정도는 얼마든지 나타날 수 있습니다.

그렇기 때문에 단순하게 체크되는 숫자를 가지고 진단하는 것은 문제가 있습니다. 공황을 이야기할 때 가장 중요한 것은 신체적인 증상이 아닙니다. 신체적인 증상보다는 그 당시에 가졌던 심리적인 위기감이 더 중요합니다. 죽음에 대한 공포, 큰 질병에 대한 불안, 자제력 상실이나 미칠 것 같은 느낌 등의 존재가 더 중요합니다.

공황장애를 진단할 때는 단순히 공황을 경험했는지가 중요한 것이 아니라 그런 공황이 예상하지 못한 상황에서 나타났는지가 더 중요합니다. 특별한 상황에서 경험한 공황은 공황장애라고 할 수 없습니다. 공황이란 위험한 상황이라면 누구에게나 올 수 있기 때문입니다. 그리고 공황을 예상하지 못한 상황에서 경험했는가 혹은 그렇지 않은가보다 더 중요한 것이 있습니다. 그것은 그 사람이 예상하지 못한 공황을 경험한 이후 공황에 대한 두려움을 가지게 되었는가입니다. 공황에 대한 두려움이 없어서 공황에 대해 불안해하지 않고 일상생활에 지장도 받지 않는다면 그 사람이 예상하지 못한 공황을 경험했다고 해도 공황장애라고 할 수 없습니다. 공황을 예상하지 못한 상황에서 경험한 후 공황에 대해서 두려움을 가지게 되는 것이 공황장애입니다. 공황에 대한 두려움 때문에 공황이 언제 올까 항상 노심초사하고 공황의 결과로 나타날 수 있다고 생각하는 어떤 재앙적인 상황들을 염려하면서 일상에 제약을 가지고 있는 것이 공황장애입니다.

요즘은 정보의 홍수 시대인 것 같습니다. 공황장애와 관련된 정보도 방송, 인터넷이나 책을 통해서 쉽게 찾을 수 있습니다. 많은 연예인들이 토크쇼나 연예프로에 나와서 공황장애임을 밝히기도 하고 힘들었던 경험에 대해서 이야기를 합니다. 최근에 병원에 오시는 분들 중에는 자신을 스스로 공황장애라고 진단하고 확인하려고 오는 경우도 많습니다. 또 많은 분들이 병원에 오지 않고 자신을 공황장애라고 진단하고 나름대로 치료하려고 노력하기도 합니다. 하지만 이 정보들이 객관적이지 않고 주관적이고 단편적인 부분이 많아서 장님 코끼리 만지는 격이 되는 경우도 많습니다. 비행기를 못 타거나 지하철을 못 타면 공황장애로 보기도 하고 불안해하는 것을 무조건 공황 때문이라고 치부하기도 합니다. 건강을 염려하고 검사를 많이 하고 신체증상을 겁내면 또 공황장애로 생각합니다. 거꾸로 공황장애로 진단받으면 마치 비행기를 못 타야 할 것 같고 지하철을 못 타야 할 것 같은 생각을 하기도 합니다. 하지만 이런 면은 공황장애 환자분들 중 일부가 보일 수 있는 증상들 중 하나로 그 자체가 공황장애는 아닙니다. 다른 정신과 질환이나 내과적인 질환을 가진 분들도 충분히 이런 증상들을 가질 수 있습니다. 그렇기 때문에 공황장애를 진단하는 과정에서는 정확한 기준을 알 필요가 있고 전문가와의 진료를 통해서 진단을 받아야 할 필요가 있습니다.

공황장애를 진단하려면 다음을 꼭 체크해야 합니다.

1. 공황을 예상하지 못한 상황에서 반복해서 경험했는가?

예상하지 못한 상황이라는 의미는 공황이 나타날 때 두려움을 줄 구체적인 대상이 없었다는 것입니다. 그곳에 같이 있던 다른 사람들은 두려움을 전혀 느끼지 못하고 또 자신도 전에는 두려움을 느끼지 않던 상황을 말합니다. 전부터 높은 곳을 두려워하던 사람이 높은 곳에 올라가서 공황을 경험하는 것은 충분히 공황을 예상할 수 있는 상황입니다. 버스를 타고 가다 앞차가 사고가 나서 갑자기 급정거를 하게 된 상태에서 경험한 공황도 예상하지 못한 상황은 아닙니다. 자극도 없고 다른 사람들은 멀쩡한데 나만 갑자기 공황을 경험하는 것을 예상하지 못한 상황에서 경험한 공황이라고 할 수 있습니다.

2. 내가 생각하는 공황상태가 진단 기준에 맞는가?

공황은 공포감을 동반한 상태입니다. 앞서 13개 기준을 제시했는데 공황상태는 13개 중 4개 이상의 증상이 동시에 나타나는 상태를 말합니다. 불안해도 두세 가지 신체증상은 얼마든지 나타날 수 있습니다. 공황상태라면 갑자기 가슴이 쿵쾅거리고 숨은 쉬어지지 않고 몸은 경직되면서 마비감이 느껴지고 현기증으로 금방이라도 쓰러질 것 같은 여러 가지 신체증상이 동시에 나타나면서 죽을 것 같고 미칠 것 같은 생각, 또는 자제력을 잃을 것 같은 심리적인 공포감에 빠져드는 상태를 말합니다. 2~3개 신체증상이 있거나 걱정하는 정도는 불안한 상태라고 표현하는 것이 맞습니다.

3. 예상하지 못한 공황을 경험하고 공황 자체에 대한 두려움이 생겼는가? 그 두려움이 한 달 이상 지속되고 있는가?

공황상태에 대한 두려움으로 공황이 언제 올지 몰라 전전긍긍하고 공황이 와서 어떻게 될까 항상 노심초사하면서 공황이 안 오게 하기 위해 일반적이지 않은 행동을 계속하고 있는가? 그리고 그런 두려움과 두려움 때문에 생긴 변화들이 한 달 이상 지속되고 있는가?

공황은 다른 정신과 질환에서도 얼마든지 경험할 수 있습니다. 외상

후 스트레스 장애 환자분들도 공황을 경험할 수 있고 대인공포를 가진 분들도 공황을 경험할 수 있습니다. 특정 공포증을 가진 분들도 공황을 경험할 수 있습니다. 다른 질병에 의해서 공황을 경험한 사람과 공황장애 환자의 차이는 가장 두려워하는 것이 공황인가 아닌가입니다. 공황장애 환자들은 공황상태 자체를 가장 무서워합니다. 무대공포가 있는 대인공포 환자는 많은 사람들 앞에 서는 것을 두려워합니다. 외상 후 스트레스 장애 환자분들은 외상을 경험한 상태를 두려워합니다. 공황을 경험할 수 있고 두려워할 수 있지만 공황 자체를 두려워한다기보다는 원래 무서워하던 것을 경험하는 과정에서 공황을 경험하기 때문에 공황 자체가 가장 무서운 대상이 되지는 않습니다. 그 차이는 분명히 있습니다.

공황에 대한 두려움이 한 달 이상이 되었는가도 중요한 기준입니다. 아직 한 달이 되지 않았다면 공황장애 진단을 보류하는 것이 맞습니다. 공황은 공황장애 환자분들만 경험하는 특별한 상태가 아니라 여러 가지 이유로 누구나 경험할 수 있는 것입니다. 많은 사람들은 공황을 경험해도 나름의 이유로 해석하면서 얼마 동안 걱정하고 불안해하지만 바쁜 일상 속에서 잊어버리게 됩니다. 자연적으로 회복되는 사람들까지 공황장애로 진단하는 것은 맞지 않습니다. 진단 기준에서 한 달 이상 지속되는 것을 중요하게 보는 이유입니다.

공황 시에 나타나는
신체적인 증상들은 위험한가

공황장애 환자들이 왜 공황을 두려워할까? 그것은 공황장애가 매우 불편한 신체증상들을 동반하기 때문입니다. 갑자기 이유 없이 여러 가지 신체증상이 나타나고 그 증상들이 너무 불편하기 때문에 두려움을 경험하고 공황을 무서워하게 됩니다.

공황이 올 때 여러분은 어떤 신체적인 변화를 경험했습니까? 그리고 그런 증상들에 대해서 어떻게 해석하고 어떤 반응을 보였나요? 호흡이 빨라지고 질식감이 들고, 가슴이 두근거리고 답답해지면서 통증이 오고, 어지럽고, 쓰러질 것 같고, 몸이 떨리고, 손발이 저리고, 땀이 나고, 입이 마르고, 구역질이 나고, 배가 아프고, 한기가 느껴지는 등의 증상을 경험하지 않았나요? 그리고 이런 증상들을 경험하면 심각한 질병을 의심하고 쓰러지는 것은 아닌가, 미치는 것은 아닌가, 죽는 것은 아닌가 하는 두려운 생각에 빠지지는 않았나요?

공황은 항상 신체적인 증상들을 동반합니다. 갑작스럽게 이런 불편한 신체증상들을 경험하면 사람들은 당황하게 되고 증상에 놀라서 공포감에 빠지게 됩니다. 만약 공황이 와도 이런 불편한 신체증상들이 나타나지 않는다면 공황장애 환자들이 공황을 그렇게 두렵게 생각하지 않을 것입니다. 또 이런 신체증상이 나타나도 위험한 것으로 인식하지 않는다면 그 또한 공황을 두렵게 만들지는 않을 것입니다. 공황에 대한 두려움을 극복하기 위해서는 공황 때 나타나는 신체증상들의 의미를 정확하게 알아야 하고 신체증상들에 대해서 어떻게 대처해야 하는지 알고 있어야 합니다.

가령 여러분이 늦은 밤에 혼자 등산하고 있다고 가정해 봅시다. 날은 깜깜하고 아직 가야 할 길은 멀었습니다. 바람이 불고 적막한 가운데 왠지 무엇인가가 나타날 것만 같습니다. 이때 갑자기 앞에 불빛 두 개가 번쩍입니다. 산에 웬 불빛인가 놀라서 가만히 그 불빛을 살펴봅니다. 두 개의 불빛이 조금씩 움직이기 시작하고 그 불빛은 점점 다가오고 있습니다. 불길한 생각이 들고 위험한 산짐승은 아닌가 불안해집니다. 점점 다가오는 불빛은 예상한 대로 사나운 들짐승의 눈빛입니다. 위협적으로 으르렁거리면서 빠르게 당신 쪽으로 다가오고 있습니다.

자, 혼자서 이런 상황을 만나면 여러분은 어떤 상태가 될까요? 그리고 어떻게 행동하게 될까요? 우선 낯선 불빛을 눈으로 보게 되면 여러분은 그 불빛이 위험한 것인지 아닌지 판단하게 될 것입니다. 여러분이 가지고 있는 여러 가지 정보를 통해서 판단하고 위험하다고 인식하게 되면 여러분은 불안해질 것입니다. 그리고 그 위험에서 벗어나기 위해 우선 도망가려 할 것이고 도망가지 못하면 돌이나 나뭇가지를 들고 짐승과 싸울 준비를 할 것입니다. 살기 위해서 여러분은 싸우거나 도망가는 반응을 보일 수밖에 없을 것입니다. 이처럼 위험한 상황에서 생명 유지를 위해 인간이 하게 되는 본능적인 반응을 투쟁 도피 반응이라고 합니다.

다른 예를 들어보겠습니다. 어느 날부터 국경에서 심상치 않은 기운이 느껴집니다. 전쟁이 일어날 수도 있다는 정보들이 들려오고 여러 가지 군사 도발 행동들이 감지되고 있습니다. 그 움직임들을 예의주시하고 있는데 위험한 가능성들이 점점 현실화되고 있습니다. 아무리 생각해도 전쟁이 일어날 것 같은 위급한 상황입니다. 이런 상황에서 여러분이 대통령이라면 어떻게 하겠습니까? 한 나라의 대통령으로서 나라가 위험에 처해 있다고 판단하면 나라를 지키기 위해서 여러 가지 조치를 취해야 할 것입니다. 우선 국민들에게 위험하다는 경고를 주기 위해서 전쟁에 대한 경계경보를 내리고 전쟁에 대비할 수 있게 해야 할 것입니다. 비상조치나 계엄령을 선포해서 여러 가지 국방 시스템을 비상체제로 바꾸고 국가 비상사태에 대비하기 위한 준비를 해야 할 것입니다.

그렇다면 비상사태에 대비하기 위해서 어떤 준비를 해야 할까요? 우선 전쟁을 가정한다면 전쟁에 필요한 물자를 재분배해야 할 것입니다. 전시에 가장 중요한 것은 전쟁을 수행해야 하는 사람들, 물자, 돈, 사회적인 지원 시스템 등일 것입니다. 평화 시에 이런 것들은 사회 각 분야에서 골고루 순환되어야 합니다. 사람들은 각자 자기가 속한 분야에서 맡은 일을 해야 할 것이고 물자나 돈과 같은 재화는 경제가 발전할 수 있도록 원활하게 순환되어야 할 것입니다. 도로나 항만 같은 사회간접 자원도 국민들의 안정된 삶을 위해서 운영되어야 합니다. 하지만 전쟁을 하게 되는 상황은 비상사태이기 때문에 자원이나 시스템은 전쟁을 위해서 국가가 통제해야 하고 군대 위주로 재편성되어야 합니다. 젊은 남자들은 군대로 가야 하고 물자나 돈도 군대에 우선 배정되어야 하며 도로나 항만 등도 군대를 지원하는 형태로 바뀌어야 할 것입니다. 나라를 보호하고 전쟁에서 승리하기 위해서 말입니다.

그런데 이런 일은 전쟁이 예상되는 상황에서 국가에서만 나타나는 것이 아니라 위험한 상황에서 우리 몸에서도 일어납니다. 여러분은 불안을 무엇이라고 생각하나요? 많은 공황장애 환자들이 불안을 괴롭고 없었으면 하는 상태로 인식하는데 나는 불안은 우리 몸에게 위험하다는 것을 알려 주는 신호라고 이야기합니다. 마치 국민들에게 위험하다고 알리는 경계경보처럼, 길을 건너지 말라는 빨간색 신호처럼 우리에게 위험을 알리는 신호와 같습니다. 이 불안이라는 신호에 따라서 우리 몸은 위험에 대비해서 도망가거나 싸우기 위한 최적의 조건을 만들려는 현상이 자동적으로 나타나게 됩니다. 앞에서 전쟁을 준비하기 위해서 재편성되어야 하는 국가의 에너지는 사람들, 물자, 돈, 사회간접 자원 등이라고 했는데 사람에게서 그런 에너지는 무엇일까요? 몸을 움직이는 데 필수적으로 필요한 여러 가지 영양소와 산소 같은 것이 에너지원이 될 것입니다. 특히 산소는 사람이 살아가는 데 매우 중요합니다. 4분 정도만 공급이 중단되어도 생명에 영향을 주는 필수적인 요소입니다. 그리고 이런 영양소와 산소는 혈액을 통해서 공급됩니다. 다시 말해서 혈액은 우리 몸의 중요한 에너지원으로서 전쟁을 수행하기 위해 나라의 물자가 새배치되었듯이 위험이라고 판단해서 불안해지면 싸우거나 도망가기 위해서 혈액은 통제되고 재분배가 이루어지게 됩니다.

자, 위험한 상황에서 도망가거나 싸우려면 우리 몸의 에너지원인 혈액은 재분배가 된다고 했습니다. 앞에서 이야기한 상황처럼 어두운 산길에서 들짐승을 만나 도망가려면 여러분 몸의 혈액은 어떻게 재분배되어야 할까요? 일단 싸우거나 도망가려면 운동량이 많이 늘어나는 몸의 큰 근육들로 혈액이 몰려야 할 것입니다. 또 머리에서 빠른 판단을 하고 대처방법을 세워야 하기 때문에 머리로도 혈액은 많이 가야 할 것입니다. 피가 모이면 근육은 긴장하고 경직됩니다. 그래서 위험한 상황에서 불안해지면 어깨는 움츠러들고 팔다리에 힘이 들어가고 심하면 떨리기까지 합니다. 머리로 혈액이 몰리면 얼굴이 화끈거리고 뒷목이 뻐근해지는 증상들이 나타나게 됩니다.

심장은 어떤 상태가 될까요? 갑자기 큰 근육에 혈액을 많이 보내 주려면 심장은 당연히 빨리 뛸 수밖에 없습니다. 펌프질을 빠르게 해야 온몸 구석구석으로 혈액을 보낼 수 있고 많은 혈액을 공급할 수 있기 때문에 평소보다 훨씬 빨리 뛰게 됩니다. 그래서 나타나는 증상이 가슴이 뛰거나 혈압이 상승하는 증상입니다.

앞서 싸우거나 도망가는 데 산소는 중요한 에너지원이라고 했습니다. 산소는 인체에서 영양소와 작용해서 물, 이산화탄소, 에너지를 만듭니다. 에너지를 만드는 데 필수 요소입니다. 영양소는 음식을 통해서 공급되는데, 지금 당장 도망가거나 싸우기 위한 에너지를 만드는 데 음식을 먹는 것은 전혀 효율적이지 못합니다. 이미 저장되어 있는 영양소들을 빨리 에너지로 바꾸는 것이 효과적입니다. 저장되어 있는 영양소를 가지고 단기간에 많은 에너지를 만들려면 반드시 산소를 많이 공급해야만 합니다. 혈액의 재분배도 결국은 산소를 공급하기 위해서 재분배되는 것입니다. 그럼 호흡은 어떻게 될까요? 당연히 호흡속도는 빨라지게 됩니다. 산소의 요구량이 늘어나게 되는 상황이기 때문에 많은 산소를 확보하기 위해서 호흡은 빨라집니다. 호흡은 거칠어지고 숨이 차고 호흡을 빠르게 하기 위해 가슴 근육들의 움직임도 많아지기 때문에 가슴이 뻐근하고 통증도 느끼게 됩니다.

과유불급이라는 말이 있습니다. 무엇이든지 너무 과하면 좋지 않습니다. 산소도 너무 많아지면 우리 몸에 불균형을 유발해서 문제를 만듭니다. 공황 시에 호흡은 위험을 인지하고 불안해져서 운동량이 많아질까 봐 산소를 많이 확보하는 상황인데 실제 공황 시에는 움직이지 않고 그 자리에서 불안해하는 상황이 대부분이라 산소가 적절하게 소모되지 않아 몸에 산소만 많아진 상태가 됩니다. 이런 상황에서 우리 몸은 또 보호 시스템이 작동하게 됩니다. 지나친 산소의 공급을 막기 위해 특정 부위로 가는 혈관이 수축되고 헤모글로빈과 산소의 결합력이 증가합니다. 특히 뇌는 아주 중요하고 예민한 곳입니다. 산소 공급이 너무 많아지면 그 자체가 또 위험이 되어서 산소의 공급을 줄이기 위해 머리로 가는 혈관을 수축시켜 뇌로 가는 혈액량을 줄이게 됩니다. 이때 일시적으로 뇌는 산소가 부족한 상태를 경험하게 되는데 공황 시에 현기증이나 질식감, 눈앞이 캄캄해지는 느낌은 이 때문입니다. 헤모글로빈은 혈액 속에서 산소를 운반하는 역할을 하는데 산소와 헤모글로빈의 결합력이 증가하면 산소가 필요한 곳에 제대로 공급되지 않는 결과가 생기게 됩니다. 사지 말단에 산소가 잘 공급되지 않아서 말초증상들이 생기는데 손이 저리고 차가워지는 한기를 느끼게 되는 것이지요. 호흡이 빨라져서 몸에 산소가 많아졌는데도 오히려 신체에서는 산소가 부족한 듯한 증상들을 경험하게 되는 것입니다. 이런 증상들은 일반사람들도 숨을 일부러 몰아쉬거나 풍선에 바람을 불어넣고 나면 쉽게 느낄 수 있습니다.

심장과 호흡기관은 자동차에 비유하면 엔진과도 같은 곳입니다. 갑자기 엔진의 움직임이 빨라지면 어떻게 될까요? 열이 나면서 과열이될 것입니다. 우리 몸도 그렇습니다. 갑자기 심장이 뛰고 호흡은 빨라지고 근육에 힘이 들어가면 열이 나기 시작합니다. 그럼 어떻게 해야할까요? 당연히 열을 낮추어야 할 것입니다. 엔진의 과열을 막기 위해서 냉각 시스템이 있듯이 우리 몸에도 이런 열기를 낮추기 위한 시스템이 존재합니다. 그것이 바로 땀입니다. 불안하고 공황이 올 때 땀을 많이 흘리기도 하는데 그 땀은 우리 몸의 열기를 식혀 주는 의미가 있습니다. 또 땀은 우리 몸을 보호하는 기능도 있습니다. 싸우거나 도망을 갈 때 우리 몸의 피부는 상처를 잘 받을 수밖에 없습니다. 피부가 건조하면 마찰력이 커져서 쉽게 상처가 생기지만 땀으로 피부가 촉촉하게 젖어 있으면 피부는 미끄러워지고 상처를 방지할 수 있게 됩니다. 하지만 동시에 땀은 몸을 축축하게 만들고 열기가 식으면서 한기를 느끼게 만드는 불편함도 주게 됩니다.

앞에서 싸우거나 도망가기 위해서 큰 근육들로의 혈액 공급은 늘어난다고 했습니다. 하지만 싸우거나 도망가는데 상처가 생기고 그 상처 부위에 혈액이 많이 공급되면 아마 출혈로 생명에 지장을 받게 될 것입니다. 생명 유지를 위해 우리 몸은 상처가 나기 쉬운 곳에 혈액의 공급을 줄이는 방어기제가 작동합니다. 그러면 어디에 상처가 잘 날까요? 그곳은 피부 표면, 사지 말단 같은 곳입니다. 공황이 올 때 손발이 저리고 피부에서 한기를 느끼는 이유는 이처럼 상처 나기 쉬운 곳에 혈액 공급을 줄이기 위해서 혈관을 수축시켜 말초혈액 순환이 억제되기 때문입니다.

반대로 싸우는 데 중요하지 않은 곳은 어떻게 될까요? 평소 우리 몸은 혈액 순환이 골고루 이루어집니다. 특히 소화기관은 우리가 영양소를 섭취하는 데 중요한 곳이기 때문에 혈액 순환도 좋아야 합니다. 생식기관 역시 마찬가지입니다. 하지만 싸우거나 도망가려고 할 때는 소화기능이나 생식기능은 중요하지 않습니다. 지금 눈앞에 호랑이가 쫓아오고 있는데 아무리 맛있는 음식을 주어도 먹고 싶은 생각은 들지 않을 것이고 아무리 멋진 이성이 유혹을 해도 관심을 보이기는 어려울 것입니다. 그래서 불안해지고 공포 상태에 빠지면 소화기관이나 생식기관으로 가는 혈액은 줄어들게 됩니다. 혈액 순환이 줄어들기 때문에 기능도 저하됩니다. 공황 시에 입이 마르고 메스껍고 소화가 잘 안 되는 것도 소화기관으로 가는 혈액이 줄어들어 생기는 자연스러운 현상입니다.

한 가지 더 이야기를 하면 우리가 싸우거나 도망갈 때 몸이 무거운 것이 좋을까요, 가벼운 것이 좋을까요? 당연히 가벼운 것이 좋을 것입니다. 어떻게 하면 쉽게 우리 몸의 무게를 줄일 수 있을까요? 눈치채셨나요? 그렇습니다. 소변이나 대변을 보는 것입니다. 그래서 우리는 멀쩡하게 있다가도 갑자기 무언가 중요한 것을 해야 되면 소변이나 대변이 평소보다 더 자주 마렵게 되는 것입니다. 공황 시나 예기 불안 시에 소변이나 대변이 자주 마렵다고 호소하는 것도 우리 몸의 방어 본능에서 나오는 당연한 생리적인 현상입니다.

자, 어떻습니까? 여러분이 공황 시에 힘들어하고 두려워하는 신체적인 증상들이 설명이 되었나요? 이렇게 장황하게 신체적인 증상에 대해서 이야기를 하는 이유는 공황 시에 느끼는 신체적인 증상들이 사실은 위험한 것이 아니라는 이야기를 하기 위한 것입니다. 위험한 것이 아니라 오히려 몸을 보호하기 위한 고마운 생리적인 현상들입니다. 저는 치료 중에 '제 딴에는'이란 표현을 씁니다. '제 딴에는'이란 표현은 나름대로 잘하려고 노력했는데 결과가 좋지 않을 때 자주 쓰는 말입니다. 초등학교 3학년 여자아이가 엄마를 도와주려고 자기 딴에는 엄마 몰래 설거지를 열심히 했는데 그릇을 깨고 싱크대 주변을 난장판으로 만들어서 엄마에게 혼나고 있습니다. 만약 여러분이 옆에서 처음부터 보고 있었다면 엄마에게 뭐라고 하겠습니까? 아마 이렇게 이야기할 것 같습니다. "제 딴에는 엄마를 편하게 해 주려고 노력한 것인데 결과가 나쁜 것이니 용서해 주고 오히려 그 마음을 칭찬해 주세요."라고 말입니다. 공황 시 신체적인 증상도 그렇습니다. 자기 딴에는 위험하다고 생각해서 몸을 보호하기 위해 여러 가지 준비를 하고 노력하는데 결과적으로는 몸을 불편하게 만들고 환자들을 두렵게 만드는 것입니다. 위험하지 않은데 다소 오버해서 위험에서 벗어나게 하려는 것이지 위험한 상태를 의미하거나 위험에 빠지게 되는 과정은 아닙니다. 자, 이제 공황이 와서 신체적으로 불편해지면 두려워하지 말고 이렇게 생각하기 바랍니다. '음. 수고가 많다. 제 딴에는 나를 보호하기 위해서 노력하고 있구나.'라고 말입니다.

공황 신체증상	환자들의 오해	실제 증상의 이유
숨이 가쁘고 답답한 느낌	호흡이 멈추어 죽는 것 아닌가?	위험을 인지하면 투쟁 도피 반응을 하기 위해 많은 에너지가 필요해짐. 에너지를 만드는 데 필요한 산소의 공급을 늘리기 위해 호흡이 빨라짐. 근육들이 긴장한 상태에서 호흡을 빨리 하기 위해 호흡과 관련된 근육들의 움직임이 커지면서 답답한 느낌을 가지게 됨
심계항진, 심장박동이 빨라짐	심장 마비가 오는 징조?	투쟁 도피 반응을 위해 에너지가 필요한 곳에 혈액을 보내기 위해서 심장박동이 빨라짐
가슴 통증, 불쾌감	심근 경색으로 죽는 것 아닌가?	투쟁 도피 반응을 위한 근육에 혈액량이 증가하고 힘을 주게 되면서 몸이 경직됨. 특히 어깨, 팔, 가슴 근육이 긴장. 호흡이 빨라지고 심장박동이 빨라지면서 가슴에 있는 근육이 피로해져 통증과 불쾌감 생김
몸이 떨리고 후들거림	몸에 심각한 질병이 있나?	투쟁 도피를 위해 큰 근육에 혈액이 모이면서 긴장하게 되고 몸에 계속 힘을 주게 되면서 떨리기도 하고 시간이 지나면서 피로해져 후들거림
질식감	숨을 못 쉬게 되어 죽는 것 아닌가?	산소가 많이 필요할 것 같아 과호흡을 하지만 공황 시 실제로 에너지 소모가 많지 않고 산소 소모도 크게 증가하지 않음. 결국 몸에 산소만 너무 많아짐. 머리에 너무 많은 산소 공급을 막기 위해 혈관이 수축하고 산소와 헤모글로빈의 결합력이 증가하면서 산소가 필요한 곳에 제대로 공급이 되지 않아 질식감이 듦
땀 흘림	몸이 허하고 심각한 질병이 있나? 다른 사람들이 이상하게 보는 것 아닌가?	투쟁 도피 반응을 위해 몸이 흥분되면서 몸에 열감이 생기고 그 열감을 줄이기 위해 땀 흘림. 상처에 대한 피부 보호 기능도 있음
어지러움, 어찔함, 비틀거리는 느낌	기절하는 것 아닌가? 머리에 큰 병이 있는 것 아닌가?	과호흡의 결과로 머리로 가는 산소를 줄이기 위해 머리로 가는 혈관이 수축되면서 일시적으로 머리에 혈액 공급이 줄게 되고 그 결과 어지러움, 눈 앞이 깜깜해지는 현상 생김
열감 또는 오한	건강에 심각한 문제가 생겼나?	빠른 판단을 위해 머리로 가는 혈액량이 늘어나면서 얼굴에 열감을 느끼게 되고 호흡을 빨리 하기 위해 가슴 근육이 움직이고 큰 근육들이 긴장하고 흥분하면서 몸에 열감을 느낌. 열감을 식히는 과정에서 땀이 나고 상처가 나기 쉬운 피부나 사지 말단으로 가는 혈액량이 줄면서 오한을 느낌
메스꺼움 또는 복통	위장에 심각한 병이 있나? 사람들 앞에서 실수하는 것 아닌가?	투쟁 도피 반응을 위해 다리나 팔 등의 큰 근육에 혈액을 보내면서 소화기로 혈액 공급이 줄고 기능이 저하되면서 입이 마르고, 소화가 잘 안 되고, 메스꺼움 등 소화기 증상이 생김
감각이 둔하거나 저린 느낌	몸이 마비되는 것 아닌가? 머리에 뇌졸중 같은 심각한 병이 있나?	부상 시에 혈액 손실을 줄이기 위해 상처가 잘 생길 수 있는 사지 말단과 피부에 혈액 공급이 줄게 되는데 이때 감각이 둔해지고 마비감을 느끼게 됨

1장 공황장애 바로 알기

04

나를 지켜주는
자율신경

공황 때 나타나는 여러 가지 신체반응이 우리 몸에 문제가 있다는 것을 말하는 것이 아니라 우리 몸을 보호하기 위해 나타나는 생리적인 현상이라고 이야기했습니다. 위험을 인지하고 나면 불안이라는 신호등이 켜지고 그 신호에 맞춰서 위험에 대처하기 위한 투쟁 도피 반응을 하게 되는데, 이런 투쟁 도피 반응을 위해 우리 몸을 준비시키는 과정에서 신체적인 증상들이 나타나게 된다고 했습니다. 이 과정에 작용하는 신경계가 자율신경계입니다. 자율신경계는 생명 유지에 필요한 호흡, 체온, 소화, 맥박, 혈압 등 생체리듬을 조절하는 말초신경계를 말합니다. 생명을 유지하는 너무나 중요한 역할을 하기 때문에 자율신경이라는 말 그대로 자율적으로 조절됩니다. 생각하고 판단해서 의식적으로 조절되는 것이 아니라 자동적으로 상황에 맞게 자기가 알아서 무의식적으로 조절되는 것입니다.

자율신경계는 두 가지 신경계로 나뉩니다. 그것은 교감신경계와 부교감신경계입니다. 교감신경계는 에너지를 소모할 때 작용하고 부교감신경계는 에너지를 회복할 때 작용합니다. 교감신경계는 긍정적이든 부정적이든 자극이 있는 스트레스 상황에서 활성화됩니다. 불안, 공황은 많은 에너지가 소모되거나 소모될 것 같은 상황입니다. 당연히 교감신경이 항진됩니다. 공황 시에 나타나는 많은 신체증상들은 교감신경이 항진되면서 나타나는 증상들입니다.

반대로 부교감신경계는 소모된 에너지를 회복시키는 작용을 합니다. 낮에 통화하면서 소모된 휴대전화 배터리를 저녁에 집에 가서 충전하게 되면 에너지가 다시 회복되어서 다음 날 휴대전화를 잘 쓸 수 있듯이 부교감신경계는 에너지를 충전하는 역할을 합니다. 부교감신경계는 당연히 에너지 소모가 없을 때, 휴식이나 이완되었을 때처럼 안정되었을 때 활성화됩니다. 두 신경계는 보통 한쪽이 활성화되면 다른 한쪽은 억제됩니다. 두 신경계는 생명 유지를 위해 자율적으로 활동하며 자극이 있어서 에너지를 소모해야 할 때는 교감신경계가 작동하면서 부교감신경계는 억제되고, 안정되면 소모된 에너지를 회복하면서 부교감신경계가 작동하고 교감신경계는 억제되면서 상호 보완하게 됩니다.

가끔 환자들이 이런 이야기를 합니다. 공황이 와서 응급실을 몇 번 간 뒤 신체적으로 이상이 없다는 것을 알게 된 후에도 공황이 오면 고민을 하게 된다고 합니다. 응급실에 가면 별다른 결과가 없을 것 같은데도 왠지 이번에는 다른 것 같은 생각도 들고 해서 망설이다가 결국 구급차를 부르거나 응급실로 가게 된다고 말합니다. 그렇지만 분명히 이번에는 다를 것 같다고 생각했는데 구급차를 타고 가거나 응급실에 도착하는 순간 이미 신체적인 증상들은 없어지고 괜히 왔다는 생각에 무슨 핑계를 대야 하나 고민하게 된다고 하는 사람들이 많이 있습니다. 왜 이런 현상이 생길까요? 집에 있을 때 그렇게 힘들게 하던 신체증상들이 구급차를 타는 순간 왜 그렇게 감쪽같이 사라지게 될까요? 그것은 우리들 몸에 부교감신경계가 있기 때문입니다. 집에 있을 때는 빨리 병원에 가지 않으면 죽을지도 모른다는 불안한 생각에 교감신경이 항진되어서 신체반응들이 많이 나타나게 되지만 구급차를 타는 순간 이제는 병원에 갈 수 있으니까 안전하다는 생각에 부교감신경이 항진되어 흥분된 신체반응들을 원래 상태로 회복시켜 놓았기 때문입니다. 약을 먹지 않아도, 어떤 치료를 받지 않아도 몸 안에 있던 고마운 부교감신경계가 불편한 신체반응들을 없애주는 것입니다.

나는 인지행동치료를 시작하면 첫 시간에 공황의 정의를 환자들에게 꼭 주지시킵니다. 그리고 그 정의를 정확하게 이해하게 되면 공황장애의 50%는 치료가 되었다고 말합니다. 공황이란 '갑자기 극심한 공포감이나 불편함이 생겼다가 일정한 시간이 지나면 사라지는 것'을 말합니다. 일정한 시간이 지나면 사라진다는 말은 공황의 결과를 미리 예측하게 해 주고 공황에 대한 막연한 재앙적인 생각을 줄어들게 해 줄 수 있습니다. 그런데 이렇게 자신 있게 일정한 시간이 지나면 사라진다고 말할 수 있는 것은 사람들 몸에는 부교감신경계가 존재하기 때문입니다. 아무리 흥분이 되어도 일정한 시간이 지나면 몸을 보호하기 위해서 자율적으로 부교감신경이 항진되어 흥분된 신체반응을 줄여주기 때문에 공황은 어떤 위험한 결과를 유발하는 것이 아니라 일정한 시간이 지나면 자연스럽게 사라지게 되는 깃입니다.

공황 시에 나타나는 신체적인 증상들이 위험하지 않고 공황의 최악은 공횡일 뿐이라고 이야기할 수 있는 것은 교감신경의 항진도 부교감신경의 항진도 결국은 우리 몸을 보호하기 위해 작동하는 것이기 때문입니다. 교감신경계가 너무 항진되어서 에너지가 소진되면 자동적으로 부교감신경이 항진되어서 우리 몸을 원래 상태로 회복시켜 줍니다. 설사 그 증상들이 불편하고 힘들어도 결국은 다 나를 보호하기 위해서 자율신경계가 작용하고 있는 것이기 때문에 위험하지는 않은 것입니다.

이제 공황이 찾아와서 힘들어지면 신체적인 증상들을 보면서 이렇게 생각하기 바랍니다. '제 딴에는 나를 보호한다고 수고하는구나. 힘들지만 부교감이 나를 안정시켜 줄 것이니까 기다려 주자. 안정감이 부교감이 항진되는 데 도움이 되니까 이 상황을 재앙적으로 보지 말고 당연한 신체반응으로 보고 몸을 이완시켜 안정된 상태를 만들기 위해 천천히 복식호흡하면서 시간을 보내자.'

위험 →	불안 →	교감신경 항진 →	신체증상, 긴장
안전 →	안정감 →	부교감신경 항진 →	신체증상 회복, 이완

05

신체증상의
의미

공황장애 카페와 홈페이지를 운영하면서 받게 되는 많은 질문 중에 신체적인 증상에 대한 것이 많이 있습니다. 공황이 올 때 신체적인 항진증상들이 동반되고 불안감으로 이런 신체증상들을 재앙적으로 생각하기 때문에 공황장애 환자들은 신체증상들에 민감한 반응을 보이게 됩니다. 그래서 어떤 신체증상이 있으면 그것을 무조건 공황장애와 연결시키고 불안해합니다.

"전에는 괜찮았는데 팔이 저린 증상이 있는데 이것은 공황장애 때문인가요?", "목에 뭔가 걸리는 이물감을 느끼고 있는데 이것도 공황장애 때문인가요?", "갑자기 온몸이 저리다고 느껴질 때가 있는데 이것도 공황장애 때문인가요?" 질문을 받아보면 참 힘들어하는 신체 부위도 많고 신체적인 느낌도 다양하다는 생각을 하게 됩니다.

그런데 막상 이런 질문을 받게 되면 제가 하는 답변은 같을 수밖에 없습니다. 그것은 그런 신체적인 증상이 공황장애 때문인지 저도 모른다는 것입니다. 그런 증상들이 공황장애 때문에 오는지 아니면 다른 질병 때문에 오는지, 아니면 불편한 자세를 취했었기 때문에 오는지, 그냥 아무 이유 없이 온 것인지, 먹은 음식 때문에 그런 것인지 알 수가 없습니다.

이유를 알 수 없는데 그 증상이 공황장애 때문이라고 말할 수는 없습니다. 하지만 이렇게 이야기할 수는 있습니다. 그런 신체적인 증상들은 공황장애 때문에 생기는 것은 아니지만, 신체적인 증상에 민감하게 반응하고 그런 증상들을 불안해하고 그 증상에 재앙적인 의미를 붙이고 집착하게 되는 것은 공황장애 환자들이 보이는 흔한 행동양상이라고 말입니다. 다시 말해서 신체증상들이 나타나는 것이 공황장애가 아니라 그런 신체반응에 민감하고 불안해하는 것이 공황장애에서 오는 이차적인 문제라고 할 수 있다는 것입니다.

신체적인 증상을 가지고 공황장애라는 진단을 내리지는 않습니다. 공황의 유무로도 진단을 내리지 않습니다. 물론 공황을 경험했는가를 이야기할 때 자율신경이 항진되어서 나타날 수 있는 신체반응이 네 가지 이상 있으면 공황이라고 이야기할 수는 있습니다. 하지만 이것은 공황의 진단 기준은 될 수 있어도 공황장애의 진단 기준은 되지 못합니다. 앞서 이야기했듯이 공황장애를 진단할 수 있는 것은 어떤 신체증상들이 있을 때도 아니고 공황을 경험했을 때도 아닙니다. 공황장애는 예상하지 못한 공황을 반복해서 경험하고 공황에 대한 두려움으로 언제 공황이 올까 걱정할 뿐만 아니라 그 공황으로 인해서 어떤 결과가 나타날까 불안해하고 그 결과 잘 하던 것을 하지 못하고 잘 가던 곳을 가지 못하는 등의 행동 변화가 오는 것입니다.

아무리 많은 신체적인 증상을 가지고 있어도 예상하지 못한 공황을 경험하지 않았거나 공황에 대한 두려움이 없다면 공황장애가 아닙니다. 평소에 느끼는 신체적인 증상이 없어도 예상하지 못한 공황을 반복해서 경험하고 공황에 대한 두려움이 있다면 공황장애라고 할 수 있는 것입니다. 그런데 왜 공황장애 환자들이 다양한 신체적인 증상을 호소하고 불안해할까요?

그것은 예상하지 못한 공황을 경험하고 나서 신체적으로 매우 민감해져 있기 때문입니다. 자라 보고 놀란 가슴 솥뚜껑 보고 놀란다고, 공황을 경험하고 너무 놀라서 신체적으로 다소 항진된 상태를 유지하게 됩니다. 공황이라는 예상하지 못한 불안과 불편한 신체증상들이 건강에 대해 막연한 두려움을 유발하고 건강에 대해서 자신 없게 만들기 때문입니다. 신체적으로 예민해져 있기 때문에 작은 자극에도 쉽게 신체반응이 유발됩니다. 그러면 신체반응은 과장되게 느껴지게 되고 건강에 대한 염려와 불안은 신체반응에 대한 재앙적인 해석을 불러와서 더 큰 불안과 집착을 유발합니다. 이렇게 커진 불안은 자율신경을 항진시켜서 더 많은 신체증상을 유발하고 더 예민하게 만드는 악순환을 가져오게 만듭니다.

그렇다면 어떻게 해야 할까요? 먼저 공황과 공황장애를 잘 알아야 합니다. 막연함이 두려움을 불러옵니다. 정확하게 아는 것이 불안을 줄이고 예민함도 줄일 수 있습니다. 두 번째는 공황으로 인한 나의 예민함을 인정해야 합니다. 질병을 걱정하고 막연한 불안감에 떨기 전에 내 몸의 예민함의 결과는 아닌지 생각해 보아야 한다는 것입니다. 사람은 완벽한 몸 상태를 유지할 수 없습니다. 어떤 상황적인 작용이 있으면 우리 몸은 그 작용에 맞추어서 반응을 합니다. 그리고 그 반응들은 대부분 우리를 해치려는 반응이 아니라 우리를 보호하기 위한 반응들입니다. 일반적인 사람들도 상황에 따라서 어떤 신체반응들을 경험할 수밖에 없습니다. 예민해져 있는 공황장애 환자들은 이런 신체반응들을 더 경험할 수밖에 없습니다.

세 번째는 신체증상에 매달리는 것이 아니라 내가 가지고 있는 예민함을 줄이는 데 초점을 맞추어야 합니다. 정확하게 알아서 막연해지지 않는 것도 예민함을 줄일 수 있고 정신적인 안정을 찾는 것도 예민함을 줄일 수 있으며 이완법이나 호흡법 등을 통해 예민함을 줄이거나 규칙적인 생활, 규칙적인 운동으로 예민함을 줄일 수 있습니다. 이런 여러 가지 방법으로 예민함을 줄여나갈 때 공황장애도 극복되는 것이라고 할 수 있습니다.

물론 모든 신체반응을 예민함만으로 해석할 수는 없을 것입니다. 경우에 따라서는 검사가 필요할 수도 있습니다. 하지만 이것은 막연한 걱정에서 하게 되는 의심이 아니라 건강에 대한 정확한 대처가 되어야 합니다. 일부분만 보고 막연하게 검사를 하는 것이 아니라 전체를 보고 상황에 맞게 검사를 해야 하는 것입니다. 반복된 검사에서 문제가 없음에도 작은 신체적 반응에 병원을 전전하면서 여러 가지 검사를 해서는 안 된다는 것입니다. 꼭 필요한 검사는 하고 일단 검사 결과가 나오면 믿고 다음은 건강을 유지하는 데 신경을 써야 한다는 것입니다. 그래서 나는 환자들에게 건강에 대해서 걱정하고 불안해할 시간에 좀 더 건강한 삶을 준비하라고 이야기합니다. 규칙적인 생활습관, 운동 등으로 건강을 관리하고 긍정적인 마인드로 건강한 마음을 유지하며 규칙적인 건강체크로 질병을 예방해야 하는 것입니다.

공황장애 환자들의 건강에 대한 불안 밑에는 결국 자신에 대한 또는 건강에 대한 열등감이 있습니다. 당연히 이런 신체적인 증상에 대한 집착의 극복은 자신에 대한 열등감, 건강에 대한 열등감에서 벗어나 자신감을 가지는 것입니다. 하지만 이런 자신감은 어느 날 갑자기 생기는 것이 아닙니다. 평소에 몸과 마음의 건강관리를 잘하고 있을 때 자연스럽게 생겨나는 것입니다.

자, 어떠세요? 여러분은 아직도 신체증상에 집착하고 있습니까? 만약 그렇다면 한 걸음 뒤에서 자신을 돌아보고 예민해져 있는 자신을 조절하는 데 초점을 맞추어 보면 어떨까요?

광장공포증이란?

"저는 비행기도 타고 지하철도 타고 못하는 것이 없는데 공황장애가 맞나요?", "공황장애 진단을 받았는데 그럼 저는 이제 지하철도 못 타고 비행기도 못 타게 되나요?" 진료실에서 환자분들에게 많이 받는 질문입니다. 사실 지하철을 못 타거나 비행기를 못 타는 것이 공황장애를 진단하는 기준은 아닙니다. 지하철이나 비행기를 못 타고 회피하는 사람들은 광장공포증이라고 진단하는 것이 더 맞습니다.

광장공포증은 실제로는 위험하지 않은 상황에 대해서 공황을 경험하거나, 아무것도 못하고 무력해질 수 있거나, 어쩔 줄 모르고 당황하게 될 수 있다는 두려움을 가지게 되는 것입니다. 이런 두려움을 가진 상황에 대해서 불안하게 되었을 때 벗어나지 못할까 봐, 도움을 받지 못할까 봐 회피하게 되는 것입니다. 자동차, 버스, 비행기 등 대중교통을 이용하는 상황, 광장이나 다리 같은 오픈된 공간에 있는 상황, 극장이나 상점 같은 밀폐된 장소, 줄을 서거나 군중 속에 있는 것, 집 밖에 혼자 있게 되는 상황 등이 광장공포증을 가진 분들이 흔하게 두려워하고 회피하는 상황입니다.

광장공포증은 공황장애와는 사실 별도의 질병입니다. 물론 공황장애를 진단받은 분들이 광장공포증을 동반하는 경우가 상당히 많습니다. 많은 공황장애 환자들이 공황이 올까 봐, 또 공황이 왔을 때 제대로 대처하지 못하고 도움도 받지 못할까 봐 비행기나 지하철, 극장 등을 회피합니다. 하지만 모든 공황장애 환자분들이 광장공포증이 생기는 것은 아닙니다. 대중교통을 잘 이용하기도 하고 혼자 있는 것을 즐기기도 하고 사람 많은 곳에서 안정감을 가지기도 합니다. 광장공포증은 공황장애 환자들이 경험할 수 있는 문제이지 공황장애 진단의 기준은 아니라는 것입니다. 공황과 연관 지어서 어떤 장소나 상황을 회피할 수는 있지만 공황을 경험한 이유나 공황을 해결하는 방법을 장소나 상황과 연관 짓지 않는 분들은 문제가 되지 않을 수도 있습니다. 그래서 『DSM-IV』에서는 공황장애를 광장공포증을 동반한 공황장애와 광장공포증을 동반하지 않은 공황장애로 나누어서 진단하다가 2013년에 개정된 『DSM-V』에서는 공황장애 진단 시에 광장공포증 유무를 구별하지 않고 광장공포증은 별개의 질환으로 진단하고 있습니다.

광장공포증의 전제 조건

광장공포증은 특정한 장소나 상황에 대해서 공포증을 가지게 되는 것을 말합니다. 그런데 여기에는 아주 중요한 전제조건이 있습니다. 두려워하는 장소가 실제로는 위험하지 않아야 합니다. 최소한 일반 사람들이 그 상황을 두려워하고 회피하지 않아야 합니다. 우범 지역에 인적 없고 가로등도 없는 뒷골목을 두려워하고 회피하는 것은 광장공포증이 아닙니다. 하지만 일반적으로 두려워하지 않는 백화점이나 극장, 지하철을 두려워하고 회피하는 것은 광장공포증이라고 할 수 있습니다.

민주 씨는 유명한 디자이너이면서 의류사업을 하시는 분이었습니다. 백화점에도 의류매장을 가지고 있어서 자주 매장을 방문했습니다. 그런데 민주 씨가 공황장애를 진단받은 후에 아무 생각 없이 방문했던 백화점 지하 식품 매장에서 공황을 경험했습니다. 어지럽다고 느끼면서 불안은 시작되었고 복잡한 곳이라 빨리 빠져나가지 못할 것 같다는 생각을 하면서 호흡도 빨라지고 손발도 저리면서 두려워지기 시작했습니다. 매장이 있는 곳이기 때문에 이곳에서 공황이 와서 쓰러지거나 이상한 모습을 보이면 안 된다는 생각을 하면서 더 당황하게 되고 혼란스러워졌습니다. 매장에 올라가서 할 일들이 많았지만 출구를 찾아서 황급히 백화점 밖으로 나갔습니다. 찬바람을 쐬고 가지고 있던 약을 복용하고 한동안 벤치에 앉아 있으면서 놀란 가슴을 진정시키고 집으로 서둘러 돌아갔습니다. 이때부터였습니다. 백화점을 생각하면 머리가 아프고 백화점을 가는 것이 두려워졌습니다. 왠지 백화점에 가면 다시 공황이 올 것 같고 공황이 왔을 때 쓰러지거나 자제력을 상실할 것 같은 두려움이 생겼고 그런 모습을 백화점 사람들이 보면 왠지 큰일이 날 것 같다는 걱정을 하게 되었습니다. 백화점 가는 것이 두려워지면서 점점 회피하게 되었습니다. 전에는 자신이 만든 물건들을 사람들이 좋아해 주고 장사도 잘 되어서 백화점을 가는 것이 즐거운 일 중 하나였는데 공황을 경험한 후에는 가려는 생각만 해도 머리가 아파지고 가슴이 답답해지는 두려운 장소가 된 것입니다. 민주 씨는 공황장애를 가진 후에 백화점이라는 공간에 대해서 광장공포증을 갖게 된 것입니다.

"백화점은 어떤 곳인가요?" 인지행동치료를 하면서 환자분들에게 자주 하는 질문입니다. 이 질문에 환자분들은 다양하게 대답을 합니다. "창문이 없고 밀폐된 곳이요.", "사람들이 많은 곳이요.", "빨리 빠져나오기 힘든 곳이요.", "물건 파는 곳이요." 여러분은 어떻게 대답하게 되나요? 사실 이런 문제가 초등학교에 시험문제로 나온다면 "물건 파는 곳이요."라고 대답을 해야 정답이 될 것입니다. 백화점을 만든 사람은 백화점을 만들 때 사람들이 백화점에서 즐겁고 행복하고 편안하게 있기를 기대하면서 설계하고 만들었을 것입니다. 백화점을 오면서 긴장하고 백화점을 들어가려고 하면 두려움에 떨게 되고 백화점을 벗어나면 안도하고 가급적이면 백화점을 회피하려고 한다는 것을 알게 되면 아마 굉장히 황당해할 것입니다. 백화점에 대해서 광장공포증을 가지게 된 사람들은 백화점을 물건 파는 곳으로 보는 것이 아니라 창문이 없는 밀폐된 공간으로, 사람들이 많아서 공황이 왔을 때 사람들의 시선에서 자유롭지 못한 공간으로, 복잡해서 쉽게 빠져나오지 못하는 공간으로 의미를 부여해서 공황이 올 수 있고 왔을 때 제대로 대처하지 못하는 공간으로 인식하게 되는 것입니다.

제가 이렇게 백화점에 대해서 이야기를 하면 어떤 분들은 또 이렇게 생각하실 수도 있습니다. '나도 공황장애인데 백화점을 못 가게 되는 것인가?', '난 백화점 좋아하는데 불편해지면 어떻게 하지?' 사실 어떤 분들은 자주 가던 백화점에 갔을 때 이 글을 생각하고 잠시 불편해질 수도 있고 불안해질 수도 있을 것입니다. 집에 와서 괜히 책을 읽었다고 저를 원망할 수도 있습니다. 왜 백화점에 대해서 전혀 불안해하지 않다가 어떤 공황장애 환자가 백화점을 힘들어했다는 말에 나도 백화점을 불안해하고 겁을 내게 될까요? 그만큼 두려움이 심리적인 영향을 많이 받기 때문입니다. 공황과 연관된 의미를 부여하면 그 장소는 불안으로 연결될 수 있고 회피하고 싶어지는 것입니다. 반대로 이야기를 한다면 만약에 공황장애를 경험한 후에 광장공포증이 생긴 곳에 대해서 생각을 달리하고 의미를 다시 객관적으로 부여할 수 있다면 얼마든지 극복할 수 있다는 말이 됩니다. 제가 이 책을 쓰고 있는 이유이기도 합니다.

여러분은 공황장애를 경험한 후에 회피하고 있는 상황이나 장소가 있나요? 그곳은 실제로 위험한 곳인가요? 공황장애가 있기 전에 두려워하고 회피하던 곳인가요? 공황장애를 경험한 후에 생긴 두려움이라면 그 장소와 상황에 대해서 공황과 어떤 의미로 연결 짓고 있나요? 만약 다른 사람들이 다른 의미로 보고 있다면, 그 장소를 만든 사람의 목적이 두려움을 주기 위한 곳이 아니라면, 전에 그 장소나 상황에 있을 때는 전혀 다른 생각을 하고 있었다면 그 장소는 위험한 곳이 아닙니다. 회피해야 하는 곳이 아니라 생각을 바꾸고 극복해야 하는 곳입니다.

광장공포증의 전제조건이 실제로 위험한 곳이 아니라는 것에 광장공포증의 극복원칙이 있습니다. 그것은 위험한 것과 실제로 위험하지 않은데 위험할 것 같은 느낌을 주는 것에 대한 구별입니다. 위험한 것은 피하는 것이 맞습니다. 그렇게 하는 것이 극복의 원칙이 될 수 있습니다. 하지만 위험하지 않은데 위험한 느낌을 주는 것은 피하지 말고 적응해서 극복해야 합니다. 광장공포증을 치료하는 데 노출치료가 가장 중요한 이유입니다. 실제로 위험한 곳은 아니기 때문에 노출되면 불안하고 불편함을 경험해도 위험이 닥치지는 않습니다. 적응하는 과정에서 시간이 필요할 뿐입니다. 물론 지금 당장 아무 준비 없이 노출하라고 말하고 싶지는 않습니다. 노출치료를 하기 위한 준비는 필요합니다. 4장에서 이 부분에 대해 좀 더 자세하게 이야기를 할 것입니다.

광장공포증이 생기는 이유

공황장애 환자에게 광장공포증은 왜 생길까요? 어떤 장소나 상황에 대해서 두려움을 가지게 되는 데는 사람마다 여러 가지 이유가 있을 수 있습니다. 그런데 공통된 것이 있습니다. 광장공포증이 생기는 가장 근본적인 이유는 인간이 불안해지면 투쟁 도피 반응을 보이게 되는데 특히 본능적으로 도망가려는 욕구가 강해지기 때문입니다. 도망가야 되는데 도망을 못 가게 되면 그 자체는 또 다른 공포의 이유가 됩니다. 가만히 생각해 보시기 바랍니다. 공황장애 환자분들이 회피하게 되는 곳

69

은 공황이 왔을 때 도망가지 못하는 공간입니다. 대중교통을 이용하지 못하는 이유는 공황이 왔을 때 내 마음대로 빨리 내리지 못하기 때문입니다. 지하철이나 버스는 이용하지 못하면서 자신이 운전하는 차는 탈 수 있는 분들은 자신이 운전하는 차는 공황이 왔을 때 자기 마음대로 할 수 있다고 생각하기 때문인 경우가 많습니다. 공간적으로 훨씬 넓고 안락한 비행기를 훨씬 작아서 마음대로 일어서서 움직일 수도 없는 택시보다 답답하게 생각하는 이유는 내 마음대로 내리지 못하기 때문입니다. 극장, 회의실, 터널, 길게 줄 서 있는 곳 등을 두려워하는 것도 그 장소에서 내 마음대로 할 수 없기 때문에 도망가고 싶을 때 빨리 도망가지 못하는 것이 가장 큰 이유입니다.

그렇다면 광장공포증을 극복하기 위해 가장 필요한 변화는 무엇일까요? 그것은 도망갈 필요가 없어지는 것입니다. 공황이 왔을 때 도망가야 한다는 생각을 하지 않을 수 있다면 공황장애 때문에 광장공포증이 생기지는 않을 것입니다. 광장공포증을 극복하는 것은 불안해지고 공황이 왔을 때 그 상황을 벗어나지 않고 그 자리에서 불안을 다루고 공황에 대처할 수 있게 하는 것입니다. 실제로는 위험한 상황이 아니라 위험하다는 느낌만을 주는 곳이니 피하지 않고 그 자리에서 머물면서 그 상황에 적응할 수 있도록 노력하는 것입니다. 적응 과정이 잘 이루어질 수 있도록 불안에 대해서, 공황에 대해서 정확하게 알고 생각을 다루고 신체증상을 다스려서 그 자리를 벗어나지 않아도 해결할 수 있도록 준비하는 과정이 필요합니다. 비행기에서 공황이 왔을 때 더 이상 내릴 필요가 없고 비행기 안에서 불안과 공황을 잘 대처할 수

1장 공황장애 바로 알기

있다면 비행기를 회피할 이유는 없어질 것입니다. 사실 비행기는 어느 교통수단보다 공황을 대처하기 좋은 공간입니다. 공간이 커서 몸을 움직이는 데 여유롭고 필요하면 화장실도 갈 수 있습니다. 도움을 청할 수 있는 스튜어디스도 있고 약을 복용할 수 있는 물도 제공받을 수 있고 의자를 뒤로 젖혀 휴식을 취할 수도 있습니다. 공황이 불편하지만 일정한 시간이 지나면 사라지게 되는 일시적인 상태라는 것에 대한 믿음을 가질 수 있고 몸의 긴장을 풀고 자세를 바로 한 후에 천천히 심호흡하는 것이 증상을 완화하는 데 도움이 된다는 것을 확신할 수 있다면 비행기 좌석은 공황이 왔을 때 공황을 다루기에 아주 편한 공간이 될 수도 있습니다.

공황이 왔을 때 피하지 않아도 된다면, 그 자리에 머물면서 충분히 감당할 수 있다면, 일정한 시간이 지나면 사라진다는 확신을 가질 수 있다면 광장공포증은 더 이상 여러분을 괴롭히지 않을 것입니다.

07

공황장애의 원인
공황장애는 왜 생기는 것인가요

유전된 것인가요? 이혼하고 공황장애가 왔는데 이혼 때문에 공황장애가 온 건가요? 예민한 성격 때문에 공황장애가 왔나요? 신경이 잘못된 것인가요? 어려서 머리를 다친 적이 있는데 뇌 부분에 무슨 이상이 생겨서 공황장애가 왔나요? 다이어트를 심하게 했는데 그것 때문에 공황이 왔나요?

공황장애의 원인에 대한 가설은 많이 있습니다. 스트레스를 받을 때 분비되는 카테콜아민이라는 신경전달물질의 생성에 이상이 있다는 카테콜아민 가설, 불안 중추에 해당되는 청반에 이상이 있다는 청반론locus coreleus theory, 피로 시 쌓이는 젖산이 공황을 유발할 수 있다는 근거로 나온 대사론metabolic theory, 뇌에 이산화탄소에 민감한 부분이 존재한다는 이산화탄소 과호흡 왜곡된 질식알람이론$^{CO_2\ hyperventilation}$ false suffocation alarm theory, 항불안제 작용과 관련해서 나온 GABA-벤조 디아제핀론$^{GABA\text{-}benzodiazepine\ theory}$ 등의 생물학적 가설들과 유전이 관련되어 있다는 가설, 인지행동이론에 입각한 가설, 분석적인 가설 등 많은 가설들이 존재합니다.

하지만 이렇게 가설이 많다는 것은 결국 공황장애의 원인을 정확하게 모른다는 것입니다. 인간이 가지고 있는 질병 중 대부분은 그 원인을 알지 못하듯이 공황장애도 원인을 정확하게 알 수 없는 병들 중 하나입니다. 때문에 환자들이 자신의 어떤 문제가 공황장애의 원인이냐 아니냐를 질문할 때는 의사로서도 다소 난감해질 수밖에 없습니다. 추정해서 이야기할 수는 있지만 정확하게 단정적으로 말할 수는 없기 때문입니다.

정확한 원인을 이야기할 수 없기 때문에 공황장애의 원인을 설명할 때 저는 일반적인 질병론으로 이야기합니다. 일반적인 질병론과 관련해서 공황장애의 원인(질병의 원인)은 크게 세 가지 요소로 이야기할 수 있습니다.

공황장애에 대한 취약성

첫 번째, 신체적·심리적인 취약성입니다. 사람들은 누구나 태어나면서부터 또는 살아가면서 취약성을 가지게 됩니다. 부모나 형제 중에 고혈압 환자가 많거나 당뇨가 있는 사람은 고혈압이나 당뇨에 유전적인 취약함을 가지고 있다고 볼 수 있는 것이고 비만한 사람은 날씬한 사람에 비해서 심혈관 질환에 취약하며 도시에 사는 사람들은 농촌에 사는 사람들에 비해서 면역기능 등이 취약하고 서구식 식생활을 가진 사람은 야채를 많이 먹는 전통적인 식생활을 가진 사람에 비해서 대장 암이나 비만에 취약하게 됩니다. 누구나 유전적이든 그 사람이 살아 가는 환경에 의한 영향이든 또는 살아가면서 가지게 되는 행동패턴의 영향이든 어떤 질병에 내해서 취약함을 가질 수밖에 없습니다.

공황장애 환자도 마찬가지입니다. 공황장애 환자들은 불안에 대해 서 혹은 공황에 대해서 선천적이든 후천적인 환경에 의한 영향이든 취 약함을 가지고 있다고 볼 수 있습니다.

스트레스

신체적 · 심리적인 스트레스를 말합니다. 대부분의 공황장애 환자들 의 공황 발생 과정을 보면 물론 예상하지 못한 상황에서 갑자기 공황 이 오기는 하지만 그 전에 공통되는 부분이 있습니다. 심리적 · 신체적 으로 많은 압박을 받은 상태에서 갑자기 공황이 오는 경우가 대부분이 라는 것입니다. 며칠 동안 과로를 했거나 잠을 못 자고 고민을 했거나 주변에 누가 돌아가셨거나, 신경을 많이 쓰는 일이 있었거나 등의 심 리적 · 신체적 스트레스 후에 갑자기 신체적인 항진증상을 경험하면서 공황이 발생하게 되는 경우가 대부분입니다.

그런데 이런 스트레스는 공황장애에서만 나타나는 것은 아닙니다.

대부분의 모든 질환이 병이 생기기 전에는 신체적 또는 심리적인 스트레스를 동반하게 됩니다. 그래서 스트레스를 만병의 근원이라고 이야기하는 것입니다.

대처방식

스트레스에 대한 대처방식, 공황이 나타났을 때의 대처방식 등이 관련되어 있습니다. 공황의 경험이 항상 공황장애로 이어지지는 않습니다. 또 스트레스가 있다고 해서 다 공황장애가 되는 것도 아닙니다. 공황에 대한 취약성을 가지고 있다는 것이 공황장애가 되는 것을 의미하지는 않습니다.

공황을 경험했을 때 그 공황을 어떻게 받아들이는가에 따라서 공황장애가 되기도 하고 일시적으로 공황을 경험한 사람이 되기도 합니다. 스트레스를 심하게 받았을 때도 그 스트레스에 어떻게 대처했느냐에 따라서 공황에 영향을 주기도 하고 주지 않을 수도 있습니다. 가족 중에 공황이 있거나 어려서 불안을 많이 경험해서 불안이나 공황에 취약성을 가지고 있다고 해도 그 사람이 자신이 처한 상황에서 어떻게 대처했는가에 따라 그 취약성이 공황으로 발전하는가, 아닌가는 달라지게 됩니다.

공황장애가 앞의 세 가지 요소의 균형이 깨지면서, 즉 공황에 대한 취약성을 가진 사람이 갑자기 과도한 스트레스를 경험하고 그것에 잘 대처하지 못해서 그 사람의 취약성이 드러나게 될 때 공황장애가 되는 것이지 세 가지 요소 중 한 가지 요소가 있다고 해서 무조건 공황장애가 되는 것은 아니라는 뜻입니다. 공황장애에 대한 취약성이 있어도 심리적·신체적 스트레스에 잘 대처해서 균형을 이루고 있을 때는 공황장애에 대한 취약성도 드러나지 않게 되어 공황장애까지 가지는 않는 것입니다.

그렇기 때문에 같은 취약성이 있어도 공황의 발생 시기는 다 다를 수밖에 없고 같은 스트레스를 경험해도 누구는 공황장애가 되기도 하지만 누구는 그렇지 않을 수도 있는 것입니다. 어떻게 보면 공황장애가 생겼다는 것은 그 사람의 대처방식에 문제가 생겼다는 것을 의미하기도 합니다.

이런 공황장애 원인에 대한 질병론은 비단 공황장애의 원인만을 설명하는 것은 아닙니다. 다른 질병, 예를 들어 혈압에 유전적인 취약성을 가지고 있는 사람도 그 사람의 혈압에 대한 취약성과 스트레스 그리고 대처방식의 균형이 깨졌을 때 고혈압이 나타나는 것입니다. 스트레스를 받아 혈압이 오르려고 할 때 적절히 대처하지 못하고 스트레스를 잘 관리하지 못하면 어느 순간 고혈압을 경험하고 결국 고혈압 환자가 되는 것입니다.

그렇다면 어떻게 공황장애를 예방하고 치료해야 할까요? 결국 답은 대처방식에 있습니다. 공황장애에 대한 취약성은 불가항력적인 요소입니다. 따라서 회피할 수 없는 문제로 받아들이고 수용해야 합니다. 우리가 부모를 선택할 수 없고 자라는 환경도 내 뜻대로만 선택할 수 없기 때문에 공황에 대한 취약성은 받아들여야 합니다. 공황장애를 잘 치료해서 완쾌된 이후에도 몇 년 후에 스트레스를 받고 힘들어지면 공황을 다시 경험하게 되는 경우가 있는데 이것은 그 사람이 공황에 취약성을 가지고 있기 때문입니다. 그래서 치료의 초점은 공황의 발생보다는 공황의 대처에 두어야 합니다. 스트레스도 마찬가지입니다. 아무리 조심스럽게 살아도 스트레스를 안 받고 살 수는 없습니다. 세상을 사는 것 자체가 스트레스가 될 수도 있으니까요.

결국 취약성과 스트레스를 인정하고 그 스트레스에 잘 대처하고 또 공황을 경험해도 그 상황에 잘 대처하는 것이 중요한 것입니다. 간혹 자신이 왜 공황장애여야 하는지에 대해서 집착하고 왜 공황을 경험했는지에만 매달리는 사람들이 있습니다. 그런 사람들에게 나는 불교신자는 아니지만 부처님의 말씀을 인용합니다.

부처님이 사바티의 기원정사에 있을 때 세계는 영원한 것인가, 유한한 것인가, 생명이 곧 육체인가, 여래에게는 최후가 있는가 하고 부처님의 가르침을 의심하는 말룽캬라는 제자에게 이렇게 말했습니다.

"독화살을 맞아 견디기 어려운 고통을 받고 있는 어떤 사람이 그 순간 '아직 이 화살을 뽑아서는 안 되오. 나는 먼저 나를 쏜 사람이 누구인지, 성은 뭐고 이름은 뭐라 하며 어떤 신분인지 알아야겠소. 그리고 그 활을 뽕나무로 만들었는지 물푸레나무로 만들었는지를 알아야겠소. 또 화살 깃이 매털로 되었는지 닭털로 되었는지도 먼저 알아야겠소.'라고 한단 말인가. 이와 같이 따지려고 든다면 그는 그것을 알기도 전에 온몸에 독이 퍼져 죽고 말 것이다."

부처님은 현실의 삶을 독 묻은 화살에 맞아 고통받고 있는 것에 비유해서 고통의 원인과 결과를 두고 논쟁을 벌이는 것이 아니라 무엇보다 먼저 고통에서 벗어나는 것이 시급하다는 것을 가르치고 있습니다.

저는 공황장애 환자들에게도 비슷한 이야기를 하고 싶습니다. 많은 환자분들이 자신에게 왜 공황장애가 왔는지 궁금해합니다. 원인에 집착하기도 합니다. 그런데 사실 내부분의 질병을 치료할 때 병의 원인을 아는 것이 그렇게 중요하지 않습니다. 맹장염이 생겼을 때 맹장염이 왜 생겼는지는 중요하시는 않습니다. 진단이 내려지면 수술해서 염증 부위를 제거하는 것이 중요합니다. 감기에 걸렸을 때도 마찬가지입니다. 옷을 안 입고 추운 곳에 있어서 감기에 걸렸든 감기 걸린 친구와 같이 있어서 걸렸든 그 원인이 치료에 영향을 주지 않습니다. 감기 걸리면 쉬는 것이 필요하고 열이 있으면 해열제를 먹는 것이고 기침을 하면 기침약을 먹는 것입니다. 팔이 부러지거나 암에 걸려도 마찬가지입니다. 축구하다 부러진 팔과 야구하다 부러진 팔을 치료하는 것이 축구냐 야구냐에 따라서 달라지지 않습니다. 물론 다음에 재발을 방지하기 위해 그리고 취약한 상황을 개선하기 위해서 병의 원인을 아는 것이 필요하기는 합니다. 하지만 치료에 직접적으로 중요하지는 않습니다. 공황장애도 마찬가지입니다. 시어머니 때문에 공황장애가 왔든 남편 때문에 왔든 아들이 속을 썩여서 공황장애가 왔든 유전적인 이유로 왔든 일단 공황장애가 진단이 되면 공황장애를 어떻게 치료하는지가 중요합니다. 앞서 말했듯이 원인은 추측할 수 있을 뿐이지 명확하게 알 수 없습니다. 원인을 아는 것이 누군가를 원망하거나 내 문제를 설명하는 데 도움이 될 수 있지만 치료 자체에는 도움이 되지 않습니다. 감기를 두려워하지 않는 이유는 어떤 이유로 감기에 걸렸든 감기에 대해서 내가 어느 정도 알고 있고 어떻게 대처해야 하는지 알기 때문입니다. 공황장애도 같습니다. 공황장애를 잘 알고 잘 대처할 수 있으면 공황이 어떤 이유로 생기든 그것은 더 이상 중요하지 않습니다. 이제 원인에 매달리지 마시고 어떻게 극복할지에 집중하시기 바랍니다.

호흡이 중요한
이유

병원에서 몸의 건강 상태를 체크할 때 혈압, 맥박, 호흡, 체온을 체크합니다. 흔히 바이탈사인$^{vital\ sign}$이라고 합니다. 호흡은 우리 몸의 가장 중요한 생체리듬으로 우리 몸에 산소를 공급해서 생명을 유지하는 역할을 하기 때문에 아주 중요한 요소라고 할 수 있습니다. 그래서 이번에는 호흡에 대해서 이야기를 해 보겠습니다.

어떤 가정이 있습니다. 아버지와 어머니와 자녀가 있는 단란한 가정입니다. 아버지는 일을 해서 돈을 벌고 어머니는 살림을 하고 자녀는 학교에서 공부를 합니다. 아버지가 일정한 직업을 가지고 매달 일정한 돈을 벌어 오면 그 가정은 안정적으로 유지됩니다. 매달 일정한 돈에 대해서 어머니는 계획적으로 돈을 사용할 수 있습니다. 아이들에게 들어가는 돈도 일정하게 사용할 수 있고 가족들이 먹는 것도 일정하게 유지할 수 있고 가끔 외식이나 여행도 여유 있게 할 수 있을 것입니다. 편안한 생활이 지속되겠지요.

그런데 어느 날 아버지가 회사를 그만두고 사업을 하기 시작합니다. 일정하게 월급을 가져오던 아버지가 어떤 때는 돈을 많이 가져오고 어떤 때는 전혀 돈을 가져오지 않습니다. 불규칙적으로 돈이 들어오니까 어머니는 불안해지기 시작합니다. 남편의 표정이 조금만 이상해도 돈이 없는 것이 아닌가 해서 소비를 줄이고 돈을 모으려고 애쓰고 항상 남편의 동향에 예민해집니다.

그러다 사업이 잘 안 되어서 몇 달 동안 아버지가 돈 한 푼 가져오지 못하는 상황을 가족들이 경험하게 되면 이후에 가족들은 돈에 더 민감해지고 불안해합니다. 하지만 다시 사업이 안정되어서 아버지가 일정하게 돈을 가져오기 시작하면 가족들의 불안도 줄어들고 생활의 안정도 찾고 원래의 편안한 가정으로 돌아가게 됩니다.

우리 몸에서 산소는 가정에서의 돈과 같은 역할을 합니다. 산소는 우리가 식사를 통해 섭취한 영양소들을 이용해서 에너지를 만드는 데 가장 중요한 역할을 합니다. 돈이라는 자원으로 한 가정의 경제활동이 이루어지듯이 산소는 에너지를 만들어 우리 몸의 생체리듬을 유지시키는 것입니다. 호흡은 이런 산소를 외부로부터 흡입해서 체내에 가져와 생활에 필요한 에너지를 만들기 위해 사용하고 그 과정에서 만들어진 이산화탄소를 밖으로 내보내는 과정입니다.

아버지가 일정하게 돈을 벌어올 때 한 가정의 생활도 일정하게 돌아가고 안정되듯이 우리 몸도 호흡을 통해 산소가 일정하게 들어올 때 안정된 상태를 유지할 수 있습니다. 산소가 있어야 심장도 뛰고 두뇌 활동도 되고 몸도 움직이고 생명을 유지합니다. 호흡과 우리 몸의 생체리듬은 톱니바퀴처럼 연결되어 있습니다. 호흡이라는 톱니바퀴가 일정하게 돌아가면 우리 생체리듬이라는 톱니바퀴도 일정하게 돌아가게 됩니다. 그런데 어느 순간 이 톱니바퀴 중 하나가 불규칙하게 돌아가거나 속도가 변하면 다른 톱니바퀴도 덩달아 변하게 됩니다. 호흡이 빨라지면 당연히 우리 생체리듬도 빨라지고 생체리듬이 빨라지면 호흡도 빨라지게 되는 것입니다. 예를 들어 100미터 달리기 시합을 한다고 생각해 봅시다. 뛰는 동안 에너지를 많이 소모하기 때문에 우리 몸의 생체리듬은 빨라질 수밖에 없습니다. 거기에 맞추어서 우리의 호흡도 당연히 빨라지게 됩니다. 결승점에 들어오면 우리는 어떻게 하나요? 크게 심호흡을 하면서 호흡을 고릅니다. 이렇게 심호흡을 하고 호흡을 고르면 100미터를 뛰는 동안 흥분해 있던 생체리듬도 어느덧 자리를 찾아가면서 안정됩니다. 생체리듬의 항진이 호흡을 빠르게 만들지만 깊고 규칙적으로 심호흡함으로써 항진된 생체리듬을 안정시킨다는 말입니다.

공황도 마찬가지입니다. 공황은 어떤 상황인가요? 어떤 위험에 대비하기 위해서 우리 몸의 생체리듬을 갑자기 항진시키는 상황입니다. 이런 생체리듬의 항진은 당연히 과호흡을 유발하게 됩니다. 운동할 때와 비슷하지요. 하지만 운동과는 다른 점이 있습니다. 운동할 때는 에너지가 많이 필요한 상황에서 생체리듬도 항진되고 호흡도 빨라지는 것입니다. 산소가 많이 들어오는 만큼 많이 소비도 되는 상황입니다. 호흡이라는 톱니바퀴와 생체리듬이라는 톱니바퀴가 빨리 돌아가기는 하지만 일정하게 돌아가는 상황입니다. 당연히 호흡이 일정하게 조절되면서 생체리듬도 일정하게 돌아오게 됩니다.

하지만 공황 시에는 그렇지가 않습니다. 생체리듬이 항진되지만 실제 소비가 이루어지는 항진은 아닙니다. 산소가 많이 들어오지만 사용되지 못하는 상황입니다. 놀란 마음에 준비만 한 것이지 실제 소비가 늘어난 상황은 아닙니다. 톱니바퀴에 혼선이 올 수밖에 없습니다. 생체리듬과 호흡이 서로 엉켜서 우왕좌왕할 수밖에 없습니다.

그렇다면 어떻게 해야 할까요?

답은 이미 나와 있습니다. 결국 해답은 하나입니다. 경제적으로 불안정했던 가정에 안정이 찾아오려면 일정한 수입이 있어야 하듯이 우리 몸도 마찬가지입니다. 불안정한 생체리듬을 안정시키는 것은 일정한 호흡입니다. 산소가 안정적으로 공급되면 우리 생체리듬은 일정하게 유지될 수 있습니다.

치료 중에 복식호흡을 강조하는 이유가 여기에 있습니다. 공황이라는 위기상황에서 생체리듬이 갑자기 항진되더라도 호흡만 일정하게 유지된다면 일시적인 불편은 있을지 몰라도 결국은 일정한 생체리듬으로 돌아가게 됩니다. 호흡이 중요한 또 한 가지 이유는 호흡이 생명과 관련된, 공황과 관련된 생체리듬 중에 어느 정도 의식적으로 조절할 수 있는 유일한 생체리듬이라는 것입니다. 한번 생각해 보기 바랍니다. 여러분은 여러분의 혈압을 130/70으로 유지할 수 있나요? 체온을 37도로 만들 수 있나요? 맥박을 90회로 뛰게 만들 수 있나요? 할 수 없습니다. 하지만 호흡은 부분적으로 조절이 가능합니다. 1분에 10번 정도 호흡을 할 수 있고 1분 정도는 숨을 참을 수도 있습니다. 물론 4분 이상 참지는 못하고 1분에 1,000회 이상 호흡을 할 수는 없겠지만 부분적으로는 조절이 가능하다는 이야기입니다.

결국 여러분은 공황이 왔을 때 항진된 생체리듬을 조절할 수 있는 키를 가지고 있는 것입니다. 공황이 왔을 때 이 키를 사용하기 바랍니다. 일단 공황 시 자신의 호흡이 어떻게 되고 있는지 관찰하고 만약 과호흡이나 불규칙적인 호흡을 하고 있다면 우선 일정한 속도의 호흡을 하도록 노력해야 합니다. 머릿속에 두 가지 톱니바퀴를 연상한 뒤 두 톱니바퀴를 일정하게 돌린다는 생각을 하면서 호흡이라는 톱니바퀴를 규칙적으로 움직여 보세요. 처음에는 불편해도 일정하게만 호흡을 유지하려고 노력하면 항진된 여러분의 신체증상들도 자연스럽게 사라질 것입니다.

평소에도 일정하고 안정된 호흡을 유지하려고 노력해야 합니다. 복식호흡, 규칙적인 호흡이 생활화되도록 연습해야 합니다. 평소 호흡이 불규칙적이고 다소 취약한 사람들에게 어떤 자극이 왔을 때 쉽게 리듬이 깨지고 증상이 나타나는 법입니다. 안정된 호흡으로 일정한 상태를 유지하는 사람들은 웬만한 자극에도 동요하지 않게 됩니다. 복식호흡으로 천천히 편안한 호흡을 일정하게 하는 연습을 평소에 꾸준히 하면 공황 극복에 도움이 될 수 있습니다.

공황 시 복식호흡이
중요한 이유

공황 시에 대부분의 환자들이 과호흡을 하게 됩니다. 많은 공황장애 환자분들이 호흡에 민감해하고 과호흡을 시작으로 공황상태에 빠지게 됩니다. 처음 유발인자는 아니더라도 공황이 오면서 공포감에 빠지면 투쟁 도피 반응을 하기 위해 신체적인 증상들이 항진되고 산소 공급을 위해 호흡도 빨라지면서 과호흡증상들을 보이게 됩니다. 과호흡은 공황이 유발되는 시작이 될 수도 있고 공황의 결과로 나타날 수도 있습니다. 결국 공황 시에는 대부분의 환자분의 호흡은 평소보다 상당히 빨라져 있을 수밖에 없습니다.

과호흡은 단순히 과호흡이라는 증상으로 끝나지 않습니다. 과호흡으로 인해 질식감, 어지러움, 손발의 저림 등 여러 가지 신체적인 증상들이 유발됩니다. 또 과호흡 자체가 불안을 유발하는 요소로 작용하기 때문에 공황장애를 치료하는 데 있어서 또는 공황을 예방하는 데 있어서 매우 중요한 요소로 작용하게 됩니다.

과호흡을 이야기하기 전에 먼저 호흡에 대해서 이야기를 해 보겠습니다. 호흡이란 생존하는 데 필요한 산소를 우리 신체에 공급하는 것입니다. 좀 더 자세하게 이야기하면 숨을 들이쉬어 산소가 폐로 들어오면 폐에서 산소 운반 화학물질인 헤모글로빈과 결합해서 혈관을 통해 우리 몸을 돌아다닙니다. 헤모글로빈은 에너지가 필요한 세포에 산소를 공급하게 됩니다. 공급받은 산소를 이용해서 세포 내 미토콘드리아에서 포도당과 같은 영양분을 분해하면 에너지가 만들어지게 됩니다. 이때 포도당은 물과 이산화탄소로 분해되고 생성된 이산화탄소는 혈관을 통해 폐로 가서 숨을 내쉴 때 배출됩니다. 이것이 호흡의 기본적인 생리 현상입니다.

호흡에 대한 이해를 돕기 위해서 조금 다른 예를 들어보겠습니다. 어떤 나라의 경제가 호황을 누리고 있다고 가정합시다. 그러면 에너지인 석유에 대한 수요가 늘어나게 될 것입니다. 당연히 석유를 많이 수입하게 되고 수입된 석유는 공장을 돌리고 호황인 경제를 뒷받침하는 데 적절하게 사용될 수 있을 것입니다. 석유에 대한 수요가 생겨서 석유를 수입하게 되고 수입된 석유가 적절하게 소모되는 것입니다. 경제는 점점 더 활성화될 것입니다.

이와는 다르게 어떤 나라를 경영하는 지도자가 다음 해의 상황을 전망한 뒤 경제의 호황을 지레짐작하여 미리 대비하기 위해 석유를 많이 수입했다고 가정해 봅시다. 그런데 막상 그다음 해가 되고 보니 경제는 오히려 불황이라 석유에 대한 수요가 줄게 됩니다. 수입한 석유는 많은데 석유를 필요로 하는 곳은 줄어듭니다. 어떤 일이 생길까요? 시장에 혼란이 오게 될 것입니다. 자, 이런 상황에서 여러분이 지도자라면 어떻게 할까요? 아마 더 이상의 혼란을 막기 위해서 석유를 시장에 맡기지 않고 나라에서 관리하게 될 것입니다. 한 곳에 비축하거나 방출되는 석유량을 제한하기 시작할 것입니다. 그런데 이렇게 통제를 하게 되면 정작 필요한 곳에는 석유가 제때 공급이 되지 못하는 경우도 생길 것입니다.

이 이야기를 호흡과 연관 지어 보겠습니다. 처음 이야기한 예는 운동할 때의 호흡과 몸의 상태이고 두 번째 이야기한 것은 공황 시의 호흡과 몸의 상태입니다. 운동을 해서 과호흡이 된 상태는 운동하는 과정에서 소모된 에너지를 보충하기 위해서 산소의 요구량이 늘어난 것입니다. 늘어난 요구량에 따라 빠른 호흡을 통해서 산소를 공급하게 되고 공급된 산소는 에너지를 생성하는 데 쓰이게 됩니다. 그 과정에서 발생하는 이산화탄소의 양도 늘어나면 호흡을 통해서 배출되는 이산화탄소의 양 역시 늘어나게 됩니다. 산소의 수요와 공급, 이산화탄소의 생성이 적절하게 균형을 이루는 상황입니다. 이런 상황에서는 몸에 불편함이 생기지 않습니다.

하지만 공황 시의 과호흡은 다릅니다. 여러분은 공황 시에 어떤 자세를 취하나요? 아마 그 자리에 주저앉거나 움직여도 작은 공간을 왔다갔다 하는 정도일 것입니다. 많은 에너지가 소모되는 상태는 아닙니다. 평소보다 에너지 생성을 위해 산소의 요구량이 늘어나지는 않은 상태입니다. 다시 말해서 공황 시 과호흡은 산소가 필요하지 않은데도 왠지 위험한 일이 곧 생길 것 같아서 에너지가 많이 소모될까 봐 미리 산소를 과하게 확보한 상태입니다. 산소가 필요할 것 같아서 호흡을 통해 산소는 많이 공급했는데 정작 에너지 소모가 많지 않아서 확보된 산소들이 에너지 생성에 쓰이지 못하게 된 상태입니다. 에너지가 생성되지 않으니 산소의 소모량은 늘어나지 않고 당연히 이산화탄소의 생성량도 늘어나지 않게 됩니다. 공급되는 산소는 많으나 배출되는 이산화탄소의 양은 늘어나지 않게 되는 것입니다. 수요와 공급이 잘 맞지 않게 되는 상황입니다. 우리 몸에 필요 이상 공급된 산소가 너무 많아서 처치 곤란의 상태가 된 것입니다. 이 상태는 우리 몸에 또 다른 위험이 될 수 있습니다. 그래서 우리 몸에서는 과도하게 늘어난 산소를 통제하는 방어 시스템이 작동하게 됩니다.

늘어난 산소를 통제하기 위해서 두 가지 방어 시스템이 작동됩니다. 먼저 특정 부위로 가는 혈관을 수축합니다. 공급 통로를 막는 것입니다. 산소가 너무 많이 공급되니까 가는 길목을 막아서 산소의 양을 줄입니다. 특히 뇌로 가는 혈관이 수축하게 됩니다. 다소 위급한 상태에서 혈관을 수축하기 때문에 일시적으로는 뇌로 가는 혈액이 줄어들게 됩니다. 늘어난 산소의 공급을 줄이느라 오히려 뇌에 산소 공급이 일시적으로 줄어드는 것입니다. 이때 뇌는 일시적으로 산소가 부족한 상태가 되어서 질식감, 시야 흐림, 현기증 같은 신체증상들을 경험하게 됩니다.

두 번째 방어 시스템은 혈관에서 산소를 운반하는 데 쓰이는 헤모글로빈과 산소의 결합력이 증가하는 것입니다. 헤모글로빈은 산소를 데리고 돌아다니다가 에너지가 필요한 세포에 산소를 전해 주어야 하는데 결합력이 증가하니까 혈관을 돌아다니다 산소가 필요한 곳을 지나게 되어도 산소를 주지 않고 그냥 혈관 속에서 산소와 결합한 채 다니게 됩니다. 앞에서 예를 들었던 기름에 비유하자면 길에 기름을 싣고 돌아다니는 차들은 넘치는데 운전자가 기름을 주유소에 공급을 안 해서 소비자들에게 공급되는 기름이 줄어드는 것과 같습니다. 산소가 필요한 곳에 제대로 공급되지 못하는 것입니다. 그래서 나타나는 증상들이 손발이 저리고, 한기가 느껴지고, 마비감이 오고, 맥박도 빨라지는 등의 증상들입니다. 산소가 너무 많아서 그 산소를 통제하다 보니까 오히려 우리 몸에서 산소가 부족해지는 현상들을 경험하게 되는 것입니다. 이런 산소 부족 증상들은 마음을 더 불안하게 만들고 호흡을 더 많이, 빨리 하려는 악순환을 불러오게 됩니다. 이렇게 하는 과호흡은 증상을 줄이는 것이 아니라 더 많은 산소를 공급해서 더 불편한 증상들을 만들게 됩니다. 여러분이 공황 시에 경험하는 현기증이나 질식감, 손발의 저림은 대부분 이런 과호흡의 악순환과 관련되어 있습니다.

그렇다면 이렇게 공황으로 인해서 과호흡을 하게 되면 어떻게 해야 할까요? 아마 과호흡으로 응급실에 갔던 사람들은 의사가 봉지를 주면서 봉지에 대고 호흡을 하라고 한 경험이 있을 것입니다. 이것은 질식감으로 호흡을 더 빨리 하려고 하기 때문에 들어오는 산소의 양을 스스로는 줄이기 어려우므로 아예 봉지를 통해서 외부로부터 들어오는 산소의 양을 줄이는 방법입니다. 원리는 간단합니다. 봉지에 호흡을 해서 내가 뱉은 이산화탄소를 다시 흡입하여 들어오는 산소의 양을 줄이는 것입니다. 이렇게 흡입되는 산소의 양이 줄면 산소를 통제할 이유가 없어집니다. 혈관이 다시 확장되고 헤모글로빈과 산소의 결합력이 줄어서 각각 산소가 필요한 곳으로 자유롭게 산소가 공급될 수 있는 것입니다. 당연히 불편한 증상들은 없어지고 산소가 부족하다는 느낌도 줄어들어서 호흡을 원래 속도로 여유 있게 할 수 있게 됩니다.

공황 시에 과호흡과 그런 과호흡의 원인으로 생기는 신체증상들에 대해서 이야기했습니다. 이제 여러분은 과호흡의 이유와 결과를 알고 있으니까 공황이 왔을 때 질식감이 들고 현기증이 나고 손발이 저리고 숨이 안 쉬어지는 것 같은 답답함이 느껴지면 먼저 여러분이 어떻게 호흡을 하고 있는지 살펴보시기 바랍니다. 만약 호흡이 빨라져 있다면 당황하지 말고 일단 자세를 바르게 하고 긴장을 풀고 호흡을 천천히 해야 합니다. 그리고 일정한 속도로 흥분된 몸을 가라앉히겠다는 생각을 하면서 천천히 깊게 호흡을 유지해 보세요. 천천히 규칙적으로 호흡하면서 현기증, 질식감, 손발 저림 등의 증상이 사라지고 공황의 불편한 증상들이 줄어들게 될 것입니다.

복식호흡의 요령

불안할 때 억지로 복식호흡을 하는 것은 바람직하지 않습니다. 오히려 당황하게 되고 불규칙적으로 호흡을 하게 되어 질식감을 더 유발하게 됩니다. 흉식호흡과 복식호흡은 호흡의 깊이와 빈도에서 차이가 있습니다. 흉식호흡은 작고 빠른 호흡이고 주로 운동하거나 불안할 때 하는 호흡으로 늑골의 늑간근을 많이 사용합니다. 반대로 복식호흡은 길고 깊은 호흡으로 잠을 자거나 안정되어 있을 때 하게 되고 횡격막이 충분히 움직이게 되는 호흡니다. 횡격막은 위장과 심장, 폐 사이의 경계가 되는 근육입니다. 숨을 깊고 길게 들이쉬면 횡격막이 밑으로 충분히 움직이게 되고 그 결과 배에 압력이 생겨 배가 앞으로 나오게 되고 숨을 길게 내쉬면 배가 안으로 들어가면서 횡격막이 위로 올라가게 되면서 호흡을 하는 것이 복식호흡입니다. 우리가 몸을 움츠리고 있을 때는 흉곽이 작아지면서 짧고 빠른 흉식호흡을 할 수밖에 없습니다. 반대로 몸을 쭉 펴고 어깨를 펴고 바른 자세를 가지게 되면 흉곽이 커지면서 자연스럽게 복식호흡을 하게 됩니다.

불안할 때는 호흡을 길고 깊게 하겠다는 생각은 버리고 그냥 올바른 자세를 가지고 편안하게 호흡하겠다고 생각하기를 바랍니다. 어깨를 움츠리지 말고 똑바로 펴고 허리도 쭉 편 상태를 유지해야 합니다. 이러면 아마 저절로 복식호흡을 하게 되고 항진된 신체증상도 줄어들게 될 것입니다.

공황 시 호흡조절

- 예기 불안이나 공황 때문에 여러 가지 신체증상을 느낀다면 먼저 호흡의 양상을 살펴봅니다.

- 자세를 살펴보고 긴장해서 몸을 움츠리고 있으면 똑바로 펴고 편안한 자세를 취해야 합니다.

- 숨을 들이마시기 전에 먼저 몸 안에 있는 이산화탄소를 충분히 내쉽니다.

- 어깨와 허리를 똑바로 편 자세에서 코로 숨을 천천히 들이쉽니다. 숨을 들이쉬면서 횡격막이 충분히 밑으로 내려가서 배가 앞으로 나오는 것을 느껴 봅니다. 다시 똑바른 자세에서 이번에는 숨을 길게 내쉽니다. 숨을 내쉴 때 배가 들어가는 것을 느껴 봅니다.

- 호흡에 집중하면서 배의 움직임을 느껴 보면서 평소 자기 호흡보다 조금 더 깊고 길게 규칙적으로 호흡합니다.

- 하나에 들이쉬고 둘에 편안하다는 생각을 하면서 내쉽니다.

- 1에서 10까지 세고 다시 10에서 1까지 세면서 호흡에 집중합니다.

- 규칙적이고 안정된 호흡에 집중하면서 신체증상들이 점점 사라지는 것을 느껴 봅니다.

공황장애와 관련한
오해 1

공황장애는 낯선 병입니다. 처음 공황장애라는 병을 모른 상태에서 갑자기 공황을 경험하게 되면 공황이 무엇인지도 모르고 왜 왔는지도 모르기 때문에 공황이 왔을 때 경험한 다양한 심리적 · 신체적 증상들에 대해서 나름대로 의미를 부여하고 두려움을 갖게 됩니다. 이런 왜곡된 의미들은 공황장애에 대해 오해하게 만들 뿐만 아니라 공황에 대한 과장된 두려움으로 이어져 일상생활에까지 지장을 받게 됩니다. 이번에는 공황장애 환자분들이 자주 하는 오해에 대해서 설명하도록 하겠습니다.

많은 공황장애 환자들이 공황이 왔을 때 당황하게 되고 놀라서 우왕좌왕했던 경험 때문에 자제력을 잃을까 봐 두려워하고 불안해합니다. 그런데 과연 공황이 왔을 때 자제력을 잃을까요? 결론부터 말하자면 공황으로 인해 자제력을 잃지는 않습니다.

자제력에 대해서 이야기를 하려면 자제력을 잃는다는 것에 대해서 먼저 정의를 내려야 할 것입니다. 자제력을 잃는다는 것은 스스로 자신을 조절할 수 있는 힘을 잃은 상태를 말하는 것입니다. 스스로 통제하지 못해서 의도하지 않은 말을 하고 의도하지 않은 행동을 하게 될 때 우리는 자제력을 잃었다고 해야 할 것입니다.

한번 생각해 볼까요? 여러분은 공황이 왔을 때 자제력을 잃은 적이 있었나요? 자제력을 잃고 스스로의 행동을 조절하지 못했나요? 본인의 생각과 전혀 다르게 현실판단 능력을 잃고 행동했나요?

제가 인지행동치료를 시작하고 두 번째로 치료했던 분이 있습니다. 그분은 분당에 살고 있었는데 서울로 출근하다가 분당-수서 간 고속화도로 중간에서 공황을 경험했습니다. 출근시간이었기 때문에 도로는 꽉 막혀 있었습니다. 공황이 오자 그는 너무나 당황해서 사고가 날까 봐 차를 갓길에 세웠습니다. 창문을 열고 심호흡을 하면서 진정하려고 노력했습니다. 하지만 가슴의 답답함과 질식감, 온몸에 흐르는 땀, 고동치는 심장의 두근거림은 줄지 않았습니다. 도움을 받아야겠다는 생각에 우선 집에 전화를 걸었습니다. 아내에게 지금 고속화도로 한가운데 있는데 너무 힘들고, 병원에 가야 할 것 같다고 했습니다. 아내는 119 구조대를 부르라고 소리쳤습니다. 전화를 끊고 119 구조대에 전화를 했습니다. 지금 당장 응급실에 가야 할 것 같으니 급히 와서 데리고 가달라고 했습니다. 전화를 끊고 그는 창문을 열고 의자를 뒤로 밀고 호흡을 가다듬고 있었습니다. 잠시 후에 전화가 왔습니

1장 공황장애 바로 알기

다. 119 구조대인데 도저히 차가 막혀서 갈 수가 없으니 중간지점까지 오면 응급실로 데리고 가겠다는 전화 내용이었습니다. 그는 전화를 끊고 다시 천천히 시동을 켜고 운전을 하기 시작했습니다. 한참을 간 후에 중간에서 119 구급차를 만날 수 있었습니다. 그는 차를 갓길에 다시 세우고 119 구급차를 타고 응급실로 갔습니다.

진료 중에 이 이야기를 하면서 그는 당시 자제력을 잃을 것 같았고 운전을 하다가 사고를 낼 것 같은 생각이 가장 불안했다고 이야기했습니다. 그래서 그 이후에는 운전을 전혀 못하고 있다고 했습니다. 운전 중에 다시 그런 일이 일어나서 자제력을 잃으면 안 되니까요. 저는 그에게 물었습니다. "그런데 그때 정말 자제력을 잃으신 건가요?" 한번 생각해 보시죠. 여러분도 그런 비슷한 경험이 있을 것입니다. 그 상황과 비교해 보기 바랍니다. 이 환자분은 정말 자제력을 잃은 건가요?

만약 그가 자제력을 잃었다면 어떻게 해야 했을까요? 우선 갓길에 차를 세우지도 못했어야 합니다. 또 아내에게 전화할 생각도 못해야 하고요. 119 구조대에 전화를 걸지 못하는 것은 당연하고 119 구조대원에게 자신의 상태를 말하지도 못했어야 합니다. 119 구조대를 만나기 위해서 다시 운전하고 서울로 가는 것은 불가능했을 것입니다. 그리고 정말 자제력을 잃었다면 주위의 아무 차나 들이받고 위험한 행동을 했을 것입니다.

하지만 그는 자신의 위험을 감지하고 그 위험을 피하기 위해서 가장 필요한 조치를 취했습니다. 안전한 갓길로 차를 옮기고, 도움을 줄 수 있는 사람을 찾아서 자신의 상황을 설명하고, 도움을 받을 수 있는

119 대원을 만나기 위해 운전했습니다. 어떻게 보면 자제력을 잃었다기보다는 그 상황에서 할 수 있는 가장 완벽한 방법으로 자신을 조절하고 있었습니다.

여러분은 어땠나요? 공황이 왔을 때 아마 많이 당황했을 것입니다. 하지만 자제력을 잃지는 않았을 것입니다. 그 상황에서 벗어나기 위해 또 자신을 안전하게 만들기 위해서 여러 가지 행동을 신속하게 했을지는 몰라도 자제력을 잃고 자신을 위험하게 만들지는 않았을 것입니다. 안전한 응급실을 찾아가거나 자신을 안정시키기 위해서 약을 먹거나 119 구조대를 부르거나 그 상황에서 벗어나 안전한 곳으로 갔을 것입니다. 물론 죽을 것 같아서, 살고 싶어서 한 행동들이 평소 같으면 하지 않았을 행동일 수도 있고 다른 사람들이 보기에 '왜 저럴까'라고 생각할 수 있는 행동일 수는 있습니다. 하지만 그것은 위험하다고 판단한 상황에서 자신을 보호하기 위해 한 가장 적절한 행동입니다.

공황은 위험에 대한 우리 몸의 극단적인 반응입니다. 위험을 신체적·심리적으로 감지하고 그 위험에 대해서 반응을 보이는 것이 공황입니다. 위험을 감지하고 그 위험에 대해서 안절부절못할 수는 있지만 이성을 잃고 자제력을 잃고 자신을 또는 타인을 위험하게 만들지는 않습니다.

만약 공황장애 환자들이 자제력을 잃는다면 어떤 일이 일어날까요? 매일 신문이나 뉴스에 이런 보도가 나올 것입니다. "오늘도 공황장애 환자들이 운전을 하다가 사고를 내고 많은 사람들이 다쳤습니다. 오늘도 공황장애 환자가 길에서 자제력을 잃고 뛰어다니다가 사고를 유발했습니다. 오늘도 공황장애 환자가….” 우리나라 공황장애 환자는 40~60만 명 정도로 추산되는데 이 많은 사람들이 자제력을 잃고 유발하는 사고 보도로 뉴스 시간이 다 채워질 것입니다. 하지만 아직 어느 뉴스시간에도 공황 때문에 자제력을 잃어서 사고가 생겼다는 보도가 나온 적은 없습니다. 공황장애 환자들이 경험하는 사고의 빈도는 일반 사람들에게서 나타나는 사고의 빈도와 차이가 없습니다. 오히려 공황장애 환자들은 매사에 조심을 하기 때문에 사고의 위험이 더 줄어들게 됩니다.

공황장애 환자는 공황 때문에 당황은 해도 자제력을 잃지는 않습니다. 이제 여러분이 공황 때문에 자제력을 잃을까 봐 못했던 일이 있다면 자제력에 대한 걱정은 하지 않으셔도 됩니다.

공황장애와 관련한
오해 2

공황장애 환자 중에 이런 질문을 하는 사람들이 많습니다. "공황
이 왔을 때 이러다가 미치는 것 아닌가 굉장히 두려웠습니다.
지금도 미치는 것은 아닌가 불안합니다. 공황 때문에 정말 미칠 수 있
나요?"

만약 환자분이 저에게 "공황장애 환자들이 미칠 수 있나요?"라는 질
문을 한다면 이렇게 대답할 것입니다. "네, 공황장애 환자들도 미칠 수
있습니다." 그러면 질문한 분은 내 생각이 맞았구나 하면서 놀라고 두
려워할 것입니다. 그러면 저는 다시 이야기할 것입니다. "분명히 공황
장애 환자들도 미칠 수는 있습니다. 하지만 그 확률은 일반사람들이
미칠 수 있는 확률만큼입니다."

그러면 이렇게 질문할 것입니다. "그럼 공황이 심해져서 또는 공황장애가 오래 지속되면 미칠 수 있나요?" 이 질문에는 단호하게 말씀드릴 것입니다. "공황이 심해져서 또는 공황장애가 오래 지속되어서 미치는 일은 절대로 없습니다. 미친다는 것과 공황장애는 전혀 별개의 문제입니다."

무슨 말이냐고요? 자, 이 이야기를 하기 전에 우리는 먼저 미치는 것에 대한 정의부터 해야 할 것 같습니다. 일반적으로 미친다는 것은 무슨 뜻인가요? 정신이 분열되는 상태, 즉 조현병이 여기에 해당될 것입니다. (조현병 환자를 무조건 미쳤다고 할 수는 없습니다. 조현병도 굉장히 넓은 질병 범주를 포함하기 때문에 증상의 정도에 따라 달라질 수 있습니다. 일시적으로만 나타나는 분들도 많습니다. 만약 가족 중에 조현병을 가진 분들이 보고 오해하거나 기분 나빠하지 않았으면 합니다.)

그렇다면 조현병은 어떤 병인가요? 단순하게 말할 수는 없지만 이렇게 정리할 수는 있습니다. 다른 사람들에게 없는 것이 나타나는 것이고 다른 사람들에게 있는 것이 없어지는 것이라고 말할 수 있습니다. 즉, 다른 사람들이 듣지 못하는 것을 들을 수 있고(환청) 다른 사람들이 보지 못하는 것을 보고(환시) 다른 사람들이 생각하지 못하는 것을 생각하는(망상) 것입니다. 그리고 다른 사람들이 느끼는 감정이나 사고가 둔해지는 것이 일반적인 조현병 양상입니다.

그럼 공황장애와 비교해 보겠습니다. 공황장애는 다른 사람들에게 없는 것이 있는 병인가요? 아니면 다른 사람들에게 있는 것이 없는 병인가요? 아닙니다. 공황장애는 다른 사람들에게도 있는 것이 좀 더 예민해지는 것입니다. 누구에게나 있는 불안, 자율신경 항진증상, 재앙적 사고가 더 예민해지는 것뿐입니다.

처음에 공황장애 환자가 미칠 수 있는가라는 대답에 제가 그렇다고 했습니다. 그것은 팔이 부러진 환자가 위암에 걸릴 수 있는 것과 같습니다. 팔이 부러진 사람들도 위암에 걸릴 수 있습니다. 하지만 팔의 골절과 위암은 전혀 관계가 없습니다. 우연히 두 가지 질병이 함께 하는 것뿐입니다. 일반사람들이 위암에 걸릴 수 있듯이 팔이 부러진 사람도 위암에 걸릴 수 있는 것뿐입니다.

마찬가지로 공황장애와 조현병이 같이 있을 수는 있습니다. 하지만 그것은 일반사람들에게서 조현병이 나타날 수 있는 확률만큼일 뿐입니다. 팔이 부러져서 위암이 되지 않듯이 공황장애가 심해져서 조현병이 되는 것은 아닙니다. 조현병은 일반적으로 정신증이라 칭하고 공황장애는 신경증에 해당합니다. 두 질환은 분류 자체가 구분되어 있는 별개의 질환입니다. 두 집이 비슷하게 붙어 있어도 대문이 다르면 그 내부가 전혀 다른 별개의 집이듯이 이 두 질환도 정신과에서 진료하고 심리적인 증상들이 나타나서 연관되어 있을 것 같지만 입구가 전혀 다른, 그래서 들어가도 서로 만날 수가 없는 그런 질환일 뿐입니다.

그렇기 때문에 공황장애 환자가 미칠 수는 있지만 공황이 심해져서 미칠 수는 없다고 한 것입니다. 자, 공황이 왔을 때 미칠 수 있다고 지금도 고민하고 있습니까? 그렇다면 이제 그런 생각을 내려놓으십시오. 공황 때문에 미칠 수 있다는 생각에서 이제 자유로워지기 바랍니다.

Tip!

공황장애에 대한 편견

● 자제력을 잃는 것은 아닌가? → 공황이 왔을 때 자제력을 잃을까 봐 걱정하는 분들이 많습니다. 하지만 공황이 왔을 때 자제력을 잃지는 않습니다. 죽거나 잘못될 것 같은 공포감에 당황하는 모습이 자제력을 잃은 것처럼 보일 수 있지만 사실 그 순간에는 정말 죽을 것 같고 잘못될 것 같아서 그 상황에서 벗어나기 위한 행동을 하는 것뿐입니다. 자제력을 잃으면 위험하다고 생각하는 상황에서 더 위험한 행동을 해야 하는데 대부분의 환자분들은 위험하다고 생각하는 상황에서 벗어나고, 응급실을 가고, 다른 사람들의 도움을 청하는 행동을 하는 것뿐입니다. 오히려 공황장애 환자분들은 자제력이 늘어납니다. 가족들은 모두 여행을 가는데 비행기 타는 것에 대한 두려움으로 여행 가고 싶은 마음을 꾹 참고 포기합니다. 친구들은 모두 재미있는 영화를 보러 가는데 극장에 대한 두려움으로 영화 보는 것을 자제하고 집으로 돌아갑니다. 자제력을 잃는 것이 아니라 슬프지만 놀라운 자제력으로 행복을 포기하게 됩니다.

● 미치는 것은 아닌가? → 미치는 것과 공황은 전혀 다른 병입니다. 팔이 부러져서 위암이 되지는 않듯이 공황장애 환자분이 우연히 미칠 수는 있지만 공황장애가 나빠져서 미칠 수는 없습니다.

● 심장마비가 오는 것은 아닌가? → 공황장애 환자들도 심장마비가 올 수 있습니다. 하지만 올 수 있는 확률은 일반인과 같습니다. 공황장애 환자들은 건강에 대한 염려로 미리 검사를 받게 되고 문제가 있을 때 병원을 쉽게 방문하고 몸에 안 좋은 것을 회피하려는 성향이 강하기 때문에 심장마비가 올 확률은 오히려 줄어듭니다.

● 기절하는 것은 아닌가? → 기절은 저혈압과 관련되어 있습니다. 공황은 맥박이 빨라지고 혈압이 올라가는 상황입니다. 공황 시에는 기운이 없고 현기증이나 멍한 느낌을 가질 수는 있지만 의식을 잃고 기절하지는 않습니다.

약은 어떻게
이용하나

공황장애를 가지고 있는 사람들이 많이 궁금해하는 것이 약에 대한 문제입니다. 약을 먹어야 하는가, 먹는다면 어떻게 먹어야 하나, 안 먹을 수는 없나, 약을 먹고 불편한 증상들이 있는데 이것은 공황 때문인가 아니면 약 때문인가, 언제까지 먹어야 하나?

진료 중 공황장애를 가진 환자가 약을 먹어야 하냐고 물으면 저는 기본적으로는 약을 먹으라고 권합니다. 하지만 반드시 약을 먹어야 하냐고 묻는다면 그렇지는 않다고 이야기합니다. 약을 먹는 이유는 공황장애를 치료하기 위해서 취하는 방법 중 하나이지 공황장애를 치료하기 위한 유일한 방법은 아니기 때문입니다.

공황장애에서 약을 먹는 것이 좋은 이유는 다음과 같습니다.

1장 공황장애 바로 알기

공황장애는 단순히 심리적인 병은 아닙니다. 심리적인 부분이 분명히 있듯이 신체적인 부분도 있습니다. 공황장애의 경우 처음 공황이 예상하지 못한 상황에서 나타나는데, 이것은 예상하지 못한 상황에서 갑작스러운 자율신경 항진증상이 나타나는 것이라고 볼 수 있습니다. 왜 자율신경이 그렇게 갑자기 항진되었는지 묻는다면 정확하게는 알 수 없다고 말할 수 있습니다. 여러 가지가 원인이 될 수 있기 때문입니다. 신체적인 피로, 심리적인 압박, 음식이나 술 또는 약의 영향, 질병 상태 등 사람마다 다를 수 있는 여러 가지 원인으로 자율신경은 갑자기 항진될 수 있습니다.

생리적인 측면을 강조하는 학자들은 신경전달물질에서 원인을 찾기도 하고 불안 중추인 청반의 예민함에서 찾기도 하며 이산화탄소 농도에 대한 민감성에서 찾기도 합니다. 감기의 원인을 이야기할 때 우리는 정확한 이유를 말하지 못합니다. 물론 어떤 바이러스에 감염되었다고 할 수 있지만 그것이 추운 날씨에 밖에서 오랫동안 있었기 때문인지, 우연히 만난 친구가 감기에 걸려 있었기 때문인지, 며칠 동안 잠을 안 자고 피곤해서 면역력이 떨어져서인지 정확하게 알 수 없습니다. 공황장애 시에 갑자기 찾아온 공황도 마찬가지라고 할 수 있습니다.

감기의 경우 우리는 그것이 어떤 이유에서 왔든지 그 과정을 잘 알기 때문에 오한, 콧물, 기침 등 여러 가지 고통스러운 증상들을 줄이기 위해서 그리고 감기를 좀 더 빨리 이겨내기 위해서 약을 먹습니다. 공황장애도 마찬가지입니다. 그것이 어떤 이유에서 왔든지 공황장애 환자들은 자율신경이 예민해져 있습니다(자율신경이 망가졌다고 표현하는 사람들도 있는데 그것은 절대로 아닙니다. 다른 사람들보다 예민해져 있는 것뿐입니다). 한 번 예민해진 신경계는 반복되는 힘든 경험으로 인해서 점점 더 예민해지게 됩니다. 이러한 예민함을 줄이기 위해서 약은 필요합니다. 또 지금까지 알려진 생리적인 원인을 조절하기 위해서도 약은 필요합니다. 신체적인 증상이 반복된다면 아무리 생각을 바꾸고 심리적으로 안정을 가지려고 해도 힘들기 때문입니다.

약은 일반적으로 항우울제와 항불안제를 사용합니다. 치료 초기에는 항불안제와 항우울제를 같이 사용하지만 항불안제를 점차적으로 줄이고 장기적으로 항우울제만을 사용하는 것이 최근 약물치료 경향입니다. 그 이유는 항불안제는 불안이라는 증상에 작용하는 데 비해서 항우울제는 위험을 감지하고 그 위험에 대처하는 불안 시스템 자체에 작용하기 때문입니다. 시스템을 안정화시켜서 공황의 발생을 줄입니다. 또 약에 대한 의존도가 낮고 약을 끊기가 쉽기 때문에도 항우울제를 많이 사용합니다.

그럼 약을 얼마나 사용해야 할까요? 일반적으로 약으로만 치료했을 때는 최소한 8~12개월 동안 유지해야 합니다. 하지만 이 경우에도 약을 끊었을 때 재발하는 경우가 많이 있습니다. 성공적으로 약을 끊어도 보고에 따라 다르지만 30~90%가 재발한다고 발표되고 있습니다.

약은 분명히 필요하지만 의존이나 부작용 등의 제한점도 함께 가지고 있습니다. 이런 이유 때문에 약물치료 외에 심리적인 치료(인지행동치료)가 필요합니다. 약이 공황장애 치료에 도움이 되지만 약만으로 치료하려면 약물을 복용해야 하는 기간도 길고 또 약물 중단 시에 재발하는 경우가 많기 때문에 인지행동치료를 통해서 공황을 피하는 것이 아니라 극복할 수 있는 대처방법을 습득하는 것이 필요합니다.

약만 복용했을 경우는 재발했을 때 당황하게 되고 처음으로 다시 돌아가서 약을 복용할 수밖에 없지만 인지행동치료를 받고 공황을 알고 공황에 대처할 수 있으면 공황을 다시 경험해도 그것이 공황장애로 발전하지 않고 스스로 조절할 수 있게 됩니다. 일반적으로 인지행동치료를 약물치료와 함께 받으면 인지행동치료 기간 내에 약을 끊는 경우가 많고 약을 먹은 지 오래된 사람도 인지행동치료가 끝나고 2~3개월 이내에 대부분 약을 끊게 됩니다. 치료 기간이 단축되고 재발의 위험도 많이 줄어들게 되는 것이지요.

정리하면 이렇습니다. 공황장애에서 약물치료는 아주 좋은 치료 방법입니다. 하지만 여러 가지 제한점도 있는 것이 사실입니다. 약물치료만 받아도 또는 인지행동치료만 받아도 공황장애는 조절될 수 있습니다. 하지만 치료 효과적인 면이나 치료 기간적인 측면 그리고 재발 방지 측면에 있어서 가장 효과적인 방법은 두 가지를 병행하는 것입니다. 약에 대한 막연한 거부감 때문에 약물치료를 두려워할 이유도 없고 그렇다고 약에만 의존할 필요도 없습니다. 공황장애 극복을 위해서 약을 이용하면 되는 것입니다.

이제 약을 두려워하지 말고 약에 의존하지도 말고 약을 이용해 보기 바랍니다. 약에 의지하는 것은 반드시 피해야만 하는 것이 아닙니다. 때로 약은 병을 치료하기 위해 이용해야 하는 유용한 수단입니다.

생각이 바뀌면
공황도 바뀐다

13

공황장애 극복 과정
배움, 확신, 결단, 행동, 노력

달라이 라마는 『행복론』에서 어떻게 하면 부정적인 행동을 버리고 삶에 긍정적인 변화를 가져오게 할 수 있는가라는 질문에 이렇게 이야기했습니다.

> 먼저 필요한 것은 배움(행복을 추구할 때 부정적인 감정과 행동은 해를 끼치고 긍정적인 감정은 도움이 된다는 것)입니다. 배움은 변화가 필요하다는 확신을 심어 주고 변화에 대한 확신은 다시 결단으로 이어지며 그 결단은 행동으로 옮겨집니다. 실제적인 변화를 이루기 위해서는 계속해서 노력하게 되며 변화를 위해서는 노력이라는 마지막 요소가 결정적으로 중요합니다.

공황을 극복하기 위해서는 공황과 관련된 부정적인 생각과 자신을 제한하는 행동들을 버리고 공황으로부터 자유로워져서 긍정적인 삶을 가져와야 합니다. 그리고 그렇게 하기 위해서는 달라이 라마가 말한 배움, 확신, 결단, 행동, 노력이 필요합니다.

공황장애를 극복하기 위해서 가장 먼저 필요한 것도 배움입니다. 여러분이 힘들어하는 증상들 중 상당수가 공황 자체의 문제보다는 여러분이 가지게 되는 부정적인 생각과 왜곡된 대처행동에서 유발된다는 것을 먼저 알아야 합니다. 막연함은 변화를 가져오지 못합니다. 배워서 정확히 알고 구분하는 것이 변화의 시작입니다. 정확한 지식은 막연함을 줄이고 변화할 수 있는 자신감을 주게 됩니다.

인간이 가지는 두려움은 대부분 예측하지 못하고 조절하지 못하는 데서 출발합니다. 공황장애 환자들도 공황이 어떻게 시작해서 어떻게 진행되고 어떻게 끝날지 모르기 때문에 예측하기 어렵고 위험한 것으로 인식하여 두려워하고 불안해합니다. 또 그렇게 예측하지 못하는 공황이 왔을 때 그 공황을 스스로 조절할 수 없다는 생각은 공황을 더 크고 두려운 증상으로 느끼게 만듭니다.

배움은 공황이 뭔지, 그 공황이 어떻게 진행되는지, 또 어떻게 끝나는지 아는 것입니다. 그리고 공황에 대해서 스스로를 조절할 수 있는 방법도 배우는 것입니다. 정확히 알고 다룰 수 있다면 공황에 대한 막연한 불안과 두려움은 사라질 것입니다.

배움을 통해서 공황장애를 잘 알게 된 환자들은 공황 극복에 대한 확신을 가지게 됩니다. 공황을 정확히 알고 스스로가 가지고 있는 힘을 확인하고 공황을 예측하고 다룰 수 있게 되면서 변화에 대해서 그리고 공황장애 극복에 대해서 확신을 갖게 되는 것입니다.

확신은 자신감으로 이어지고 이런 자신감을 통해서 결단을 내릴 수 있는 용기를 얻게 됩니다. 공황장애 극복에 있어서 가장 중요한 것은 결국 공황과 관련된 두려운 상황이나 대상을 실제로 경험하고 맞서서 극복하는 것입니다. 그렇기 때문에 확신을 하게 된 후에는 실제로 행동으로 옮기고 경험해 보기 위한 과감한 결단이 필요합니다.

이런 결단은 실제 행동으로 이어져서 변화된 삶을 가져오게 만듭니다. 공황을 잘 모르는 상황에서 막연한 두려움으로 인해 우울한 삶을 살아가던 환자들이 치료를 통해서 건강해질 때는 다음의 과정을 거치게 됩니다. 공황장애가 어떤 질병인지 배워서 정확하게 알게 되면 공황 극복에 대한 확신이 생깁니다. 이런 확신은 공황을 극복하려는 결단으로 이어지고 실제 행동으로 옮겨집니다. 회피하지 않는 건강한 삶으로 변화되는 것입니다.

하지만 이것으로 공황 극복이 끝나는 것은 아닙니다. 치료가 끝난 후에도 끝없는 노력이 필요합니다. 공황장애 환자들은 공황에 취약한 사람들입니다. 이 취약성은 스트레스에 약합니다. 그리고 스트레스는 우리 인생에 항상 함께 있는 것으로, 스트레스 없는 생활을 할 수는 없습니다. 결국 어느 순간 우리는 공황을 다시 만나게 될 것이고 노력하지 않았던 사람들은 다시 힘든 상황으로 빠져들 수밖에 없을 것입니다. 치료가 끝난 후에도 공황을 다루려는 노력, 스트레스를 조절하려는 노력, 생각을 긍정적으로 바꾸려는 노력, 신체적으로 건강을 유지하려는 노력이 끝없이 필요한 것입니다. 물론 이런 노력은 공황장애 환자만이 아니라 건강한 삶을 원하는 모든 사람에게 필요한 것이기도 합니다.

2장 생각이 바뀌면 공황도 바뀐다

마음에 공황을 두지 마라
心不可有恐慌

공황장애라고 하는 병은 신체적인 요소도 있지만 심리적인 요소가 매우 큰 질병입니다. 심리적인 요소는 공황을 부담스럽게 만들 뿐만 아니라 그 사람의 일상생활에 영향을 주고 경우에 따라서는 공황을 유발하기도 합니다.

공황장애의 심리적인 요소에 대해서 잘 설명이 되는 말이 있어서 옮겨 볼까 합니다.

주자가 이런 말을 했습니다. "心不可有一事, 마음에 하나의 사물도 두어서는 안 된다." 이 말은 어떤 상황에서 어떤 반응을 보일 때는 그 상황에 맞게 대응을 해야지 마음속의 어떤 일에 얽매여서 행하면 안 된다는 뜻입니다. 다시 말해 그 상황을 왜곡하거나 과장되게 해석해서 상황에 맞지 않는 다른 반응을 보이면 안 된다는 것입니다.

주자가 말하기를 사람들이 사물에 매이게 되는 까닭은 세 가지가 있는데 그 하나는 일이 닥치지도 않았는데 자신이 먼저 기대하는 마음이 있기 때문이고, 다른 하나는 일에 이미 응해 버렸는데도 도리어 가슴속에 오래 남아서 잊을 수 없기 때문이며, 마지막 하나는 정직 일에 응할 때는 뜻에 편중됨이 있기 때문이라고 했습니다.

저는 이 구절이 공황장애 환자들의 마음을 잘 설명하고 있으며 동시에 공황장애의 심리적인 요소로부터 벗어날 수 있는 해법도 제시하고 있다고 생각합니다. 공황장애는 예상하지 못한 상황에서 공황을 반복해서 경험한 후 항상 공황이 언제 올까 노심초사하고 공황이 와서 어떻게 될까 걱정하며 그래서 행동에 제약을 받게 되는 것입니다. 때문에 공황장애 환자들은 항상 공황을 염두에 두고 모든 것을 공황과 연관 지어서 생각하게 됩니다.

주자의 말처럼 공황에 연연하게 되는 원인에도 세 가지가 있습니다.

첫 번째는 공황이 닥치지 않았음에도 먼저 공황이 오는 것을 걱정하는 것입니다. 기차에서 공황을 경험해서 기차 타는 것을 두려워하는 환자가 있다고 가정해 봅시다. 그는 기차를 타고 있지 않고 공황이 오지도 않았고 어떤 답답함이나 불편함을 경험하지 않아도 항상 마음속에 공황을 두고 있기 때문에 기차를 타는 생각만 해도 안절부절못하고 회피하려 하게 됩니다.

두 번째는 이미 공황이 지나갔고 아무 일도 없었음에도 가슴속에 공황의 기억을 담고 계속 걱정하고 두려워하는 것입니다. 아무런 위험도 없었고 창피함도 경험하지 않았고 단지 공황만 왔을 뿐인데도 불구하고 지나간 공황을 반복해서 두려워하고 경험한 상황을 재앙적으로 느끼면서 마음속에 오래 두고 있는 것입니다.

세 번째는 어떤 일을 하든 간에 공황에 대한 편중된 마음으로 상황을 제대로 보지 못하고 공황에 얽매여서 상황을 판단하고 행동하게 되는 것입니다. 예를 들어 공황장애 환자가 운동을 할 때 공황에 대한 두려운 마음 때문에 운동하면서 나타날 수 있는 숨이 차거나 맥박이 빨라지는 등의 당연한 신체반응들을 공황의 전조증상으로 왜곡되게 해석해서 운동을 그만두거나 병원을 찾는 과장된 반응을 보이기까지 하는 것입니다.

여러분은 어떻습니까? 마음속에 항상 무언가를 담아 두고 있지는 않습니까? 또 그 담아 두고 있는 마음을 통해서 세상을 보고 근심하고 걱정하고 있지는 않습니까? 이 글을 통해서 자신을 한번 돌아보기 바랍니다. 나는 마음속에 무엇인가를 담아 두고 있는 것은 아닌가? 혹 그것이 공황은 아닌가? 공황을 통해서 세상을 보기 때문에 지금 상황을 왜곡하고 과장하고 있는 것은 아닌가? 만약 그렇다면 마음에서부터 공황을 내려놓기 바랍니다. 공황을 내려놓는 순간 여러분은 마음의 평화를 얻을 수 있을 것입니다.

발상의
전환

사람들은 각자 자기만의 생각 속에서 살아갑니다. 자신만의 시각을 통해서 세상을 보고 그 시각을 통해서 즐거워하고 슬퍼하고 불안해합니다. 같은 상황이 주어지더라도 사람들마다 각자 느끼는 감정이 다르고 상황을 대처하는 방법도 달라집니다. 결국 상황이 그 사람의 감정을 지배하기보다는 그 사람의 생각이 그 사람의 감정을 지배하게 됩니다. 생각의 전환, 발상의 전환은 전혀 다른 감정, 전혀 다른 반응을 가져오게 만듭니다.

전국시대 송나라의 장자는 다음과 같은 이야기를 했습니다.

그림자와 발자국을 혐오하는 사람이 있었다. 발바닥을 떼어 다른 곳으로 피하면 피할수록 발자국은 많아졌고, 그림자를 떨치려고 달리면 달릴수록 그림자는 따라왔다. 동작이 느린 탓으로 착각하곤 죽을힘을 다해 하염없이 달리다가 마침내 탈진하여 죽고 말았다. 그늘로 가면 그림자가 사라지고, 그 자리에 서 있으면 발자국은 생기지 않을 텐데. 바보!

불안이나 공황을 가지고 있는 사람들은 불안과 공황을 너무 두려워한 나머지 항상 그것을 없애버리려고만 합니다. 공황이 오면 없애기 위해서 응급실로 뛰어가고 불안한 것을 감추기 위해서 사람들이 보지 못하는 곳으로 숨어 다니고 조금이라도 불안하지 않으려고 불안을 유발할 수 있는 상황을 피해 다닙니다. 하지만 이런 회피는 불안을 줄이지 못하고 오히려 공황에 대한 두려움만 키우게 됩니다.

생각의 집착으로 괴로워하는 사람들도 마찬가지입니다. 하기 싫은 생각을 반복하게 되고 그 생각을 없애기 위해 또 생각을 합니다. 생각하기 싫어서 안 하려고 노력하는데 오히려 그런 노력이 그와 같은 생각을 더 많이 하게 만드는 것입니다. 생각을 없애려는 시도는 그 생각을 더 또렷하게 만들어서 더 강박적으로 집착하게 만들기도 합니다.

어떤 생각을 강박적으로 없애야 한다고 생각하고 있으면 그 생각이 조금만 나도 그 자체가 위협적으로 느껴져서 불안해지게 됩니다. 불안이라는 감정은 상황을 객관적으로 보기보다는 극단적·부정적으로 보게 만들어서 하기 싫은 생각을 재앙적으로 인식하고 그 생각을 더 없애야만 한다는 강박적인 부담을 더 키우게 만듭니다. 악순환의 고리가 형성되는 것입니다.

생각을 전환해 보면 어떨까요? 공황, 불안, 강박적인 생각을 떼어내려고 하지 않는 것입니다. 그림자와 발자국을 없애려고 뛰어다녀 봐야 몸만 힘들고 없어지지도 않습니다. 그늘로 들어가야 그림자가 없어지고 움직이지 않아야 발자국이 생기지 않듯이 공황, 불안, 강박적인 생각도 그렇게 다루어 보면 어떨까요?

공황은 일정한 시간이 지나면 사라지는 일시적인 생리적 현상입니다. 불안은 내가 위험하다고 생각하지 않으면 자연스럽게 소멸되는 감정일 뿐입니다. 공황과 불안을 피하기 위해 우왕좌왕하지 말고 그 자리에 멈추어서 흘려보내면 어떨까요. 우왕좌왕하는 행동은 공황과 불안이 자연적으로 소멸되기 위해 움직이고 있는 생리적인 시곗바늘을 멈추게 할 뿐입니다. 그 자리에서 공황을 받아들이고 흘려보낼 때 소멸을 위한 시곗바늘은 다시 움직일 것입니다. 어차피 사라지는데 없애려고 애쓰느라 시간을 연장시키지 말고 그 자리에서 머물면서 시간을 보내시기 바랍니다.

사람이 생각을 멈추고 살지는 못합니다. 매 순간 무슨 생각이든 하게 마련입니다. 하지만 생각은 시간 제한적이고 상황 제한적입니다. 시간 제한적이라 아무리 오랫동안 같은 생각을 하려고 해도 집중력에 한계가 있어서 결국은 다른 생각을 하게 되고, 상황 제한적이라 한순간에 여러 가지 생각을 하고 행동하는 것이 아니라 그 순간 가장 중요하고 가장 감정적으로 많은 영향을 주는 생각을 하게 됩니다.

강박적인 생각 역시 시간 제한적이고 상황 제한적입니다. 다만 강박적인 생각이 불안을 유발하고 그 순간 그 사람에게 힘든 생각들이기 때문에 상황적으로 중요한 것이 없게 되면 자연스럽게 강박적인 생

116

각으로 다시 빠져들게 됩니다. 결국 강박적인 생각을 다루는 효과적인 방법은 강박적인 생각을 안 하려고 노력하는 것보다는 생각의 존재를 인정하고 그늘 속에 들어가서 그림자를 없애듯이 다른 것에 집중해서 자연스럽게 생각을 전환하는 것입니다.

여러분은 지금 어떻게 하고 있나요? 혹시 증상들을 떼어버리려고 우왕좌왕하며 진을 빼고 있는 것은 아닌가요? 그렇다면 지금부터 발상의 전환을 해 보는 것은 어떨까요?

Tip!

공황에 대처하는 현명한 자세

- 공황을 피해 도망가더라도 공황은 그림자처럼 쫓아온다는 사실을 명심해야 합니다.
- 공황과 정면으로 마주하면 그때 비로소 공황의 실체가 명확해집니다.
- 공황을 맞닥뜨리면 피하거나 싸우지 말고 그 자리에서 공황으로 받아들이고 시간을 보내도록 합니다.

뭉치면 죽고
흩어지면 산다

한국전쟁 당시 이승만 전 대통령이 이런 말을 했습니다.

"뭉치면 살고 흩어지면 죽는다."

나는 그 반대의 이야기를 하고 싶습니다. 예전에 명상에 대한 워크숍에 참석한 적이 있습니다. 그곳에서 강의를 하던 분이 이런 이야기를 하시더군요. "뭉치면 탐심이 생기고 흩어지면 없어진다."

한 남자가 집에 들어갔습니다. 현관에는 자신을 반기는 아내가 긴 머리를 예쁘게 손질하고 곱게 화장을 하고 서 있습니다. 윤기가 흐르는 긴 생머리를 보고 예쁘다는 생각이 들어서 아내에게 찬사를 보내고 안아주었습니다. 그런데 식사를 하려고 식탁에 앉았을 때 국그릇에서 긴 머리카락이 나왔습니다. 그 남자는 어떤 느낌이었을까요? 그 머리카락을 보고도 아름답다고 생각하고 아내를 안아주고 싶을까요? 머리카락들이 함께 있을 때는 아름다운 모습이었지만 하나만 있을 때는 그저 긴 머리카락일 뿐이고 오히려 불쾌감까지 주죠. 한번 상상해 보세요. 잘 손질된 긴 머리와 책상 위에 있는 한 가닥의 머리카락.

함께 있을 때는 탐심이 생길 수 있지만 하나 있는 것을 보고 탐심이 생길 수는 없겠죠. 감정의 경우 이럴 때가 많이 있습니다. 여러 가지가 엉켜 있을 때는 감정도 커지고 힘들어지지만 막상 정리하고 나누어 보면 아무것도 아닌 경우가 많습니다.

함께 있을 때 과장되는 감정은 공황장애에서도 볼 수 있습니다. 공황은 심한 공포감이 나타나는 상태입니다. 그 공포감은 신체적으로 불편함을 동반하게 되고 그래서 안절부절못하고 피하게 만듭니다. 또 피하니까 다음엔 공황이 올 수 있는 상황을 더 무서워하고 신체적인 불편감에 대해서 걱정하게 됩니다. 죽음에 대해서 걱정하게 되고 미치면 어떻게 하나 자제력을 잃으면 어떻게 하나 하는 부정적인 생각을 하게 됩니다. 그리고 이런 생각은 더 많은 공포 불안을 유발하게 되고 신체적인 변화도 더 커지게 만듭니다. 공포감, 신체적인 증상, 회피하는 행동, 부정적인 생각이 뒤죽박죽 되면서 점점 더 공황을 힘들게 만듭니다.

이렇게 과장되고 복잡해지는 불편함을 다루기 위해서는 공황을 네 가지 요소로 나눌 필요가 있습니다. 불안이라는 감정적인 요소, 호흡이 빨라지고 맥박이 뛰고 땀이 나는 등의 신체적인 요소, 일단 그 자리를 피하려고 하고 안절부절못하는 행동적인 요소, 상황을 재앙적으로 해석하고 과장하는 인지적인 요소입니다.

네 가지 요소는 하나하나 따로 나뉘어 있을 때는 책상 위에 있는 그저 그런 머리카락 같은 것이지만 함께 뭉치면 서로에게 상승작용을 일으켜서 심한 공포감을 가져오게 만듭니다.

불안, 공포라는 감정적인 요소는 누구에게나 있는 위험에 대한 신호일 뿐이고 맥박이 빨라지고, 호흡이 거칠어지고, 현기증이 생기고, 손발이 저리고, 땀이 나는 등의 신체적인 요소는 내가 불안해져 있기 때문에 불안에 대한 반응으로 나타나는 자율신경 항진증상일 뿐입니다. 나를 괴롭히려는 증상이라기보다는 나를 위험에서 벗어나게 준비시키는 증상이지요.

회피하게 되는 행동적인 요소도 마찬가지입니다. 위험하다고 생각했기 때문에 어떻게 해서든 나를 보호하기 위해서 그 자리를 피하게 만드는 것입니다. 위험이라는 인지에 대한 자연스러운 대처 반응입니다.

극단적으로 생각하고 재앙적으로 판단하게 되는 인지적인 요소가 문제인데, 불안을 유발하고 자율신경을 항진하고 그 자리를 회피하게 만드는 그런 생각들도 결국은 다른 사람이 하는 것이 아니라 내가 하고 있는 생각입니다. 마음먹기에 따라서 조절 가능한 생각일 뿐입니다. 공황 때 나타나는 감정, 생각, 신체증상, 행동이 뭉쳐 있을 때는 괴로운 대상이지만 하나하나 나누어 보면 그저 그런, 아니 오히려 나를 도우려고 애를 쓰고 있는 내 몸의 자연스러운 표현들일 뿐입니다.

인지행동치료를 시작하면 먼저 이 네 가지를 나누는 훈련부터 하게 됩니다. 공황이 오려고 할 때 압도되어서 우왕좌왕하지 말고 내 몸에 나타나는 공황을 이 네 가지로 나누어 보기 바랍니다. 한꺼번에 생각하지 말고 네 가지로 나누려고 노력해 보세요. 바닥에 떨어져 있는 머리카락을 보고 탐심을 가지기 어렵듯이 네 가지로 나뉘어 있는 공황에 공포를 느끼기는 어려울 것입니다.

공황. "뭉치면 생기고 흩어지면 사라집니다." 반대로 "흩어지면 살고 뭉치면 괴롭습니다."

귀인오류

사람들이 어떤 상황에서 그 상황에 맞게 생각을 하고 그 상황에 맞는 반응만을 보인다면 사람들 사이의 심리적인 갈등이나 오해는 많이 줄어들 것입니다. 반면에 어떻게 보면 상당히 무미건조한 삶이 될 수도 있을 것입니다. 상황을 사람마다 다르게 해석하고 다르게 반응하기 때문에 인간사에는 다양한 일들이 생기는 것 같습니다.

이번에 이야기할 것은 상황을 잘못 해석해서 올 수 있는 귀인오류입니다. 사람들은 자신이 어떤 상황에서 정확하게 판단한다고 생각할지 모르지만 사실은 여러 가지 요소의 영향을 받아서 원인과 결과를 잘못 연결시킬 수 있습니다. 귀인 오류는 결과를 유발한 원인을 잘못 판단해서 전혀 다르게 반응하는 것을 말합니다.

사회심리학자 닷튼과 아론은 일명 '흔들다리 실험'을 개발했습니다. 캐나다 카비라노 계곡에 있는 높이 70미터, 길이 135미터인 흔들다리를 건너온 남성 피실험자에게 예쁜 여성 실험자가 면접을 하는 실험입니다. 몇 가지 설문조사를 하고 면접이 종료된 후에 예쁜 여성 실험자는 남성에게 전화번호를 적은 메모를 건네주고, "실험에 대해 좀 더 알고 싶으면 전화해 주세요."라고 말합니다. 그러면 남성이 실험자가 되어 면접하는 것보다 4~5배 이상 많은 피실험자가 연락을 했다고 합니다. 또 비교를 위해서 안전하고 튼튼한 다리에서 같은 방식으로 실험을 했는데 이때는 아무리 미인 실험자가 면접을 해도 이후에 전화를 거는 사람이 거의 없었다고 합니다.

실험을 정리하면 다음과 같습니다. 위험하고 스릴 넘치는 다리를 건너게 되면 맥박도 빨라지고 호흡도 다소 거칠어지며 몸도 긴장되면서 생리적으로 흥분되는 상태가 됩니다. 그럴 때 그곳에 미인이 나타나서 여러 가지 질문을 하면서 면접을 하는 것입니다. 그러면 남성은 아주 단순하게 '자신은 이 여성 때문에 이렇게 설레고 있다'라고 잘못된 이유를 갖다 붙이고 자신이 이 여성에게 호감을 가지고 있다고 판단하게 된다는 것입니다. 안전한 다리를 건너서 신체적인 흥분이 없는 상태에서 같은 여성을 만났을 때는 다른 결과를 보이게 되는데 이것이 '귀인 오류'입니다.

맥박이 뛰고 호흡이 거칠어지고 몸 상태가 흥분하게 된 것은 사실 위험한 흔들다리를 건넌 탓인데도 불구하고 앞에서 질문하고 있는 여성 때문으로 생각해 버리는 것입니다. 그 남성이 여성에게 호감을 가지게 되는 것은 그 여성 때문이라서가 아니라 상황 때문에 생기게 된 것인데도 그 여성이 특별해서 자신이 사랑하는 감정을 가지고 있다고 판단한다는 것이지요. 하지만 아마 다른 여성이 있었어도 그 사람은 그 여성에게 호감을 가지게 되었을 것입니다.

여러분 중에도 어떤 상황에서 이성에 대해서 아주 좋은 호감을 가지게 되었지만 후에 다른 상황에서 만나게 되었을 때 상대에게 실망하고 '왜 내가 그때 이 사람에게 그렇게 끌렸지?'라고 생각해 본 적이 있을 것입니다. 이런 귀인오류는 특별한 상황에서만 나타나는 것은 아닙니다. 공황장애 환자들에게서도 흔하게 나타날 수 있습니다.

처음 공황이 시작되었을 때 신체증상이 나타나면 많은 경우 스트레스를 받고 피로가 쌓이고 뭔가 신체적으로 쉽게 항진될 수 있는 상황에서 나타난 몸의 일시적인 변화일 수 있는데 뉴스에서 봤던 돌연사에 대한 이야기나 병으로 힘들어하는 주변사람에 대한 이야기와 확실하게 알지 못하는 의학지식들이 작용해서 귀인오류를 범하게 만들어 마치 그런 신체적인 변화가 심각한 질병에 의해서 나타난 것처럼 생각하게 만듭니다.

또 신체적인 변화는 여러 가지 상황에 의한 몸의 변화일 뿐인데 그런 증상이 터널에서 있었다는 이유만으로 마치 터널이 그런 증상을 만든 것처럼 또는 식당에서 그랬다면 식당이 그런 증상을 만든 것처럼 귀인오류를 범하게 되어서 광장공포로 발전하기도 합니다.

그리고 이후에는 모든 신체반응이나 상황에 대해서 반사적으로 귀인오류를 범하게 되어 술 때문에 오는 숙취감도, 운동을 해서 나타나

2장 생각이 바뀌면 공황도 바뀐다

는 두근거림도, 사랑하는 사람을 만나면서 생기는 긴장감도, 배가 고파서 올 수 있는 현기증도 모두 공황이나 어떤 심각한 질병의 증상들로 귀인오류를 하게 되어 행동에 제약을 받게 되는 것입니다.

여러분은 어떻습니까? 혹시 지금 이 시간에도 자신도 모르게 귀인오류를 범하고 있지는 않나요?

공황장애 극복의 시작은 내가 범하고 있는 이런 귀인오류를 확인하고 그런 오류를 범하지 않도록 상황을 객관적으로 평가하고 대처하는 힘을 기르는 것입니다. 여러분도 한번 살펴보기 바랍니다. 지금 이 순간 가슴이 뛰고 있습니까? 그럼 먼저 상황을 회피하고 두려워하기 전에 지금 이 상황은 어떤 상황인지 살펴보기 바랍니다. 현재 뛰고 있는 내 가슴이 흔들다리를 건너서 그런 것인지 아니면 앞에 있는 여성 때문인지 아니면 공황에 대한 걱정 때문인지 냉정하게 생각해 보기 바랍니다.

18

잘못된 생각이
유지되는 이유

인지행동치료는 생각을 바꾸어서 감정과 행동을 변화시키는 치료입니다. 인지행동치료로 공황장애를 치료하는 것은 신체적인 증상에 대한 재앙적인 해석, 왜곡된 인지를 바꾸는 것이 치료의 주된 전략입니다.

왜곡된 인지를 바꾸는 방법에는 크게 두 가지가 있습니다. 첫 번째는 잘못된 논리를 바로잡기 위해서 반대되는 논리를 제공하고 잘못된 논리에 대해 증거가 없다는 것을 확인시키는 방법 등을 통해서 직접적으로 왜곡된 생각을 바로잡는 것입니다.

두 번째는 왜곡된 생각이 교정될 수 있는 상황이나 정보를 만나게 되었을 때 교정을 방해하는 요소들의 제거를 통해서 간접적으로 생각을 변화시키는 것입니다. 가슴이 뛰는 것이 심장마비의 증거라는 생각을 믿는 사람은 그동안 수없이 가슴이 뛰었음에도 심장마비가 온 적이 없어도, 병원에서 진료와 검사를 해서 이상이 없다는 정보를 제공받아도 자신의 심장이 이상이 있다는 생각을 바꾸지 못합니다.

이렇게 어떤 왜곡된 생각에 대한 반대되는 증거를 경험하고 반대되는 정보를 제공받아도 그 생각이 끈질기게 지속되는 이유는 왜곡되는 생각이 교정되는 것을 방해하는 요소가 있기 때문입니다. 첫 번째 요소는 탈출^{escape}과 회피^{avoidance}입니다.

그 상황을 벗어나고 회피하는 것이 왜곡된 생각을 유지시켜 주는 주된 이유입니다. 이런 탈출과 회피반응은 일시적으로는 불안을 줄일 수 있습니다. 하지만 동시에 두려운 상황에 회피하지 않고 머물렀을 때 실제로 어떤 일이 일어날 수 있는지 확인할 수 있는 기회를 뺏어가게 됩니다.

심장이 뛰는 것이 심장마비의 증거가 아님에도 환자들은 심장이 뛸 수 있는 상황이나 장소는 피하게 됩니다. 이런 적극적인 회피가 아니더라도 심장이 뛰려고 하면 손을 가슴에 대고 있거나 그 자리에 가만히 있으려고 합니다. 그리고 괜찮아지면 이렇게 생각합니다. '큰일 날 뻔했는데 내가 가만히 있어서, 손을 심장에 대고 있어서 괜찮았던 거야.' 손을 대지 않아도, 가만히 있지 않았어도 심장에 문제가 없었을 텐데 마치 그런 회피행동이 위험을 벗어나게 해 준 것으로 믿게 되는 것입니다. 그렇기 때문에 심장박동에 대한 왜곡된 생각은 지속되는 것입니다.

나는 인지행동치료 시간에 안정감을 얻기 위해 하게 되는 안전추구 행동을 하지 말아야 한다고 이야기합니다. 이런 안전추구 행동에는 아주 사소한 것들도 모두 포함됩니다. 쓰러질 것 같아서 무엇인가를 잡는 행동, 외출할 때 항상 누구와 함께 하는 행동, 어디를 갈 때 약을 항상 가지고 다니는 행동 등 안정감을 위해서 하게 되는 모든 행동을 말합니다. 이런 행동들은 일시적으로 불안을 피하게는 하지만 일정한 시간이 지나면 사라지는 공황의 정상적인 과정을 경험하지 못하게 해서 공황에 대한 두려움을 지속시키는 요인이 될 수 있습니다. 만약 안전추구 행동을 하고 있다면 그 행동을 과감하게 포기해 보기 바랍니다. 공황을 제대로 관찰할 수 있는 기회를 갖게 될 것입니다.

두 번째로 왜곡된 생각을 유지시키는 것은 생각을 통제할 수 있다고 생각하고 억지로 생각을 억제하려고 노력하는 것입니다. 생각하지 않으려고 노력하는 것이 오히려 그 생각을 유지시켜 준다는 것입니다. 우리는 생각을 통제할 수 있다고 착각합니다. 물론 의도를 가지고 어느 정도 조절은 할 수 있습니다. 하지만 모든 생각을 마음대로 통제할 수는 없습니다. 나도 모르게 어떤 생각을 하게 되고 내가 의식하지 않은 상태에서 다른 생각으로 전환됩니다. 집중하려고 노력해서 의도를 가지고 생각을 조절하기 위해서 노력할 수는 있지만 생각의 발생이나 유지는 무의식적인 영향을 훨씬 더 많이 받기 때문에 내 마음대로 조절하지 못합니다. 배가 고픈 상태에서 아주 좋아하는 음식을 앞에 두게 되면 아무리 먹고 싶지 않다고 생각하려고 해도 이미 내 입에서는 침이 고이고 다른 생각을 일시적으로 하다가도 다시 음식에 대한 생각을 하고 먹고 싶어지게 됩니다. 하지만 배가 부른 상태에서는 아무리 맛있는 음식이 앞에 있어도 먹고 싶은 생각이 들지 않고 다른 생각만 하게 됩니다. 의도를 가지고 먹고 싶다고 생각하려고 해도 잠시일 뿐 침도 고이지도 않고 결국은 다른 생각을 하게 됩니다. 생각은 내 의도 대로 통제되지 않습니다. 오히려 억지로 안 하려고 하는 노력이 그 생각에 더 집착하게 만듭니다.

사르코브스키는 사람들에게 일반적인 생각들을 이야기하는 테이프를 들려주고 한 그룹에는 떠오르는 생각이 있으면 지우라고 주문을 했고 다른 그룹에는 그냥 단순하게 생각들을 세어 보라고 했습니다. 그 결과 생각을 지우라고 한 그룹이 생각을 억압해야 하는 압박이 큰 만큼 테이프를 멈춘 후에 더 많은 불편함을 호소했습니다. 즉 뭔가 생각을 억제하려고 하는 의도가 그 생각에 더 집중하게 만들고 에너지 소모도 많아지면서 오히려 그 생각을 더 하게 되는 악순환을 만들었던 것입니다.

공황과 관련해서 불안하게 만드는 생각들을 강박적으로 지우려고 하는 사람들이 많이 있습니다. '왜 지금 이 생각이 떠오르는 거지?' 하면서 그 생각을 안 하려고 노력합니다. 하지만 이런 노력을 할수록 그 생각은 오히려 더 강해지고 지속됩니다. '불안하면 안 되는데…', '이런 생각하면 안 되는데…', '다 나은 줄 알았는데 왜 이런 생각을 또 하지?' 등등 생각을 안 하려는 노력은 그런 노력을 하는 동안 그 생각에 머물게 만들고 오히려 그 생각을 강화합니다. 나도 모르게 올라오는 생각을 완전히 통제하고 억압할 수는 없습니다. 시냇물이 오염되었을 때

오염된 물이 흘러가지 않도록 돌을 쌓아 물을 막고 있으면 고인 물은 더 오염되고 막고 있는 돌 틈 사이로 오염된 물은 더 오랫동안 흘러내리게 됩니다. 쌓은 돌을 없애고 오염된 물을 흘려보내야 깨끗한 물이 흘러오게 됩니다. 생각도 그렇습니다. 억압하지 말고 흘려보내야 새로운 생각으로 자연스럽게 전환될 수 있습니다.

반복되는 상황 속에서 잘못된 것을 알면서도 생각이 변화되지 않는다면 자신을 돌아보기 바랍니다. 두려운 마음에 미리 회피하고, 회피하는 노력이 오히려 왜곡된 생각을 유지하고 있는 것은 아닌지, 생각을 안 하려고 억제하면서 그 생각에만 머물고 있는 것은 아닌지 살펴보기 바랍니다. 만약 그렇다면 회피하지 말고, 억압하지 말고 있는 그대로 상황을 경험하고 생각이 어떻게 변화되는지 확인해 보기 바랍니다.

Tip!

실제로 위험하지 않은데 두려움을 유발하는 왜곡된 생각이 유지되지 않게 하는 방법

- 두려움은 회피할수록 지속되므로 두려운 상황에서 벗어나려 하거나 회피하지 않습니다.
- 상황에 머물면서 공황을 극복합니다. 왜곡된 두려움은 시간 속에서 자연스럽게 해결됩니다.
- 두려운 생각을 억제하려고 노력하지 않습니다.
- 억누를수록 생각은 더 커질 뿐입니다. 한 걸음 뒤에서 상황을 바라보고 자연스럽게 생각이 전환되는 것을 경험합니다.

올바른 대처법과
안전추구 행동의 차이

왜곡된 생각을 유지하는 요소에 대해 쓰면서 두 가지를 말했습니다. 첫 번째는 회피이고 두 번째는 떠오르는 생각을 억압하는 것이라고 했습니다. 회피를 말하면서 미묘한 회피에 해당되는 안전추구 행동에 대해서도 이야기했습니다. 안전추구 행동이란 불안해서 그 상황을 회피하고 안정감을 가지기 위해 하는 행동을 말합니다. 어지러워서 무언가를 잡는 행동도 안전추구 행동이 될 수 있고 어디를 갈 때 누군가와 함께 가는 것도 안전추구 행동일 수 있습니다.

이런 안전추구 행동은 불안을 줄이고 공황을 회피하게 만들기도 합니다. 하지만 안전추구 행동을 하지 않았을 때 실제로 어떤 일이 생기는지를 확인할 수 있는 기회는 상실됩니다. 공황이란 일시적인 공포 상태로 일정한 시간이 지나면 사라지는 것입니다. 불안할 때마다 안전추구 행동을 반복하면 불안은 줄어들 수 있으나 재앙적인 상황이 올 수 있었던 것을 안전추구 행동으로 인해 겨우 모면했다는 생각을 하게 만들어 공황에 대한 두려움은 지속되고 안전추구 행동에 대한 의존도 더 커지게 됩니다. 이런 안전추구 행동에 대한 의존은 또 다른 불안의 원인이 됩니다. 예를 들어 불안할 때마다 게임기를 가지고 다니면서 게임에 주의분산을 하는 것을 안전추구 행동으로 하는 사람은 특별히 불안하지 않다가도 게임기가 없는 장소에 가게 되거나 게임기가 있어도 배터리가 없다는 것을 알게 되는 순간 없던 불안이 생기고 공포감으로 발전해서 공황을 불러오기도 합니다. 안전추구 행동이 두려움을 없애주는 것이 아니라 오히려 또 다른 불안과 공포를 불러오고 행동에 제약을 주는 것입니다.

그러면 이렇게 질문할 수 있을 것입니다. 공황이 왔을 때 안전추구 행동을 하지 말아야 된다면 그냥 고통이 와도 가만히 있어야 하는 것입니까? 복식호흡도 이완하는 것도 모두 안전추구 행동이라고 할 수 있는 것 아닌가요? 맞습니다. 복식호흡도 이완도 안전추구 행동이 될 수 있습니다. 약을 먹는 것도 안전추구 행동이 될 수 있고 그 자리를 피하는 것도 안전추구 행동이 될 수 있습니다. 하지만 동시에 이것은 올바른 대처법도 될 수 있습니다.

위험한 상황에서 안전을 추구하는 것은 인간의 본능적인 반응입니다. 사실 사람들이 하는 안전추구 행동은 실제로 위험한 상황에서는 대부분 적절합니다. 하지만 이런 안전추구 행동이 실제로 위험하지 않을 때는 오히려 문제가 되기도 합니다. 그렇다면 공황과 관련해서 올바른 대처법과 안전추구 행동의 차이는 무엇일까요? 올바른 대처법이 되기 위한 기본적인 조건은 정확하게 아는 것입니다. 공황이 무엇인지, 공황이 어떻게 진행되는지, 공황 때 신체증상들은 왜 나타나는지 정확하게 알고 내가 하는 이 행동이 불안과 공황에 어떤 영향을 주는지 알고 할 때는 올바른 대처가 될 수 있습니다. 반면에 공황이 무엇인지 잘 모르는 상태에서 지난번에 했더니 도움이 된 것 같다는 막연한 생각이나 다른 사람이 권한 것을 왜 도움이 되는지 모르면서 맹목적으로 하는 것은 안전추구 행동이 됩니다. 공황과 호흡과의 관계를 정확하게 알고 과호흡을 했을 때 내 몸에 어떤 변화가 일어날 수 있기 때문에 과호흡을 내가 어떻게 조절하겠다는 생각을 가지고 하게 되는 복식호흡은 올바른 대처법이 되지만 막연하게 복식호흡이 좋다는 말을 듣고 불안에 떨면서 하게 되는 복식호흡은 안전추구 행동밖에는 되지 못합니다.

환자들 중에는 자신만의 공황 탈출 노하우를 이야기하는 사람들이 있고 그런 방법을 다른 사람들에게도 권유하는 경우가 있는데 이런 공황에 대한 대처법도 마찬가지입니다. 정확하게 알고 할 수 있어야지 단순하게 다른 사람들이 좋다고 이야기하기 때문에 그냥 따라 하는 것은 그저 안전추구 행동의 목록을 하나 더 늘리는 것밖에는 되지 못합니다.

그렇다면 내가 하고 있는 행동이 안전추구 행동인지 아니면 올바른 대처법인지 어떻게 알 수 있을까요? 어떻게 보면 간단하다고 볼 수 있습니다. 불안감을 줄일 수 있는 유일한 방법이어서 그 행동을 못하게 되었을 때 더 불안해지고 힘들어지면 그것은 안전추구 행동일 뿐입니다. 별다른 문제 없이 다른 행동으로 불안을 대처할 수 있다면 그것은 올바른 대처법일 수 있습니다.

안전추구 행동은 일시적인 안도감으로 불안을 줄여 주고 공황을 피하게 할 수는 있지만 안전추구 행동을 하지 못하는 상황이 되거나 그 행동을 했음에도 불구하고 불안이 줄어들지 않을 때는 오히려 더 큰 불안을 사지고 옵니다. 예를 들어서 약을 안전추구 행동으로 이용하고 있는 사람은 약이 있을 때는 문제가 없지만 집을 나서서 어디를 가고 있는데 주머니에 들어 있는 줄 알았던 약이 없다는 것을 알게 되면 멀쩡하던 맥박이 빨라지고 갑자기 불안이 몰려와서 힘들어하게 됩니다. 약에 의존하고 있었기 때문에 약이 없다는 이유만으로도 불안이 찾아오는 것이지요. 또 불안이 올 때마다 찬송가를 부르는 안전추구 행동을 해서 조절하던 사람이 어느 날 불안의 강도가 커서 찬송가를 아무리 불러도 불안이 줄어들지 않게 되는 것을 느끼게 되면, 그래서 더 이상 찬송가를 부르는 것이 불안을 조절하지 못한다고 생각하게 되면 불안은 더 극단적으로 커져서 오히려 공황을 불러오게 되는 경우도 있습니다.

이처럼 약이나 찬송가를 단순히 불안을 회피하기 위한 수단으로만 사용하고 또 의존한다면 이런 행동은 또 다른 불안의 원인이 될 수 있습니다. 하지만 공황에 대해서 정확하게 알고 내가 이 순간 어떤 이유로 어떤 목적을 가지고 약을 먹고 찬송가를 부른다고 생각하고 그 효과가 어떻게 나타날지를 알고서 하게 된다면 그것은 올바른 대처법이 될 수도 있는 것입니다.

올바른 대처법은 공황을 정확하게 알고 공황을 적절하게 다루는 것입니다. 단순히 회피하거나 의존하는 것이 아니기 때문에 이완법이나 호흡법을 통해서 공황을 다루다가 이완법을 하지 못하게 되는 상황이 되어도 공황의 실체가 무엇인지, 어떻게 될지 알고 다른 방법들을 이용할 수 있기 때문에 하지 못한다는 이유만으로 불안해지지는 않습니다. 또 호흡으로 잘 대처하다가 어느 순간 잘 조절이 되지 않는다고 해도 다른 방법들을 충분히 사용할 수 있는 여유가 있고 설사 공황이 잘 조절되지 않는다고 해도 공황 자체가 그렇게 위험하지 않다는 믿음이 있기 때문에 더 불안해지거나 공황을 불러오게 되지는 않는 것입니다.

자, 여러분은 공황에 대해서 얼마나 알고 있나요? 그리고 여러분이 공황이 왔을 때 하고 있는 대처법은 주의분산이나 안전추구 행동인가요? 아니면 올바른 대처법인가요? 한번 생각해 보기 바랍니다.

■ 안전추구 행동과 올바른 대처의 차이

안전추구 행동	올바른 대처
막연하게 맹목적으로 하게 되는 행동 불안은 줄어드나 공황에 대한 두려움은 오히려 더 커짐	왜 이 행동을 해야 하고 어떤 도움이 되는지 정확하게 알고 대처하는 행동 공황에 대한 자신감으로 이어짐
유일한 해결책(의존). 이 행동을 못하는 상황이 되면 오히려 불안이 유발됨	여러 방법 중 하나일 뿐 못하게 되면 다른 방법을 시도하면 됨(이용)

생각
다루기

생각 바꾸기 1

사람이란 그가 하루 종일 생각하는 것에 의해 정해진다.

– 에머슨

우리의 인생은 우리의 생각이 만들어 가는 대로 규정된다.

– 마르쿠스 아우렐리우스

우리가 악이라고 부르는 것들 중 대부분은 …… 핍박받는 자의 마음자세를 두려움에서 투지로 바꿔 놓기만 하면 지고지순의 선으로 바꿔 놓을 수 있는 경우가 많다.

– 윌리엄 제임스

사람들은 살아가면서 많은 상황을 만나게 됩니다. 아침에 일어나서 신문을 보는 상황, 걸어가면서 아는 사람을 만나는 상황, 어떤 사람과 시비가 붙어서 말다툼을 하게 되는 상황, 사람들 앞에서 이야기를 해야 하는 상황 등 매 순간 상황을 만나고 반응을 보입니다.

　여러 상황 속에서 우리가 보이는 반응은 크게 세 가지로 나눌 수 있습니다. 감정적인 반응, 신체적인 반응, 행동적인 반응입니다. 사람들이 어떤 상황을 만나면 그 상황에 대해서 어떤 감정적인 반응을 느끼게 되고 그 감정은 신체적 변화와 그 상황에 대한 행동으로 이어지게 됩니다.

　이렇게 이야기를 하면 마치 어떤 상황이 우리들에게 특정한 반응을 유발하는 것 같습니다. 그렇지만 실제로는 사람마다 같은 상황에서도 너무도 다른 감정과 신체적인 변화와 행동을 보이게 됩니다. 어떤 사람이 기차를 타고 고향에 내려가고 있다고 가정해 보죠. 기차를 타는 상황에서 그 사람은 어떤 감정적인 반응을 보이고 어떤 신체적인 변화를 보일까요? 또 그래서 어떤 행동을 하게 될까요? 여러분의 경우 어떤 반응을 보일까요? 그 반응은 다른 사람과 똑같을까요? 물론 비슷한 반응을 보일 수도 있지만 사람에 따라서 다른 감정, 다른 신체 변화, 다른 행동을 보일 것입니다. 어떤 사람은 행복감에 들떠 있을 수도 있고 어떤 사람은 불안감에 안절부절못할 수도 있고 또 어떤 사람은 우울한 감정에 위축될 수도 있을 것입니다. 왜 그럴까요? 그것은 고향 가는 기차를 탄다는 상황이 사람들에게 어떤 감정을 유발하기보다는 그 상황에 대해서 어떻게 생각하는지가 감정이나 신체반응, 행동에 더 큰 영향을 주기 때문입니다. 고향에 도착해서 부모님과 즐거운 시간을 보낼 생각을 하는 사람은 행복감에 들떠 있게 되는 것이고 기차 안에서 공황이 올까 봐 두려워하는 사람은 불안감에 안절부절못하게 되는 것이고 자신의 처지가 떳떳하지 못해서 고향의 부모님에게 걱정을 끼칠 것 같은 사람은 우울감에 위축될 것입니다. 다시 말해서 우리가 경험하는 어떤 상황 자체보다는 그 상황을 바라보는 시각, 해석하는 방법이 사람들의 반응에 영향을 주고 있다고 할 수 있는 것입니다.

원효대사가 세상사 마음먹기 나름이라고, 일체유심조를 이야기한 것처럼 우리가 만나는 상황은 마음을 어떻게 먹는가에 따라서 감정이나 행동이 달라지게 되는 것입니다. 이런 생각의 영향은 공황장애를 가진 사람들이 두려워하는 상황에서도 마찬가지입니다. 지하철에서 공황을 경험한 이후로 지하철에 대해서 두려움을 가지고 있는 공황장애 환자가 어쩔 수 없이 지하철을 타게 된 상황을 가정해 봅시다. 환자는 지하철을 타러 가기 전부터 불안해하고 있을 것입니다. 손에 땀이 나고 가슴도 뛰고 지하철 입구에서 안절부절못할 것입니다. 용기를 내서 지하철을 타게 되어도 어느 순간 조금이라도 맥박이 빨리 뛴다고 느끼게 되면 불안은 어느새 공포로 변하고 공포감은 손에 땀이 나고 호흡이 거칠어지고 현기증이 나고 몸이 경직되는 신체적인 변화로 이어집니다. 그래서 안절부절못하고 지하철에서 나가려는 행동적인 변화를 보이게 됩니다.

이런 경험을 하게 되면 그 사람은 지하철 때문에 큰일 날 뻔했다고 하고 불안 때문에 못살겠다고 할 것입니다. 그런데 지하철이 불안을 가져오고 공포를 가져오고 신체적인 증상을 가져오고 안절부절못하게 만들었을까요? 또 불안은 정말 문제가 되는 것일까요?

일단 지하철 그 자체가 불안을 가져온 것은 아닐 것입니다. 또 맥박이 빨라지는 신체적인 변화 자체도 공포감을 가져오지는 않았을 것입니다. 환자들마다 생각은 다를 수 있지만 지하철이 공황을 유발할 수 있고 지하철에서 공황이 오면 큰 문제가 생길 수 있다는 생각, 맥박이 빨라지는 것은 공황이 온다는 것을 의미하고 심장에 문제가 있다는 해석이 불안을 가져오고 공포를 가져온 것입니다. 지하철을 편안한 운송수단으로, 맥박이 뛰는 것을 정상적인 신체반응으로, 공황을 단지 일시적인 증상일 뿐이라고 받아들인다면 지하철을 그렇게 두려워하지도 맥박이 빨라졌다고 당황하지도 않을 것입니다. 지하철에 부여한 위험의 의미, 신체증상을 공황과 연관시키거나 심각한 질병으로 인식하는 것, 공황이 왔을 때 스스로 감당하지 못한다는 자신에 대한 과소평가적 의미부여, 공황을 경험했을 때 경험하게 될 상황에 대해서 상상하는 재앙적인 의미 등이 불안을 유발하고 공포로 이어지게 만들었을 것입니다.

이렇듯 생각이라고 하는 것은 우리에게 많은 감정적인 변화와 신체적인 변화, 행동적인 변화를 유발할 수 있습니다. 우리의 생각이 우리의 반응을 지배한다고 할 수도 있는 것이지요. 우리가 생각을 다룬다는 것은 우리의 감정과 신체반응과 행동을 조절할 수 있게 도와준다는 것을 의미하는 것입니다. 공황장애를 치료하는 데 인지적인 접근, 즉 생각을 바꾸는 것이 중요한 이유가 여기에 있습니다.

감정이나 신체적인 변화는 어떻게 보면 상황을 그렇게 해석하는 데 따른 반응일 수도 있습니다. 원인이 있어서 나타난 반응이고 결과물이지 그 자체가 문제의 중심은 아니라는 뜻입니다. 공황장애 환자들은 불안해지지 않기를, 신체적인 증상이 없어지기를 바랍니다. 하지만 항상 어떤 상황이든 공황과 연관 짓고 위험하다고 생각하면서 불안이 없어지고 신체증상이 안정될 수는 없을 것입니다. 결국 공황을 위험하지 않고 그 사람이 처한 상황이 위험하지 않다고 생각할 수 있어야 불안도 신체반응도 줄어들 수 있을 것입니다.

자, 이제 생각을 바꾸는 것이 중요하다는 답은 나온 것 같습니다. 하지만 생각을 바꾸는 일은 쉬운 일이 아닙니다. 왜 이렇게 생각을 바꾸기가 어려울까요? 그 첫 번째 이유는 자신이 지금 어떤 상황에서 어떻게 반응하는지는 알고 있지만 이 상황을 어떻게 생각했기 때문에 이런 반응을 보이는지는 모르기 때문입니다. 두 번째는 어떤 생각을 하는지는 알고 있어도 그 생각이 맞았는지 틀렸는지 잘 모르기 때문입니다 (주관적으로는 맞다고 생각하지만 객관적으로 그 생각이 맞는지 틀리는지에 대해 판단을 못하는 것입니다). 세 번째는 그 생각이 틀렸다는 것을 알아도 어떻게 고쳐야 하는지 잘 모르기 때문입니다. 그리고 네 번째는 자신이 왜 자꾸 그렇게 생각하게 되는지, 자기 내부의 어떤 문제가 그렇게 생각하게 만들고 있는지 모르기 때문입니다.

어떤 상황에서 힘든 감정이 생겼을 때 먼저 그런 감정을 유발하는 생각을 찾고 그 생각이 잘못되었는지 아닌지를 객관적으로 판단해야 합니다. 만약 왜곡되고 과장된 생각이라면 상황에 적절한 생각으로 변화시키고 자신도 모르게 그런 생각을 반복해서 하게 되는 패턴을 확인하여 마음속에서 그런 생각을 하게 만드는 생각의 틀을 변화시키는 것이 치료라고 볼 수도 있습니다. 하지만 이것은 말처럼 쉬운 것이 아니고 간단하다고 볼 수도 없습니다. 오랜 시간 지속적인 치료와 노력이 필요한 과정입니다.

생각 바꾸기 2

생각 바꾸기를 하기 위해 가장 중요한 것은 자신이 지금 무슨 생각을 하고 있고 무슨 생각을 바꾸어야 하는지를 찾는 것입니다. 현재 어떤 상황이고 그 상황에서 어떤 감정을 가지고 있고 그 감정은 어떤 생각을 하기 때문이라는 것을 아는 것입니다.

생각을 찾는 것이 왜 중요하냐고 질문할 수 있습니다. 자기 생각을 모를 수 있냐고 이야기할 수도 있습니다. 하지만 우리는 많은 경우 자신이 무슨 생각을 하는지 잘 확인하지 않고 습관적인 반응을 보이는 경우가 많이 있습니다. 또 그 상황에서 그렇게 생각하는 것이 무조건 맞다고 여기기 때문에 자신의 생각 어디에 문제가 있는지 모르는 경우도 많이 있습니다. 그래서 생각을 다루기 위해서는 먼저 생각을 찾는 작업이 중요합니다.

사람들은 어떤 일을 반복해서 경험하면 그 상황에 대해서 자동적이고 반사적으로 반응합니다. 처음에는 그 상황을 여러 가지 측면에서 생각하고 고민도 하지만 반복되면 그 전 상황에서 했던 생각이나 감정으로 인해 자신도 모르게 반사적으로 반응을 보입니다. 시간이 지나 일반화의 과정을 거치면서 같은 상황이 아니더라도 비슷한 상황에 대해 속단해서 반사적이고 자동적인 반응을 보입니다.

대부분의 경우 이런 사고 과정은 합리적으로 이루어져서 사람들이 효율적으로 살 수 있도록 도와줍니다. 예를 들어 어디를 처음 가게 되면 가는 동안 어떻게 가야 하는지에 대해서 생각하게 됩니다. 이 길이 맞나 틀리나, 이렇게 가면 빠른가 늦는가에 대해 가는 동안 생각합니다. 그런데 이곳을 몇 번 반복해서 가게 되면 그다음에는 그곳을 가는 방법에 대해서는 생각하지 않습니다. 그냥 아무 생각 없이 오히려 다른 생각을 하면서 그곳을 가게 됩니다. 이 글을 읽고 있는 여러분도 아마 집으로 갈 때 가는 방법을 생각하면서 가지는 않을 것입니다. 그냥 반사적으로, 자동적으로 생각하고 가게 될 것입니다. 만약 매번 갈 때마다 가는 방법에 대해서 심사숙고해야 한다면 우리의 생활은 너무 피곤해질 것입니다.

하지만 이런 자동적인 사고 과정이 항상 효율적이지는 못합니다. 처음 경험하게 되는 상황에서 했던 왜곡되거나 과장된 생각이 반복되는 상황에서 합리적으로 교정되지 못하고 왜곡된 채로, 과장된 채로 굳어지게 되면 사람들은 왜곡되고 과장된 반응을 습관적이고 반사적으로 보이게 될 수도 있는 것입니다. 자신이 왜곡된 생각을 하고 있는지조차 모른 채 왜곡된 반응에 불편해할 수도 있는 것입니다. 처음 길을 잘못 가기 시작해서 계속적으로 시간을 낭비하고 있는데 자동적으로 같은 길로 가고 있다면 시간이 오래 걸리는 것에 대해서 불평할 것이 아니라 잘못된 경로를 찾아내서 다른 길로 갈 수 있어야 시간의 낭비를 막을 수 있을 것입니다.

공황도 그렇습니다. 사실 공황이란 위험한 것이 아닙니다. 물론 예상하지 못한 상황에서 불편한 신체감각과 두려운 생각을 하게 되지만 시간이 지나면서 없어졌고 실제로 두려운 일은 일어나지 않았습니다. 하지만 그 순간 했던 두려운 생각들은 뭔가 해결되지 못한 채 마음속에, 기억 속에 각인이 되어 남게 되고 공황을 반복해서 경험하면서 상황을 객관적으로 바라보거나 생각하지 못하게 됩니다. 자동적으로, 반사적으로 공포감에 빠지고 불편한 흥분된 신체반응을 경험하고 회피적인 행동을 보이게 됩니다.

환자들이 어렵게 정신과 병원을 방문하게 될 때는 어떤 상황이나 생각 때문에 오지는 않습니다. 공황장애 환자들도 그들이 경험한 상황이나 생각 때문에 병원을 방문하지는 않습니다. 병원에 오는 이유는 그런 생각들로 인한 반복되는 불안감이나 불편한 감정 때문이고 그래서 나타나는 불편한 신체적인 느낌, 또는 행동 상에 나타나는 제약들 때문입니다. 결국 반응 때문에 병원을 방문하는 것이지요. 이런 불편한 반응들이 생기면 환자들은 이런 반응을 없애려고만 합니다. 반복되는 상황에서 왜 그런 문제가 나타나게 되었는지에 초점을 맞추기보다는 불안하지 않기를 바라고 신체적으로 증상이 없기를 바라고 그래서 행동에 아무런 제약이 없기를 바랍니다. 하지만 반복되는 상황 속에서 자동적으로 왜곡된 생각을 하면 자극이 계속되기 때문에 반응을 줄이기가 어렵습니다. 분명 이유가 있는 반응이기 때문에 자극에 대해서 적절한 대처가 없는 한 불안반응은 반복될 수밖에 없는 것입니다. 그래서 결과로 나타나는 반응을 없애려 하는 것보다 원인이 되는 자동적인 생각을 찾아 변화시키는 것에 치료의 초점을 맞추는 것이 필요합니다.

이렇게 이야기하면 '간단하네. 불편한 감정을 유발하는 생각을 찾아서 바꾸면 되겠구나.'라고 쉽게 생각할 수 있지만 불편한 반응들을 유발하는 자동적인 생각을 찾는다는 것이 그렇게 단순하지만은 않습니다. 환자들에게 "그 상황에서 무슨 생각을 했습니까?"라고 물어보면 아무 생각이 없었다거나 무엇인가를 해야겠다는 생각을 했다거나 불안하다고 생각했다고 답하기도 합니다.

생각을 잘 찾지 못하는 환자들에게 저는 먼저 상황을 구체적으로 정리하고 그 상황에서 스스로가 느끼는 감정을 찾아보라고 권유합니다. 상황을 명확하게 정리하는 것만으로도 생각을 찾는 데 도움이 되고 감정을 인식하는 과정에서 그 생각과 연관된 생각을 찾기가 쉬워집니다.

어떤 상황을 사람들에게 제시하면 그 상황에서 가지게 되는 생각은 사람마다 달라지게 마련입니다. 예를 들어 길을 가다 아는 사람을 만나서 인사를 했을 때 상대가 인사를 받지 않으면 사람들은 그 상황을 여러 가지로 해석할 수 있습니다. 무시당했다고 생각하는 사람도 있고, 잘못 봤을 거라 생각하기도 하고, 내가 뭔가 잘못했나 하는 생각을 하기도 하고, 내가 얼마나 한심하면 나를 아는 척도 안 하는구나라고 생각하기도 합니다. 하지만 그 상황을 비슷하게 해석한 사람들은 서로 비슷한 감정을 가지게 됩니다. 무시당했다고 생각하는 사람은 화가 나고, 잘못 봤나 하고 생각하는 사람은 무안할 수 있지만 불편한 감정을 가지지는 않을 것이고, 내가 뭘 잘못했나 하는 사람은 불안해지며, 나를 얼마나 한심하게 봤으면 아는 척도 안 하는구나라고 생각하는 사람은 우울해질 것입니다. 상황은 다양하게 해석될 수 있지만 일단 그 상황을 해석하고 나면 그 해석에 따라서 사람들은 비슷한 감정반응을 가진다는 말입니다. 반대로 그 상황에서 비슷한 감정을 가지는 사람들의 생각을 비교해 봐도 비슷한 생각을 가지는 것을 확인할 수 있습니다. 상황과 생각은 일치하지 않는 경우가 많지만 생각과 감정은 비슷하게 일치합니다. 상황에서 감정을 알면 그 사람의 생각을 찾기가 쉽고 그 사람의 생각을 알면 감정을 찾기가 쉬워진다는 것입니다.

어떤 상황에서 내가 하고 있는 자동적인 생각을 잘 못 찾는다면 가만히 내가 지금 무슨 감정을 가지고 있는지 살펴보기 바랍니다. 그리고 그 감정을 아주 단순화하면 그 감정 밑에 있는 자동적인 생각을 찾는 것이 쉬워질 것입니다.

하지만 사람은 복잡한 존재입니다. 어떤 상황에서 가지게 되는 생각이 단순하지 않고 또 느끼는 감정도 복잡한 경우가 많이 있습니다. 한 가지 생각과 한 가지 감정 상태가 아니라 여러 가지 생각을 하고 여러 가지 감정을 복잡하게 경험하게 되는 경우가 대부분입니다. 간혹 환자들에게 상황을 적고 감정을 찾고 그 감정에 대한 생각을 찾아보라고 했을 때 감정과 생각이 전혀 연관되지 않는 경우들이 있습니다. 우울이라는 감정을 호소하지만 전혀 우울하지 않은 내용이 쓰여 있고 오히려 그런 생각을 하게 되면 화가 날 것 같은 경우들이 있기도 합니다. 그것은 그 사람이 그 상황에서 이야기하지 않은 또 다른 생각과 또 다른 감정을 가지고 있음을 의미합니다. 그래서 어떤 상황에서 겪게 되는 문제를 보기 위해서는 그 순간 자신이 느끼고 있는 감정과 그 감정에 관련된 생각을 모두 찾는 것이 중요합니다.

공황 시에 가지는 불안이나 공포라는 감정도 아무 이유 없이 생기지는 않습니다. 스스로가 어떤 상황을 위험으로 인식하기 때문입니다. 그렇다면 자신이 이 상황을 어떻게 위험으로 평가하고 있는지 알아야 그다음 단계인 생각을 바꾸는 작업을 할 수 있을 것입니다.

여러분은 불안하거나 공황이 올 때 자동적으로 어떤 생각을 합니까? 죽는 것이 아닌가? 사람들이 나를 이상하게 생각하는 것이 아닌가? 심장마비가 오는 것이 아닌가? 미치는 것이 아닌가? 나는 왜 이런 병에 걸렸나? 평생 이렇게 살아야 하나? 이 증상이 영원히 지속되는 것은 아닌가? 나도 모르게 이런 생각을 반복하면서 두려워하고 있는 것은 아닌가요?

이제부터 공황을 만나면 먼저 구분해 보기를 바랍니다. 지금은 어떤 상황이고, 어떤 감정을 가지고 있고, 그 감정은 어떤 생각과 관련이 있는지 확인해 보기 바랍니다. 막연함은 아무것도 변화시킬 수 없습니다. 변화를 주려면 명확해져야 합니다. 상황, 감정, 생각을 명확하게 찾는 것이 여러분을 변화시키는 첫 번째 단계입니다.

어떤 상황인가요? (구체적으로)

언제 :   어디에서 :

누구와 :   무엇을 :

어떻게 :

사진 속의 한 장면처럼 구체적으로 묘사해 보세요.

이 상황에서 내가 가지게 되는 감정은? 느껴지는 감정을 모두 쓰고 그 정도를 쓰세요.

예 화난다. 불안하다. 우울하다. 슬프다. 짜증난다. 두렵다. 가라앉는다.
   비참하다. 죄책감을 느낀다. 외롭다. 부끄럽다. 창피하다. 당황스럽다…

감정 1   0_____20_____40_____60_____80_____100%

감정 2   0_____20_____40_____60_____80_____100%

감정 3   0_____20_____40_____60_____80_____100%

이 감정 밑에 있는 생각을 쓰세요. 구체적으로 떠오르는 생각 또는 떠오르는 장면을 쓰세요.

감정 1과 관련된 생각

감정 2와 관련된 생각

감정 3과 관련된 생각

Tip!

생각을 바꾸기 위한 생각 찾기

- 상황을 구체적으로 묘사합니다.

- 느끼는 감정 모두를 음미하고 단순하게 표현합니다. 흑백론적인 개념보다는 상대적인 개념을 적용해서 백분율로 표시합니다.

- 감정과 연관된 생각을 찾습니다.

- 생각을 찾기 힘들면 감정과 연관된 떠오르는 장면을 묘사합니다.

- 생각을 꾸미지 말고 있는 그대로 구체적으로 표현합니다.

- 상황이 어떤 의미로 평가되는지 생각해 봅니다.

역기능적 사고 패턴 1
과대평가, 과소평가

어떤 상황에서 사람들이 가지는 감정은 그 상황 자체보다는 그 상황을 어떻게 평가하는가에 따라서 달라집니다. 그런데 상황에 대한 평가는 사람마다 가지고 있는 가치관이 다르고 자신에 대해서, 주변에 대해서 믿고 있는 생각이 다르기 때문에 같은 상황이 주어져도 사람마다 다르게 반응하게 됩니다.

지금부터 열거할 생각들은 아론 벡이 우울증 환자들을 치료하면서 그들이 자주 범하는 왜곡된 생각의 패턴을 정리한 것입니다. 이런 생각의 패턴은 우울증 환자에게만 나타나는 것이 아니라 일반 사람들, 불안을 가지고 있는 사람들도 자주 경험하게 되는 생각의 오류들입니다. 불편한 감정이 들었을 때 그 상황에서 내가 하고 있는 생각을 찾고 왜곡된 패턴과 비교해서 자신에게 어떤 문제가 있는지를 확인하게 되는 것은 생각을 바꾸는 데 도움이 될 수 있습니다.

과대평가, 과소평가란 앞으로 열거할 역기능적 사고의 패턴을 대표하는 것이라고 할 수 있습니다. 대부분의 역기능적 사고는 무언가를 확대 해석하고 무언가를 축소 해석해서 생기는 문제이기 때문입니다.

일단 과대평가, 과소평가는 자신이나 다른 사람 혹은 어떤 상황을 평가할 때 비이성적으로 부정적인 측면을 강조하고 긍정적인 면을 최소화하는 것입니다. 이런 과대평가와 과소평가는 단순한 사고의 왜곡으로 끝나는 것이 아니라 우울감으로, 불안감으로, 때로는 분노로도 발전하게 됩니다.

자신에 대한 과소평가와 상황이나 다른 사람에 대한 과대평가는 불안감이나 우울감을 유발하게 됩니다. 또 내가 한 행동에 대해서 과소평가하고 다른 사람이 나에게 한 행동에 대해서 과대평가하게 되면 경우에 따라서는 상대에게 서운함을 느끼게 되기도 하고 원망과 분노로 이어지기도 합니다.

예를 들어 공부를 잘하는 학생이 시험을 앞두고 있는 상황에서 "지금까지 성적이 좋았던 것은 운이 좋았을 뿐이야. 내 실력은 사실 형편없어. 나는 다른 친구들에 비해서 부족하기만 해."라면서 불안해할 수 있습니다. 이때 이 학생의 생각을 보면 자신에 대한 과소평가, 시험에 대한, 다른 친구들에 대한 과대평가를 하고 있는 것이고 결국 이런 생각은 시험에 대한 지나친 불안을 가져오게 되며 자신에 대한 부정적인 생각은 우울감까지 이어질 수 있습니다.

과대평가와 과소평가는 공황장애 환자의 생각에도 많은 영향을 미치게 됩니다. 40대의 K씨는 올림픽대로에서 운전을 하다가 공황을 만났습니다. 당황해서 차를 갓길에 세웠고 심호흡하면서 진정하려고 노력했습니다. 도움이 필요하다는 생각에 자신을 잘 이해하고 있는 부인에게 전화를 했습니다. 자신이 처한 상황과 증상에 대해서 이야기했습니다. 아내와 통화하면서 점점 진정되었고 시간이 흐르면서 신체적인 흥분도 가라앉았습니다. 통화를 끝내고 복식호흡을 좀 더 한 후에 신체증상이 줄어들고 마음도 어느 정도 진정된 것을 확인하고 다시 천천히 운전해서 집으로 돌아갔습니다.

이 경험을 하고 나서 K씨는 불안해하고 우울해했습니다. '자제력을 잃을 뻔했어. 아내에게 전화를 안 했으면 난 큰일 났을 거야. 이제 나 혼자 할 수 있는 것은 아무것도 없구나. 난 이제 운전도 못하는구나.' 이런 생각은 K씨를 힘들게 했고 이후 K씨는 운전을 하지 못하게 되었습니다.

그런데 이런 K씨의 생각에는 전형적인 과대평가와 과소평가가 숨어 있습니다. 우선 자제력을 잃을 뻔했다는 느낌에 대해서는 과대평가하고 실제로 그런 일이 일어나지 않았다는 것은 과소평가하고 있습니다. 아내와 전화한 것에 대해서는 과대평가하고 스스로 안전한 곳으로 차를 옮기고 심호흡을 하고 공황을 극복하기 위해서 복식호흡도 하고 안정된 후에 스스로 운전을 하고 집으로 온 본인의 행동에 대해서는 과소평가하고 있습니다. 아내는 그 상황을 극복하는 데 아주 미약한 도움을 준 것뿐이고 스스로 알아서 상황에 적절하게 대처한 것인데도 자신을 과소평가하고 아내의 역할을 과대평가해서 불안해하고 우울해하는 것입니다.

만약 반대로 K씨가 자신의 행동을 적절하게 평가하고 상황에 대해서도 평가했다면 그렇게까지 우울해하고 운전을 못할 만큼 두려워할 필요는 없었을 것입니다. 여러분은 어떠셨나요? 공황 경험을 한번 떠올려 보시기 바랍니다. 공황이 왔을 때 또 공황이 오고 난 후 실제로는 일어나지 않았지만 공황 때문에 염려되는 재앙적인 상황의 가능성이나 다른 사람들의 부정적인 시선, 신체적인 느낌, 주변 사람들의 도움 등에 대해서 과대평가하고 공황이 왔을 때 위기 상황이라고 생각해서 본인이 한 응급 대처 행동이나 시간이 흐른 후 결국 아무 일도 일어나지 않은 실제로 경험한 상황은 과소평가하고 있는 것은 아닌가요? 최소한 공황을 경험했던 당신이 지금 이 순간 집에서 이 책을 편안하게 보고 계시다면 공황 시에 했던 많은 가능성들에 대한 생각은 충분히 과대평가된 것입니다.

역기능적 사고 패턴 2
흑백논리, 전부 아니면 전무의 사고

흑백논리, 전부 아니면 전무의 사고는 연속적인 개념보다는 오직 두 가지의 범주로만 상황을 나누어 보는 것을 말합니다.

사람들은 정확하고 명확한 것, 정답을 원하는 경우가 많이 있습니다. 진료실에서도 환자들은 저에게 맞다 틀리다, 잘했다 못했다의 대답을 원합니다. 그러면 나는 항상 이런 말을 합니다. "세상은 회색입니다. 세상 어느 곳에도 흑백이 명확한 것은 별로 없습니다. 당신의 마음속에도 스스로 느끼고 생각하는 것에도 흑백은 명확하지 않습니다. 문제는 회색을 자꾸 흑백으로 평가하려고 하는 것입니다."

예를 들어 어떤 사람을 평가할 때 우리는 좋은 사람, 나쁜 사람으로 구별하려고 하는 경우가 많이 있습니다. 하지만 현실에서는 그런 사람이 거의 없습니다. 아무리 나쁜 짓을 하는 사람도 집에서는 좋은 아빠이거나 좋은 자식인 경우도 있고 아무리 선한 사람도 누군가를 미워하기도 하고 다른 사람을 시기하기도 합니다. 어떤 점에서 좋다 나쁘다를 이야기할 수는 있지만 그 사람 자체를 좋은 사람이다 나쁜 사람이다라는 흑백논리로 단정 지을 수 없다는 것입니다.

공황장애 환자분들의 생각 속에서도 흑백논리적인 사고는 자주 찾을 수 있습니다. 공황 때문에 불편해하는 상황에 대해서 노출치료를 잘하고 나서도 그 상황을 잘 극복한 것이 자신감으로 이어지지 못하고 또 다른 실망으로 이어지게 되는 데는 이런 흑백논리가 작용하는 경우가 많이 있습니다. 예를 들어 지하철 타는 것을 힘들어하는 사람이 지하철 타는 것을 노출치료의 대상으로 생각하고 어느 날 지하철을 탔습니다. 잠실에서 을지로까지 지하철을 탔을 때 처음 시도하는 것이라 조금 불안하고 다소 머뭇거리기도 했지만 잘 탔고 지상에서 지하로 내려가는 구간에서 순간 아찔하기도 했지만 특별한 두려움 없이 을지로까지 갔습니다. 이때 우리는 이 사람에게 얼마의 점수를 줄 수 있을까요? 저는 일단 원하는 곳에 잘 갔다는 것, 시도를 했다는 것에 대해서 최소한 90점 이상을 줄 수 있을 거라 생각합니다. 하지만 이 경우에 환자분들은 '난 역시 오늘도 안 돼. 난 아직 멀었어.'라고 생각하게 되는 경우가 많습니다.

자신의 성과에 대해서 객관적인 점수를 주지 못하고 타기 전에 머뭇거렸다는 것, 중간에 아찔했다는 것, 불안을 많이 경험했다는 이유로

'이번에도 제대로 못했고 실패했다'고 생각하는 것입니다. 최소한 90점 정도 줄 수 있는 것이 이 사람에게는 0점 맞은 것처럼 실패한 것으로 인식되어서 극복에 도움이 되지 못하고 다음에 노출할 때도 처음과 마찬가지로 두려워하게 되는 것입니다.

평가의 기준이 0점부터 100점까지 다양하게 있는 것이 아니라 완벽해야만 100점이 되고 완벽하지 않으면 모두 0점이 되는 것입니다. 이런 흑백논리적인 기준으로 보게 되니까 잘 극복하고도 작은 불편함이 있다는 이유로 이번에도 실패했다는 생각을 가지게 되는 것입니다.

치료 결과에 대해서도 마찬가지입니다. 잘 치료해서 많이 좋아졌는데도 불구하고 어느 순간 불안을 경험하거나 증상을 경험하면 지금까지의 치료를 망친 것으로, 아무런 성과도 없었던 것으로 평가하고 우울해하고 힘들어하는 경우가 있습니다. 증상이 없어야 완치이고 조금이라도 불안을 경험하거나 증상을 경험하면 치료가 되지 않았다고 이분법적으로 보는 것입니다.

이런 이분법적인 평가는 치료를 방해하고 우울해지거나 불안해지는 이유가 되고 스스로 완벽주의에 빠지게 만듭니다. 자신이 느끼는 불안과 우울감이 세상을 이분법적으로 보기 때문이라면 이제부터는 바꾸어야 할 것입니다. 세분해서 평가할 수 있을 때 세상은 점점 더 객관적으로 보이게 될 것이고 과장된 감정도 피할 수 있을 것입니다.

24

역기능적 사고 패턴 3
재앙화

재앙화는 미래에 대하여 보다 현실적인 어떤 다른 고려도 없이 부정적으로 예상하는 것을 말합니다. 현재에 있을 수 있는 구체적인 상황에 대해서 걱정하는 것이 아니라 막연한 미래의 어떤 시점에서 생길 수 있는 극단적이고 재앙적인 상황을 걱정하면서 두려움에 빠지게 되는 것입니다.

"회사 동료들과 같이 지하철 타고 가다가 동료들이 내가 매우 불안해하거나 공황을 겪는 걸 알게 되면 어떡하지. 너무나 끔찍해. 그러면 나는 회사를 다니지 못할 거야.", "지하철 안에서 공황이 오면 어떻게 하지? 만약 정신을 잃고 쓰러진다면 너무 비참해질 거야.", "또 공황이 오면 무슨 일이 일어날지 몰라. 두려워. 난 감당할 수 없을 거야." 공황장애 환자분들이 흔하게 하는 전형적인 재앙화 사고들입니다. 이 생각들은 단순히 불안만 유발하는 것이 아니라 회피하는 행동으로 이어져서 일상생활에 제약을 가져옵니다.

저는 환자들에게 재앙화 사고를 설명할 때 재앙화 사고에 세 가지 요소가 있다고 이야기합니다. 첫 번째 요소는 막연함입니다. 재앙화 사고를 할 때 많이 표현되는 단어들이 있습니다. 끔찍해, 비참해, 감당 못해, 큰일이 생길 것 같아 등이 전형적인 표현입니다. 정말 어떤 일이 끔찍한지, 뭐가 그렇게 비참한 것인지, 무엇을 감당해야 하는 것인지 구체적으로 생각하지 않고 그냥 뭉뚱그려서 상상하고 두려워만 합니다.

두 번째 요소는 시점입니다. 재앙화 사고는 현재를 고민하지 않습니다. 미래에 있을지도 모를 어떤 시점의 재앙적인 일만 걱정합니다. 어떤 일이든 큰 문제가 생기려면 전개 과정이 있습니다. 그 전개 과정에서 계속 제대로 대처하지 못해서 부정적인 일만 일어날 때 나중에 재앙적인 일이 일어나게 됩니다. 아직 지하철을 타지도 않았고 지하철에서 불안이나 공황이 오지도 않았고 공황이 왔을 때 내가 어떻게 행동할지 모르고 상대도 내 모습에 대해서 어떤 반응을 보일지도 모르면서 무조건 끔찍하고 회사에 다니지 못할 거라고 단정 짓는 것이 재앙화 사고입니다. 1단계가 시작되지도 않았는데 재앙적인 10단계의 생각에 빠져버리게 되는 것입니다.

세 번째 요소는 나에 대한 과소평가입니다. 앞서 이야기했듯이 어떤 재앙적인 일이 생길 때는 전개 과정이 있습니다. 그 전개 과정에서 내가 대처하는 것이 항상 실패하고 좌절이 될 때 걱정하는 재앙적인 일

3장 생각 다루기

이 있을 수 있습니다. 재앙적인 생각에는 나는 아무것도 할 수 없고 아무리 내가 대처해도 재앙적인 일이 생기는 것을 막지 못할 거라는 자신에 대한 과소평가가 있습니다.

재앙화 사고를 다루려면 어떻게 해야 할까요. 재앙화 사고를 구성하는 이 세 가지 요소에 변화를 주어야 합니다. 먼저 막연함에서 벗어나 재앙적인 상황을 구체화해야 합니다. 내가 정말 걱정하는 것이 무엇인지 명확해야 합니다. 회사 동료들이 공황이 온 것을 보게 되는 것이 끔찍하다면 내가 끔찍하게 걱정하는 내용이 구체적으로 무엇인지 확인해야 합니다. 나를 미친 사람 취급하는 것이 재앙인지, 사람들이 나를 왕따 시키는 것이 재앙인지, 나를 환자 취급하고 무시해서 회사를 못 다니게 되는 것이 재앙인지 구체화해야 합니다. 공황이 오는 것이 두렵다면 공황이 와서 어떻게 되는 상황을 걱정하는지 확인해야 합니다. 공황이 와서 죽을까 봐 무서운지, 미칠까 봐 무서운지, 자제력을 잃고 이상한 행동을 할까 봐 무서운지 구체적으로 살펴봐야 합니다. 구체화된 생각을 찾게 되면 그 생각이 현실적인 생각인지 확인해야 합니다. 현재 상황에서 불가능한 재앙을 걱정하고 있다면 현실적으로 일어날 수 있는 가능성 있는 걱정으로 바꾸어야 합니다. 앞서 공황에 대해서 설명했듯이 공황이 와서 죽지는 않습니다. 미치지도 않습니다. 자제력을 잃지도 않습니다. 내가 생각하는 재앙적 사고가 죽고 미치고 자제력을 잃는 것이라면 현실적인 가능성 있는 최악으로 바꾸어야 합니다. 아마 공황으로 생길 수 있는 최악은 공황이 오는 것일 겁니다. 5분에서 15분 정도 아주 불편한 상태를 경험하는 것입니다. 물론 그 상황에서 당황할 수도 있고 그 상황을 피하는 과정에서 사람들의 주목을 받을 수도 있고 응급실을 갈 수도 있을 것입니다. 그리고 이 상황들도 현실적으로 가능한 최악의 상황에 포함될 수는 있을 것입니다.

두 번째로 구체화된 생각을 막연한 미래가 아닌 현재 시점의 걱정으로 가지고 와야 합니다. 아직 지하철을 타지도 않았고 공황을 경험하지도 않았는데 회사에서 왕따가 되고 회사를 그만두게 되는 생각은 너무 먼 미래의 가능성일 뿐입니다. 지금 시점으로 생각을 가지고 오면 지하철 안에서 동료들 앞에서 공황을 경험하는 것입니다. 좀 더 생각하면 내가 공황이 온 것을 동료가 알게 되는 것입니다. 공황장애 환자분들은 본인이 공황이 오면 사람들이 다 알 것이라고 착각합니다. 마치 이마에 '공황상태'라고 적혀 있어서 누구나 내가 공황이 왔다는 것을 알 거라고 상상합니다. 하지만 공황이 왔을 때 사람들은 잘 알지 못합니다. 아마 여러분이 공공장소에서 공황을 경험해도 주변 사람들이 알아챈 적은 거의 없을 것입니다. 물론 처음 진단받기 전에 예상하지 못한 공황을 경험하고 당황한 상태에서 죽을 것 같아서 쓰러질 것 같아 주변 사람들에게 도움을 청했으면 알 수도 있었을 것입니다. 하지만 그것도 여러분이 표현해서 알게 된 것이고 도와준 주변 사람들도 공황이라고 생각하기보다는 어디가 아프고 불편하다고 생각해서 도와주었을 것입니다. 저는 환자분들에게 이런 질문을 자주 합니다. "공황이 왔을 때 사람들이 내 모습을 보면 무슨 생각을 할 것 같습니까?" 저의 대답은 "저 사람 배 아파서 화장실 가고 싶은 것 같은데."입니다. 사실 사람들은 다른 사람에게 관심이 별로 없습니다. 본인들 신경 쓰느라 다른 사람에게 공황이 와도 잘 모르는 경우가 대부분입니다. 불편한 것을 눈치챈다고 해도 공황을 잘 상상하지는 못합니다. 실제 공황이 왔을 때 모습은 안절부절못하고 땀을 삐질삐질 흘리고 몸을 웅크리고 긴장하고 있기 때문에 '배가 아픈가? 화장실 가고 싶나?'라고 생각하는 경우가 대부분입니다. 공황이 온 것을 알릴지 말지는 내 선택입니다. 어디가 불편하냐고 누가 물어보면 괜찮다고 이야기를 해도 되고 몸이 그냥 불편하다고 이야기를 해도 됩니다. 상대에게 공황이라고 이야기를 하고 싶으면 공황이 와서 불편하다고 이야기하면 됩니다. 알리고 싶으면 알리면 되는 것이고 알리기 싫으면 다른 이유를 대도 상관없습니다. 어느 누구도 몸이 불편하다고 하면 그냥 믿지 솔직하게 이야기하라면서 공황이 온 것을 추궁하지는 않을 것입니다. 정리하면, 지하철이나 동료 앞에서 공황이 왔을 때 생길 수 있는 최악은 회사에서 왕따를 당하거나 회사를 못 다니게 되는 재앙적 상황은 아닙니다. 현재 시점에서 생길 수 있는 현실적인 최악은 실제로 동료 앞에서 공황을 경험해서 불편한 시간을 보내는 것이고 불편한 것을 알게 된 동료가 어디가 불편하냐고 물어보는 것입니다. 물론 어떤 대답을 할지는 내 선택입니다.

세 번째는 나에 대한 과소평가에서 벗어나서 현재 시점에서 구체적으로 생길 수 있는 최악을 최소화하기 위해서 지금부터 무엇을 해야할지 생각하고 행동으로 옮기는 것입니다. 공황과 관련해서 재앙화 사고에 대해서는 현재 상황에서 가능한 현실적 최악은 공황이 와서 불편한 시간을 보내는 것이기 때문에 공황이 가급적 안 오게 하기 위해 신체적 · 심리적으로 어떻게 대처해야 하는지 정하고 행동에 옮기는 것입니다. 또 그래도 공황이 온다면 불편한 시간을 최소화하기 위해서 어떻게 할지 정하는 것입니다. 주변의 동료나 사람들이 의식이 된다면 그들에게 어떻게 대하거나 설명할지 미리 정해 놓는 것도 좋은 방법이 될 수 있습니다.

살다 보면 겁이 나고 두렵고 감당 못할 것 같은 상황을 만나게 됩니다. 겁을 내는 상황이 재앙이면 우리는 극복하려는 용기를 내기 어렵고 회피하거나 절망하게 됩니다. 상황을 수용하고 인정할 수 있을 때 극복할 수 있는 용기를 낼 수 있고 대처할 수 있는 방법을 고민할 수도 있습니다. 지금 재앙화 사고로 두려움에 빠져 있다면 미래에 생길 수 있는 막연한 재앙적 상황을 현재에 생길 수 있는 구체적인 최악의 상황으로 바꾸어서 그런 최악의 상황이 나타나는 것을 최소화하기 위해서 지금 이 순간부터 무엇을 할 수 있을지 고민하시기 바랍니다.

Tip!

재앙화 사고를 다루는 요령

- 현재 상황에서 불안 밑에 있는 생각을 찾아보세요.

- 막연한 재앙적 생각이면 모호한 표현을 줄이고 구체적인 생각으로 바꾸어 보세요.

- 미래에 벌어질 막연한 재앙적 생각이면 지금 이 순간 나는 어떤 상황에 있는지 확인해야 합니다.

- 지금 이 순간 일어날 수 있는 현실적이고 구체적인 최악의 상황을 생각합니다.

- 최악의 상황을 받아들이고 최악의 상황을 최소화하기 위해 지금 이 순간 무엇을 해야 하는지 생각해 봅니다.

- 최악을 최소화하기 위한 행동을 합니다.

역기능적 사고 패턴 4
감정적 추론

감정적 추론은 그것을 너무 강하게 느끼기 때문에 그 반대되는 증거는 무시하거나 고려하지 않고, 어떤 일이 틀림없는 사실이라고 생각하는 것입니다. 가령 어떤 사람을 보고 기분이 나빠지면 "저 사람은 나쁜 사람이야."라고 단정 짓거나 엘리베이터를 타려고 하는데 왠지 불안하면 "이 엘리베이터는 위험한 엘리베이터야."라고 여기고 타지 못하는 것입니다.

감정은 생각을 왜곡하는 경우가 많이 있습니다. 우울한 상태에서는 부정적으로 생각하게 되고 불안한 상태에서는 극단적으로 생각하게 됩니다. 식당에 대해서 불편해하는 공황장애 환자가 식당에 간다고 생각해 보죠. 사람들이 많은 식당에서 불안해지면 어떻게 하나라는 생각을 합니다. 이런 생각은 그 사람을 긴장하게 합니다. 식당에 들어서서 실제로 사람들이 꽉 차 있는 것을 확인하면 답답함과 함께 불안감을 가지게 됩니다. 이런 불안감이 오면 신체적인 변화를 경험합니다. 맥박이 뛰고 식은땀이 나기 시작하죠. 그럼 그 순간 '어, 이러다 공황이 와서 쓰러지거나 자제력을 상실하면 어떻게 하지?'라고 생각합니다. 처음에는 '아마 그렇지 않을 거야.'라고 생각하다가 점점 불안이 커지면서 혹시 그럴지도 모른다는 생각이 어느 순간부터는 '난 분명히 사람들 앞에서 쓰러질 것이고 자제력을 상실하게 될 거야.'라고 단정 짓게 됩니다.

치료를 통해서 공황이 와도 쓰러지지 않고 자제력을 잃지도 않는다는 것을 알면서도 불안해지면 '아니야. 이번에는 분명히 공황이 와서 쓰러질 것 같아. 자제력을 상실할 거야.'로 생각이 급격히 변하게 됩니다. 감정이 생각과 판단에 부정적인 영향을 주는 상황인 것입니다.

감정적인 추론은 말 그대로 감정적으로 평가하고 판단하는 것입니다. 이런 왜곡의 극복은 논리적인 추론을 하는 것입니다. 감정적으로 판단하는 것이 아니라 정확한 증거를 가지고 판단하고 단순하게 한 가지의 경우만 생각하는 것이 아니라 다른 여러 가지의 가능성에 대해서도 생각해 보는 것입니다. 그리고 궁극적으로는 실제로 행동해서 확인해 보는 것입니다.

어떤 사람이 나쁜 사람이다, 아니다를 파악하는 것은 단순한 인상이나 느낌으로 판단하는 것이 아니라 그 사람을 실제로 경험해 보고 판단해야 할 것입니다. 마찬가지로 불안한 감정 때문에 커지게 되는 공황에 대한 과장된 걱정도 실제의 경험 속에서 답을 찾아야 하고 회피하지 말고 부딪쳐서 감정에 의해 왜곡되어 있는 생각을 바로잡아야 할 것입니다.

역기능적 사고 패턴 5
명명하기

명명하기란 합리적인 결론으로 이끄는 객관적인 정보를 고려하지 않고 자신이나 다른 사람들에게 고정적이며 전반적인 이름을 붙이는 것을 말합니다. "난 실패자야.", "넌 바보야.", "난 무능해." 이처럼 자신이나 타인 또는 어떤 상황을 단정 짓는 것을 말합니다. 무엇인가를 규정하고 명확하게 하는 것은 나쁜 것이라고 할 수 없습니다. 하지만 우리에게 부정적인 감정을 유발하는 명명하기는 극단적인 경우가 많고 전형적인 흑백논리와 일반화를 통해서 명명되는 경우가 많아서 문제가 됩니다.

매사에 항상 실패하기 때문에 실패자가 아니라 어떤 상황에서 경험한 부정적인 결과에 대해서 마치 항상 실패하는 사람처럼 상황을 일반화해서 실패자라고 명명하게 됩니다. 항상 바보 같은 행동을 하는 것이 아니라 누군가에게 못한다는 소리를 듣거나 스스로 만족하지 못한 상황을 경험한 것뿐인데 자신을 또 일반화해서 바보라고 단정 짓게 되는 것입니다. 물론 그 전에 경험한 증거들을 통해서 나름대로의 결론에 도달한 것이라고 하지만 여기에는 흑백논리가 추가되어서 몇 번의 부정적인 경험이 어느새 항상 그런 것처럼 변화되어 있는 경우라고 할수 있습니다.

명명하기는 왜곡된 생각이 그 당시 상황에만 머물게 하지는 않습니다. 현재뿐만이 아니라 미래에도 지속적으로 영향을 미치게 됩니다. 마음 한구석에 항상 자리를 잡아서 이후 만나게 되는 상황에 대한 반응에 직간접적으로 영향을 줍니다.

전에 면담했던 한 환자가 자신의 부모는 자기에게 어린 시절부터 심한 말을 많이 했다고 했습니다. "넌 게을러. 넌 못됐어. 넌 너만 알아." 이런 반복된 어머니의 말에 처음에는 자신은 안 그렇다고 반박을 했고 안 믿으려고 노력을 했지만 어느 순간부터는 자신의 마음속에도 '그래 난 게을러. 난 못된 아이야. 난 이기적이야. 그래서 아무도 좋아하지 않아.'라는 생각이 자리 잡게 되었다고 털어놓았습니다. 그리고 이런 생각은 성인이 된 후에도 마음속에 항상 남아 있어서 어떤 상황을 만나도 적극적이지 못하고 회피적이며 대인관계에서도 위축되는 행동을 하게 되었다고 했습니다. 어머니의 반복된 명명하기가 어느 순간부터는 그 사람의 자아 이미지를 부정적인 모습으로 만들었고 성장을 한 뒤에는 어머니와 같이 살고 있지 않는데도 스스로 자신에게 부정적인

3장 생각 다루기

이미지를 부여해서 매사에 자신 없어지고 위축된 행동을 하게 된 것입니다.

공황장애 환자들도 스스로에게 여러 가지 명명하기를 해 놓은 경우를 많이 봅니다. '나는 환자야', '나는 약해', '나는 못해', '나는 건강하지 않아'. 이런 명명하기를 해 놓고 공황과 관련된 상황에서 미리 포기하거나 불안에 떨고 있는 경우들이 많습니다.

여러분은 혹시 자신이나 타인에게 이런 명명하기를 하고 있지는 않은가요? 최소한 공황이라는 상황에 대해서 또는 힘들어하는 어떤 상황에 대해서 자신에게 명명하기를 하고 스스로 명명해 놓은 것에 따라 최면에 걸린 사람처럼 반복해서 똑같은 왜곡된 행동을 하고 있는 것은 아닌가요? 그렇다면 이제 스스로 명명해 놓은 의미들을 떼어버리고 상황에 당당히 맞서기 바랍니다.

역기능적 사고 패턴 6
정신적 여과

정신적 여과란 전체적인 그림을 보는 대신 한 가지 작은 세세한 것에 필요 이상의 관심을 가지는 것을 말합니다. 여과라는 것은 무엇인가를 걸러내는 것을 말합니다. 마음속에, 생각 속에 여과지가 있어서 상황을 있는 그대로 보는 것이 아니라 본인이 보고 싶지 않은 것은 걸러내고 그 상황의 일부만을 보고 생각하고 판단하는 것을 말합니다.

상갓집에서 떡을 먹다가 많이 불안해져서 공황증세까지 보였던 환자분이 있었습니다. 그는 40대 초반의 사업가로 공황장애는 있었지만 평소에 운동도 즐기고 건강하고 사회 활동도 많이 하는 사람이었습니다.

당시 인지행동치료를 하고 있었습니다. 치료가 시작되고 몇 주가 지난 후에 병원에 와서 지난주에는 정말 힘들었다고 말했습니다. 자신이 회장이나 총무로 있는 모임이 많아서 대소사에 많이 참가하는데 그 주에는 이상하게 상갓집을 자주 가게 되었다고 했습니다. 그런데 그분들 모두가 떡을 드시다 돌아가셨다는 것이었습니다. 한 분은 80세가 넘은 할아버지였는데 할머께서 장에 가 있는 동안 드시라고 인절미를 머리맡에 두고 갔는데 잠에서 깬 할아버지가 그 떡을 드시다가 목에 걸려서 돌아가셨습니다. 또 한 분은 치매를 앓으시는 할머니였는데 평소에 식탐이 있었답니다. 가족들이 모두 외출한 어느 날 혼자 남아 있던 할머니가 떡을 허겁지겁 먹다가 목이 막혀서 그 할머니 역시 돌아가시게 되었답니다. 제 환자는 이 두 분의 상갓집을 다녀온 후에 또 다른 분이 돌아가셔서 다른 상갓집에 가 있는 상황이었습니다. 식사를 하는 도중 무심코 인절미를 한 입 물었는데 갑자기 떡을 먹고 돌아가신 두 분 생각이 나면서 불안해지고 안절부절못하게 되었고 입 안에 문 떡을 뱉지도, 먹지도 못하고 있었답니다. 불안하니까 신체증상들도 나타나기 시작하고 이러다 공황이 오는 것은 아닌가 하는 생각까지 했다고 합니다. 결국 밖으로 나와서 떡을 뱉어버렸고 복식호흡을 하고 몸을 이완하기 위해 노력했지만 안정이 되지 않았고 가지고 있던 약을 한 알 먹은 후에야 겨우 진정시킬 수가 있었다고 합니다.

이 일을 경험한 후에 병원에 와서 자신은 정말 떡을 먹으면 본인도 숨이 막혀서 죽을 것 같아 도저히 먹을 수 없었고 너무 불안해서 어쩔 줄 몰랐다고 이야기했습니다. 상담하면서 이 환자와 역기능적 사고에 대해서 이야기를 해 봤습니다. 이 분이 하고 있는 생각이 어떻게 보면 전형적인 정신적인 여과라고 할 수 있습니다. 그렇다면 이 환자는 무엇을 여과하고 있는 걸까요? 이 환자는 그분들이 떡을 먹다가 돌아가셨고 자신도 떡을 먹고 있다는 것만 생각하면서 어쩌면 목이 막혀서 죽을 수도 있다고 두려워하고 있었습니다.

사실 이 환자는 돌아가신 두 분과는 너무나 다른 상황에 있습니다. 두 분은 연세가 많고 치아도 부실해서 잘 씹지 못하는 상황이었습니다. 한 분은 자다가 일어나서 다소 정신이 없는 상태에서 떡을 먹었고 한 분은 치매가 있어서 자신을 잘 통제하지 못했습니다. 또 두 분 모두 연로하셔서 목에 이물질이 걸렸을 때 그것을 뱉어낼 힘도 약했으며 주변에 문제가 생겼을 때 도와줄 사람도 없는 상태였습니다.

하지만 이 환자는 40대 초반으로 건강한 육체를 가지고 있고 치아도 튼튼하고 치매와 같은 질병을 가지지도 않았으며 자다가 일어나서 정신이 흐린 상태도 아니었습니다. 운동을 많이 하기 때문에 이물질이 목에 걸려도 충분히 뱉어낼 수 있는 힘도 있었고 상갓집이라 주변에 사람들이 많아서 무슨 일이 생기면 충분히 도와줄 수 있는 상황이었습니다.

자신의 가지고 있는 긍정적인 상황은 모두 걸러내버리고 단순히 떡, 죽음만을 받아들여서 두려워하고 불안해한 것이었습니다. 환자분은 자신이 여과하고 있었던 부분에 대한 이야기를 하면서 어느 정도 떡에 대해서 자신감을 가지게 되었고 다음 상담시간에 제 앞에서 떡을 먹는 노출을 시도하였습니다. 당연히 아무 문제없었고 이후에도 떡에 대한 불편함이 남지 않게 되었습니다.

진료실에서 보면 공황장애 환자들 중에 이런 정신적인 여과 때문에 필요 이상으로 힘들어하는 사람들을 자주 볼 수 있습니다. 가령 뉴스에서 어떤 정신질환자가 자살을 하거나 다른 사람들에게 피해를 입히면 그 사람과 자신이 상황적으로 다른 것은 다 걸러내고 단순하게 정신과 치료를 받고 있는 환자라는 이유만으로 자신도 그렇게 되지 않을까 두려워합니다. 또 뉴스에서 축구경기 도중에 심장마비로 죽은 사람의 이야기가 보도되면 그 사람과의 차이를 꼼꼼히 따지기보다는 축구하면 자신도 심장마비가 올 것이라는 생각에 축구를 피하게 되는 경우도 있습니다.

그렇다면 왜 이렇게 정신적인 여과를 하게 될까요? 저는 두 가지 이유가 있다고 생각합니다. 하나는 마음속에 항상 어떤 생각을 가지고 있기 때문이고 또 하나는 어떤 감정에 빠져 있기 때문입니다.

『대학(大學)』의 '정심장(正心章)'에 이런 구절이 있습니다.

> 이른바 '수신(修身)은 그 마음을 바르게 함에 있다'는 것인데 마음에 성냄이 있으면 그 올바름을 얻지 못하고 두려워하는 바가 있으면 그 올바름을 얻지 못하고 좋아하고 즐기는 바가 있으면 그 올바름을 얻지 못하고 근심하는 바가 있으면 그 올바름을 얻지 못하기 때문이다. 마음이 있지 않으면 보아도 보이지 않고, 들어도 들리지 않으며, 먹어도 그 맛을 모른다. 이것이 '수신은 그 마음을 바르게 함에 있다'고 하는 것이다.

화, 불안, 좋아함 등의 감정이 있거나 걱정하는 생각이 있으면 어떤 상황을 있는 그대로 보지 못하고 무언가를 걸러내서 왜곡되게 보기 때문에 세상을 있는 그대로 보기 위해서 마음을 바르게 해야 한다는 것입니다.

심성수양에 도움이 되는 글을 모아둔 『심경부주』에 보면 또 이런 글이 나옵니다.

> 주자는 정심장에 대해서 이런 말을 했다. "심불가유일사(心不可有一事). 마음에 한 가지 일을 두면 안 된다."
>
> 명도 선생이 전주에 있을 때 다리를 수리하였는데, 긴 기둥 하나가 부족하여 일찍이 민간에 널리 구하였다. 나중에 이로 인하여 출입할 때 나무 가운데 좋은 것을 보면 반드시 계탁하는 마음이 일어났다. 그리하여 이 말로서 배우는 자를 경계하였다.

전에는 나무를 볼 때 그냥 있는 그대로를 봤는데 마음속에 다리를 놓아야 한다는 생각이 있으니까 나무만 보면 저 나무가 혹시 다리에 맞지 않을까 항상 생각하게 되었다는 것입니다. 그런 자신의 모습을 보고 마음속에 뭔가를 두면 그것을 통해서 매사 보게 된다는 것을 깨닫고 배우는 자들을 일깨웠다는 말입니다.

고전을 통해서 정신적인 여과를 설명해 보았는데, 결국 어떤 정신적인 여과 없이 사물을 바라보려면 감정을 안정시키고 마음속에 어떤 집착적인 생각을 두지 말아야 하는 것입니다. 떡과 죽음을 두려워했던 환자도 마음속에 항상 공황이나 죽음에 대한 두려움을 가지고 있었기 때문에 그런 자극이 왔을 때 상황을 있는 그대로 보기보다는 자신의 마음속에 있는 생각과 감정을 통해서만 봄으로써 긍정적인 면을 여과시키고 부정적인 것만 받아들여서 불안해하고 힘들어했던 것입니다.

Tip!

정신적 여과를 피하는 방법

- 현재 상황, 생각, 감정을 구체적으로 정리해 봅니다.

- 전체 상황을 보고 있는지 일부 상황만을 보고 있는지 확인합니다.

- 생각을 지지하는 상황과 생각을 지지하지 않는 상황을 구분합니다.

- 감정 상태와 선입견을 배제하고 상황을 생각합니다.

- 여과시키고 있는 생각을 확인하고 여과 없이 있는 그대로 상황을 평가해 봅니다.

역기능적 사고 패턴 7
독심술

독심술이란 좀 더 현실적인 가능성을 고려하지 않고, 다른 이들이 생각하는 것을 알 수 있다고 믿는 것을 말합니다.

여러분은 다른 사람들의 마음을 얼마나 알 수 있다고 생각하나요? 지금 이 순간 여러분 주변에 있는 가족들의 마음을 얼마나 알 수 있는지 생각해 보세요. 그들의 마음을 100% 알 수 있나요? 50%? 아니면 10%?

우리들은 사실 아주 가까운 사람들의 마음도 완전히 알 수는 없습니다. 그런데 살아가면서 마치 다른 사람들의 마음을 알고 있는 것처럼 느끼고 행동하는 경우가 많이 있습니다. 하지만 이런 독심술은 간혹 서로에게 씻을 수 없는 상처를 남기는 경우가 많이 있습니다.

『삼국지』를 보면 조조가 기병사령관직을 주겠다는 동탁의 유혹을 거절하고 보복당할 것을 두려워해서 낙양성을 도망치게 됩니다. 낙양을 도망쳐서 고향으로 향하다가 아버지의 친구인 여백사라는 사람 집에 머물렀다가 그곳에서 여씨 일가를 모조리 죽이는 장면이 있습니다. 나관중이 쓴 소설『삼국지연의』에 보면 이렇게 서술되어 있습니다.

> 조조가 오자 여백사는 반겨 맞이하고 대접할 술을 사러 이웃 마을로 떠났다. 얼마 후 부엌에서 칼 가는 소리가 들려왔다. 동시에 들려오는 말, "목을 죄어 죽일까? 베어 죽일까?" 조조는 의심이 버럭 들었다. 당장에 칼을 뽑아 들고 여 씨 집안의 남녀 8명을 닥치는 대로 베어 죽였다. 그런데 부엌에 들어가 보니 돼지가 묶여 있었다. 대접할 음식을 장만하고 있었던 것이다. 조조는 후회하며 여 씨 집을 나와 도망치는데 술을 사가지고 오는 여백사를 만났다. 여백사는 조조가 떠나는 것을 보고 안타깝게 물었다.
>
> "아니 식사 한 끼 안 하고 어딜 그리 급히 가나? 이렇게 술까지 사오는데……."
>
> 말이 채 끝나기도 전에 조조는 칼을 뽑아 여백사까지 죽였다. 이때 조조와 함께 도망치고 있던 진궁이 너무 가혹한 처사가 아니냐고 하자 조조는 "내가 세상을 버릴지언정 세상으로부터 버림을 받지는 않겠다."고 소리쳤다.

『삼국지』에 나오는 이 상황에서 조조가 하고 있는 전형적인 역기능적 사고가 바로 독심술입니다. 여백사의 가족들은 조조를 대접하고자 했는데 조조가 몇 마디 말만 듣고 그들이 자신을 죽여서 현상금을 타려 한다는 단정적인 독심술로 무고한 생명을 죽이게 된 것입니다.

다소 극단적인 예를 들었습니다만 독심술은 맞으면 본전이지만 틀리게 되면 억울한 상황을 유발하고 그 억울한 상황은 독심술을 사용한 본인이나 상대에게 커다란 상처를 주게 됩니다. 하지만 사람들은 다른 사람의 마음을 읽고 싶은 유혹에 쉽게 빠지게 됩니다. 함께 생활한 시간이 많으면 상대를 어느 정도 파악하게 되기 때문에 상대의 마음을 알 것 같은 생각을 하기도 합니다. 그럼에도 불구하고 독심술은 사용하지 않는 것이 바람직합니다. 첫 번째 이유는 독심술이 정확하지 않기 때문입니다. 독심술은 대부분 우리가 어떤 감정에 빠져 있을 때 하게 됩니다. 남의 마음을 알고 싶은 상황을 한번 생각해 보세요. 사랑에 빠진 상대의 마음을 알고 싶거나 뭔가 불안해져서 상대의 마음을 알아야 되거나 화가 나서 상대의 마음을 단정적으로 판단하게 되는 경우가 대부분입니다. 아주 편하거나 특별한 감정이 없는 상태에서는 다른 사람의 마음을 알고 싶지도 않고 알려고 노력하지도 않게 됩니다.

이렇게 어떤 감정 상태에서 하게 되는 판단은 앞서 이야기했듯이 감정적인 추론을 하게 되거나 정신적인 여과를 하게 되는 경우가 많습니다. 감정의 영향을 받기 때문에 다소 극단적인 판단을 하게 되고 자신의 감정과 반하게 되는 정보들은 여과를 시켜서 일부분만 보고 판단하게 됩니다. 조조의 예에서도 조조가 불안한 마음을 가지고 있었기 때문에 그들이 어떤 이야기를 했을 때 차근차근 따져 보고 객관적으로 판단하기보다는 자신의 불안과 연결시켜서 극단적으로 판단하고 일부만 가지고 단정적으로 생각하게 된 것입니다.

두 번째 이유는 독심술을 하게 되면 흑백논리, 일반화된 사고에 빠지게 되기 때문입니다. 사람의 마음은 단순하지 않습니다. 지금 이 순간 어떤 사람을 좋아하다가도 시간이 지나면 싫어질 수도 있는 것이 사람의 마음입니다. 또 누군가를 평가할 때 단순하게 좋아한다, 싫어한다로 나누는 것이 아니라 다양하고 복합적인 기준을 가지고 평가하게 됩니다. 그런데 독심술을 할 때는 이렇게 상대적으로 판단하지 못하고 일부를 통해 단정적이고 절대적으로 판단하게 됩니다. 일부는 독심술이 맞을 수도 있습니다. 하지만 사람의 마음은 복잡해서 그 생각 이외에 다른 생각들도 많이 있을 수 있는데 이 부분을 간과하게 되는 것입니다.

여러분은 혹시 다른 사람이 여러분에게 한 독심술로 인해서 힘들었거나 상처 받은 일은 없나요? 상담을 하다 보면 어린 시절 부모나 형제들이 자신에게 한 독심술에 대해서 이야기하는 환자들이 많이 있습니다. 그런데 이 경우에 다른 사람들이 자신에게 했던 독심술이 적중해서 혼난 것은 기억을 못하지만 부모나 가족의 잘못된 독심술로 혼이 나거나 오해를 사게 된 경우는 몇십 년이 지나도 그 당시의 억울함을 간직하고 있는 경우가 많이 있습니다.

독심술은 이렇게 쉽게 하게 되는 생각이지만 자칫 깊은 상처를 줄 수 있는 위험한 것입니다. 그래서 나는 가끔 환자들에게 이런 말을 합니다. "우리는 오직 모를 뿐입니다." 우리는 세상을 살아가면서 객관적인 진실만을 보려고 하지만 그렇지 못한 경우가 너무나 많습니다. 특히 다른 사람의 속마음은 실제로 잘 알지 못하기 때문에 그들이 진실하게 표현하지 않는 한 정확하게 알지 못합니다. 그리고 사람의 마음이라고 하는 것이 그렇게 단순하지가 않아서 어떤 생각을 하고 있는지 일부는 알 수 있을지 몰라도 그 사람이 하고 있는 생각을 전부는 알지 못합니다. 또 그 생각이 맞아도 그 사람이 왜 그런 생각을 하게 되었는지는 알지 못하게 됩니다.

여러분은 어떤가요? 혹시 지금 이 순간 누군가의 마음을 읽고 마치 그게 정답인 것처럼 행동하고 있는 것은 아닌가요? 공황장애나 사회공포 환자들은 불안감을 항상 가지고 있는 경우가 많아서 이 불안에 따라서 다른 사람들의 마음을 읽으려고 하는 경우도 많고 또 그런 감정에 따라 단정적으로 생각하는 경우가 많이 있습니다.

예를 들어 지하철 안에서 공황이 오거나 불안해지면 대다수의 공황장애 환자들이 사람들 앞에서 큰 망신을 당했다고 생각합니다. 또 다른 사람들이 자신을 이상하게 보고 비웃었을 거라고 생각합니다. 하지만 여기에는 전형적인 독심술이 숨어 있습니다. 정확히 말하면, 우리는 모릅니다. 그들이 우리에게 그렇게 관심이 있었는지조차 모릅니다. 또 그들이 정말로 그렇게 생각했는지도 모릅니다. 실제로 지하철에서 누군가 아파하고 긴장하는 모습을 볼 때 우리는 그냥 그 사람이 아프다고 생각하고 관심이 있을 때는 그 사람을 편하게 해 주려고 노력하고 관심이 없을 때는 잠시 그런 생각을 하다가 바로 자신의 생각이나 볼일 속으로 빠져들게 됩니다. 그런데 내가 불안해지고 긴장하게 되는 상황이 되면 다른 사람들이 자신을 비웃었을 것이라 생각하면서 우울해하고 수치스럽게 생각하면서 다음에도 그런 상황이 오면 어떻게 하나 걱정하고 사람들 앞에 나서는 것을 두려워하게 됩니다. 하지만 이런 상황에서 내가 다른 사람들에 대해 '사람들은 나에게 관심이 없어. 관심이 있어도 아파서 그런 거라고 여길 거야.'라고 생각한다면 우리는 그렇게 마음의 부담을 갖지 않을 것이고 사람들 앞에 나서는 것이 두렵지도 않을 것입니다.

독심술을 경계해야 합니다. 내 감정에 치우친 부정적인 독심술은 사실일 가능성이 적으면서 우리를 괴롭히게 됩니다. 자신도 모르게 독심술을 하게 될 때 스스로에게 이렇게 말해보세요.

나는 상대의 마음을 정확하게 알지 못한다는 것을 인정하자. 내 생각이 정말로 맞을까? 혹시 반대 증거는 없나? 다른 대안적인 생각은 뭐가 있을까? 좋아! 그 생각이 맞다면 그 사람 마음속에 그 생각만 있을까? 다른 생각은 없을까?

역기능적 사고 패턴 8
지나친 일반화

지나친 일반화란 현재의 상황을 넘어서는 싹쓸이 식의 부정적 결론을 내리는 것을 말합니다. 즉 몇 가지 상황을 마치 전체적인 것처럼 또는 항상 그런 것처럼 생각하고 반응하는 것입니다.

우리는 알게 모르게 일상 속에서 일반화의 논리로 세상을 바라보는 경우가 많이 있습니다. 예를 들어 누군가를 소개하거나 누군가에 대해서 이야기를 할 때 "그 친구는 어느 지방 출신이라 그런지 ~해.", "역시 그 친구는 어떤 학교 출신이라서 ~해.", "그 친구는 전에 이런 행동을 했기 때문에 이 일에서도 ~게 할 거야."라고 말하곤 합니다. 특히 인간관계에서 누군가를 소개할 때 상대에 대한 선입견을 갖게 되는 것은 이런 일반화가 많이 영향을 주게 됩니다. 전에 경험한 것을 마치 항상 그런 것처럼 또 어떤 한 사람에게서 나타났던 문제를 모든 사람에게서 나타나는 것처럼 반응하게 되는 것입니다.

하지만 이런 경우 입장을 바꾸어서 생각해 볼 때 실제 어떤 사건을 가지고 판단한 것이 아니라 내가 가지고 있는 일부 상황을 가지고 상대가 일반화해서 판단하고 그에 따른 행동을 했다면 우리는 분명 억울하고 상대에 대해서 분노의 감정까지 가질 수 있을 것입니다. 나도 모르게 하는 일반화가 상대에게 상처를 줄 수도 있다는 것입니다.

그렇다면 우리는 왜 일반화를 하게 될까요?

일반화는 대부분 효율성을 중요시하는 우리 사고 체계에서 출발합니다. 우리는 하루에도 수없이 많은 자극을 받으면서 살아갑니다. 그 자극을 하나하나 사진처럼 기억할 수 없기 때문에 효율적으로 생각하고 대처하기 위해 우리 뇌에서는 각각의 사실을 가급적 단순화하고 비슷한 것은 같이 분류해서 기억에 저장하려고 합니다. 생각과 판단을 좀 더 효율적으로 하기 위해서 일반화라는 개념이 적용된다고 볼 수 있는 것이지요. 일반화는 역기능적인 것이 아니라 사고와 행동에 효율적인 면을 부여하기 위해서 어쩔 수 없이 생기는 자연스러운 사고 과정일 수 있습니다.

하지만 기억이 저장되고 활성화되는 과정에서 어떤 감정이나 부정적인 생각이 개입되면 다소 지나치고 주관적인 일반화가 생길 수 있습니다. 문제가 되는 것은 왜곡된 사고에 의한 왜곡된 일반화이고 감정적인 면에서 출발하는 극단적인 일반화입니다. 앞서 감정적인 추론이라는 역기능적 사고에서 살펴봤듯이 감정은 어떤 상황을 객관적으로 바라보게 하기보다는 극단적으로 바라보게 하고 결국 극단적인 일반화를 하게 만들 수 있습니다. 특히 지나친 불안은 우리를 방어적으로 만들어서 상황이나 자극을 모두 위험한 것으로 일반화해 반응하게 만드는 경향이 있습니다. '자라 보고 놀란 가슴 솥뚜껑 보고 놀란다'는 말도 결국 불안이라는 감정으로 인해서 비슷한 물체를 모두 위험한 것으로 일반화하는 것이라고 할 수 있습니다. 또 지나친 불안은 상황에 대해서 일반화하기도 하지만 자신에 대해서도 일반화해 마치 '항상 제대로 반응하지 못하고 능력이 없는 자기 자신'으로 반응하게 만들기도 합니다.

공황장애 환자들도 때때로 역기능적인 일반화를 하는 경향이 있습니다. 신체적인 증상에 대해서 일반화하고 상황적인 면에 대해서 일반화하고 내 능력에 대해서 부정적으로 일반화하고 다른 사람들의 시각에 대해서도 일반화하고 내 미래에 대해서도 일반화하는 경우를 자주 보게 됩니다. 공황 때 있었던 신체적인 증상들 때문에 조금만 어디가 아파도 공황으로 일반화해서 두려움에 빠지게 됩니다. 상황에 대해서도 지하철에서 공황을 경험했던 사람은 처음에는 지하철을 두려워하다가 버스로, 비행기로, 타고 어딘가로 가는 상황, 밀폐되어 있는 곳 모두에 대해서 두려운 대상을 일반화하기도 합니다. 자신의 능력에 대해서도 일반화해서 여러 가지 다른 행동을 했음에도 마치 항상 공황이나 불안이 왔을 때 부적절하게만 대처하고 굉장한 공포를 경험한 것처럼 일반화하고 앞으로도 만날 수 있는 불안이나 공황에 대해서 감당할 수 없는 것으로 일반화합니다. 사람들의 시각에 대해서도 사람들은 나를 어떻게 볼지 모르고 어떻게 생각할지 모르는데 주변의 몇 명이 잘 이해하지 못했다는 이유로 모든 사람이 이해 못하는 것으로, 또 정신과 진료를 받는다는 이유로 모든 사람이 부정적으로 볼 것이라는 일반화된 생각에 빠지기도 합니다.

물론 이런 일반화의 과정이 괴로운 상황을 회피하거나 대처하게 만들어서 본인에게 도움을 주기도 하지만 대부분의 경우 지나친 일반화로 생활을 제약하고 위축시킬 뿐만 아니라 경험하지 않아도 되는 감정, 생각, 행동을 경험하게 만들어 점점 더 상황을 재앙적으로 보게 합니다.

여러분은 어떻게 하고 계십니까? 혹시 지나친 일반화, 감정에 치우친 일반화, 병적인 일반화를 하고 있는 것은 아닌가요? 우리는 생각을 정리하고 효율적인 대처를 위해서 일반화적인 생각을 가져야 할 필요도 있을 것입니다. 하지만 그것은 감정에 압도되어서 자신을 방어하기에 급급한 일반화가 아니라 상황을 객관적으로 바라볼 수 있고 적극적으로 대처할 수 있는 건강한 일반화여야 합니다.

혹시 지금 이 순간 불안해하고 걱정을 많이 하고 있다면 지나친 일반화를 하고 있는 것은 아닌지 확인하세요. 만약 그렇다면 미리 앞서서 판단해서 회피하지 말고 실제 경험을 통해서 상황을 평가하고 구체적인 증거를 가지고 객관적인 시각을 유지하려고 노력하기 바랍니다.

역기능적 사고 패턴 9
당위진술, 강박적 부담

당위진술, 강박적 부담이란 자신이나 다른 사람들이 행동해야만 하는 당위적이고 고정된 사고를 말하며, 이런 기대를 충족하지 못하면 얼마나 나쁜지를 과대평가하는 것을 말합니다. 당위적이란 말은 그렇게 하는 것이 당연하고 그렇지 않으면 문제라는 생각과 그래야만 한다는 강박적인 의미가 담겨 있습니다. "나는 항상 일등이어야만 한다.", "모든 사람들이 나를 좋아해야 한다.", "부모님을 절대로 실망시켜서는 안 된다.", "사람들 앞에서 절대로 불안해하면 안 된다.", "앞으로 공황이 절대로 오면 안 된다." 등이 여기에 해당하는 말들입니다.

저는 인지행동치료를 할 때 환자들에게 당위진술, 강박적인 부담을 설명하면서 명명하기, 흑백논리를 같이 설명합니다. 명명하기, 특히 열등감과 관련된 명명하기가 당위진술과 연관되어 있습니다. 자기 자신을 열등감과 관련지어 이름 붙이게 되면 스스로에게 명명한 열등감을 감추기 위해서 강박적인 부담(당위적인 사고)을 가지게 됩니다. 열등감과 관련된 일이 생기면 흑백논리에 빠져서 좌절하고 자신의 열등감을 강화하는 악순환을 보이게 됩니다.

한 50대 환자가 대인공포를 가지고 있었습니다. 그는 20대 후반에 술자리에서 손이 떨렸던 것을 경험한 후에 오랜 기간 자신이 사람들 앞에서 떤다고 생각하고 자신을 대인공포 환자라고 여겼습니다. 원래 성격이 상당히 적극적이었기 때문에 대인공포를 극복하기 위해서 여러 가지 노력을 하고 있었습니다. 저에게 치료를 받기 전에 다른 정신과 병원에서 인지행동치료도 세 번 받았고 정신치료, 최면치료는 물론이고 웅변학원에도 다니는 등 여러 가지 치료를 했습니다. 그 결과 병원에 내원할 당시에는 이미 많이 극복한 상태로 아주 특별할 때를 제외하고는 평소에 약을 복용하지도 않았으며 일상생활에 제약도 거의 없었습니다. 오히려 연극 동호회 활동을 하면서 일주일에 한 번씩은 대학로 무대에도 서고 사업을 하면서 직원들이나 사람들 앞에서 연설을 하기도 하면서 활동적으로 살고 있었습니다. 어떤 면에서는 저보다도 더 사람들 앞에서 잘 이야기하는 면도 있었습니다.

그런데 이 환자의 마음속에는 항상 '대인공포 환자'라는 자신에 대한 부정적인 명명하기가 있었습니다. 그리고 이런 면을 보상하기 위해서 자신은 절대로 떨면 안 된다는 당위적인 사고를 하고 있었습니다. 강박적인 부담을 가지다 보니까 떤다는 기준이 너무 엄격해져서 다른 사람들 같으면 떨었다고 생각하지도 않을 정도의 미세한 떨림이나 순간적인 긴장 상황도 용납을 하지 못했습니다. 사람들 앞에서 잘 이야기하다가 어느 순간 잠시 떨리게 되면 흑백논리에 빠져서 '내가 잠시 조금 떨었어. 하지만 대부분 잘했으니까 100점은 못 줘도 90점은 줄 수 있어.'라고 평가하기보다는 '또 떨었어. 아무리 잘하면 뭘 해? 떨었는데… 오늘도 망쳤어. 나는 역시 대인공포 환자일 뿐이야.'라고 생각하고 좌절하고 있었습니다. 명명하기, 당위적 사고, 흑백논리가 악순환하면서 자신이 대인공포라는 생각이 유지되고 이미 많은 부분이 호전되어 있음에도 인정하지 못하고 스스로를 학대하고 있는 것입니다.

인지정서행동치료를 만든 앨버트 엘리스는 인지모델에서 대표적인 비합리적인 생각을 당위적 사고라고 했습니다. 그리고 이러한 당위적인 사고 밑에는 과대평가, 자기 비하, 낮은 인내심이 숨어 있으며 합리적으로 사고하는 것은 이런 당위적인 생각을 하지 않는 것이라고 했습니다.

공황장애로 몇 년간 고생하다가 인지행동치료를 받고 호전되어서 약도 안 먹고 대부분의 상황에 제약받지 않고 건강하게 생활하게 된 환자가 있었습니다. 그런데 어느 날 불안해하면서 병원을 다시 찾았습니다. 괜찮게 잘 지내고 있었는데 회사에서 문제가 생겨서 며칠 동안 밤을 새우고 집으로 향하는 차 안에서 갑자기 맥박이 뛰고 불안했다는 것입니다. 공황까지 가지는 않았지만 많이 놀랐고 그래서 병원으로 먼저 왔다고 했습니다.

그 환자와 불안을 다시 느낀 상황에 대해 이야기했습니다. "차를 타

190

고 집으로 향하는 중에 처음에는 답답한 느낌이 들었고 이후 맥박이 좀 빠르다는 생각을 했습니다. 그 순간 불안이 엄습했고요. 그런데 그 불안 밑에 있던 생각은 이런 것이었습니다. '이제 인지행동치료도 끝났고 다 좋아졌는데 또 공황이 오면 어떻게 하지.'라는 생각이요." 다시 말해서 이제는 인지행동치료도 끝났고 좋아졌으니까 공황이 오면 절대로 안 된다는 당위적인 생각이 숨어 있었던 것입니다.

그는 공황이나 불안이 와도 인지치료를 통해서 충분히 배우고 실제로 경험했기 때문에 그저 일시적으로 신체적인 흥분과 공포감이 있을 뿐이고 일정한 시간이 지나면 사라진다는 것을 알고 있으면서도 공황에 대해서 막연하게 재앙적으로 과대평가하고 있었습니다. 그동안의 치료 과정을 통해서 이제는 얼마든지 공황에 대처할 수 있고 공황이 왔을 때 무엇을 해야 하는지 알고 있으면서도 자신은 공황 앞에서 무기력한 존재인 것처럼 당황해하고 있었고, 더 힘들고 어려운 상황도 잘 참았으면서 일시적으로 불안이 온 것뿐인데 공황이 다시 오면 그 불편함을 도저히 참지 못할 것 같은 생각을 하고 있는 것이었습니다. 환자와 마주 앉아 얼마나 상황을 과대평가하고 있는지, 자신을 얼마나 과소평가하는지 그리고 그러한 상황을 정말로 참지 못하는지에 대해서 이야기하는 과정에서 그는 점차 안정되고 자신감도 회복하였습니다. 이처럼 우리가 알게 모르게 하는 당위적인 사고, 강박적인 부담은 우리의 마음을 약하고 불안하게 만듭니다.

불안해졌을 때 불안 밑에 내가 어떤 생각을 하고 있는지 여러분도 찾아보기 바랍니다. 혹시 당위적 사고나 강박적인 부담이 있다면 내가 생각하는 대로 되지 않았을 때의 상황을 너무 과대평가하고 있는 것은 아닌지, 그 상황에 대해 대처하는 자신을 너무 과소평가하는 것은 아닌지, 걱정하는 상황이 생겼을 때의 불편함에 대한 자신의 인내심을 너무 가볍게 보는 것은 아닌지 확인해 보기 바랍니다.

31

생각 바꾸기 3

인간은 사물 자체에 의해서가 아니라, 사물에 대해 갖는 생각에 의
해서 괴로움을 받는다.

― 에픽테토스

인지모델이란

많은 철학자와 선인들이 사람들이 고통스러워하는 감정의 원인을 생
각에서 찾았습니다. 또 그런 생각을 변화시키는 것을 통해서 고통에서
벗어날 것을 이야기해 왔습니다. 인지행동치료는 생각을 다루어서 불
편한 감정, 불편한 신체반응, 반복되는 잘못된 행동에서 벗어나도록 하
는 치료입니다. 그리고 그 바탕에는 사람들이 어떤 상황에서 경험하는

감정적 · 신체적 · 행동적인 반응들은 상황 자체에서 오는 반응이 아니라 그 상황을 어떻게 해석했는가에 따라 달라진다는 인지모델이 있습니다. 인지행동치료에서는 생각을 다루는 기법의 하나로 역기능적 사고 기록지를 이용합니다. 역기능적 사고 기록지를 작성하는 것은 불편한 감정을 가시게 된 상황에서 그 감정을 유발하는 생각을 찾아 그 생각이 지금 현재 상황에 타당한 생각인지 또 그렇게 생각하는 것이 과연 나에게 효율적인지 확인하는 과정입니다. 여기서 주의할 것은 이 과정이 정답을 찾거나 낙관적인 생각을 하기 위한 것은 아니라는 것입니다. 스스로에게 질문하고 답을 하는 과정을 통해서 한걸음 뒤에서 자신을 객관화하는 과정입니다. 내가 생각하는 것이 적절하다면 그 상황에 대처할 수 있는 방법을 찾는 것이고 생각이 왜곡되고 과장되어 있다면 그 생각을 다루는 과정을 통해서 상황에 맞는 감정을 느끼고 상황에 맞게 행동할 수 있도록 도와주는 것입니다.

지금부터 역기능적 사고 기록지를 이용한 생각 바꾸기 예를 들어 보겠습니다. 여러분도 공황이나 불안이 아니더라도 힘들어하고 있는 감정이 있다면 그 감정을 다루어 보시기 바랍니다. 자신을 좀 더 객관적으로 바라보는 데 도움이 될 것입니다.

상황을 구체화하기

현재 상황을 구체적으로 묘사합니다. 머릿속에서 연상을 해도 좋습니다. 고통스러웠던 상황은 어떻습니까?

언제였나요? 어디였나요?

주변 상황은 어떠했나요? 누가 옆에 있었나요?

구체적으로 무슨 일이 있었나요?

그래서 어떻게 되었나요?

예 어제 점심시간에 외근을 나갔다가 사무실에 오니 모두 점심 식사를 하러 나가고 아무도 없었다. 그래서 혼자서 식사를 해야 했다.

감정 찾기

그 상황에서 당신은 어떤 감정을 갖게 됩니까? 힘들었다, 불쾌했다 등의 막연한 감정으로 표현하지 말고 구체적으로 표현하기를 바랍니다. 찰스 다윈은 인간이 가지는 기본 감정으로 기쁨, 놀라움, 슬픔, 두려움, 혐오, 분노를 뽑았습니다. 폴 에크먼은 이를 16가지 감정으로 확장하기도 했습니다. 보는 관점에 따라 감정은 여러 가지로 분류될 수 있으나 결국은 기본 감정에서 파생되는 감정들입니다.

지금 현재 감정을 단순하게 표현해 보기 바랍니다.

당신은 공포감을 느끼나요? 기쁜가요? 분노하고 있나요? 혐오감을 느끼나요? 슬픈가요? 놀랐나요? 우울한가요? 그리고 그 감정을 수량화해 보기 바랍니다. 0~100점으로 분류할 때 몇 점을 줄 수 있나요? 감정은 한 가지만 있을 수 없습니다. 느껴지는 감정을 다 나열해 보고 점수를 매겨 본 뒤 감정의 점수가 큰 것부터 나열해 보세요.

분노감 - 70 / 우울감 - 30 / 불안감 - 30

생각 찾기

이제 삼성을 찾았으니 감정을 유발한 생각을 찾아봅시다. 그 상황에서의 어떤 생각이 그런 감정을 유발했나요? 혹시 영화의 한 장면처럼 떠오르는 생각이 있나요? 구체적으로 표현해 보세요.

분노 70 - 아니 나에게 연락도 없이 모두 나가버려? 이것은 분명히 나를 무시한 거야. 어떻게 나에게 이럴 수 있지?

우울감 30 - 내가 얼마나 못났으면… 왜 내겐 항상 이런 일만 생기지?

불안감 30 - 내가 뭔가 잘못했나? 따돌림 당하는 것 아닌가?

신체적인 반응 찾기

이때 신체적인 반응은 어떤 것이 있나요? 뒤이어 어떤 행동을 했나요?

얼굴이 달아오르고 몸이 경직되고 가슴이 두근거렸다. 그래서 입맛이 없어 점심을 먹지 않았고 점심 먹고 돌아온 직원들에게 짜증을 냈다.

생각 다루기

● 당신이 지금 하고 있는 생각은? (다루고자 하는 생각을 한 가지만 단순하고 명확하게 쓰세요. 가장 크고 불편한 감정을 유발한 생각

을 찾으세요.)

> [예] 나를 무시한 것 아닌가?

● 그 생각을 지지하는 증거로는 무엇이 있나요? 실제로 그런 일이 있었나요? 그 생각과 반대되는 증거는 무엇이 있나요? 구체적으로 나열해 보세요. (막연한 느낌은 증거가 될 수 없습니다. 경험 속에서 객관적인 증거를 찾아보세요.)

> [예] 지난번에도 나 없이 식사를 간 적이 있었어. 하지만 대부분은 식사나 회식 때 나를 챙겨 주었어. 과장님이 지난번에 내가 없으면 우리 부서가 재미없다고 하셨어.

● 혹시 다른 대안적인 생각은 없나요? 그 상황에서 그렇게 생각했는데 혹시 그 상황을 다르게 해석하거나 생각할 수는 없나요? 그 생각이 맞을 가능성은 객관적으로 얼마나 되나요? 또 다른 대안적인 생각의 가능성은 객관적으로 얼마나 되나요?

> [예] 대안적인 생각을 찾아보면 물론 나를 무시하고 나를 싫어할 수도 있지만 내가 연락 없이 안 오니까 지난번처럼 밖에서 식사하고 오는 줄 알았을 수도 있다. 각자 약속들이 있어서 함께 식사를 안 하고 있을 수도 있고 내가 외근 중인지 미처 생각을 못하고 그냥 습관적으로 나갔을 수도 있다. 무시당했다고 생각하면 화가 나지만 다른 이유라고 생각하면 내 화는 줄어들 수 있다. 그럴 수 없다고 이야기는 할 수 없지만 100% 그 이유가 맞다고 볼 수는 없다. 30% 정도 가능성이 있을 뿐이다.

● 그 상황에서 생길 수 있는 실질적인 최악의 상황은 어떤 것인가요? 재앙적인 상황이 아니라 그 상황에서 있을 수 있는 최악의 상황을

써 보세요. 반대로 최상의 상황은 어떤 것인가요? 현실적으로 나타날 수 있는 상황은 어떤 것인가요?

> 예 내가 생각하는 회사에서 따돌림 당하고 회사에 적응 못해서 그만두게되는 것은 막연한 미래의 재앙적인 생각이다. 현재 시점에서 있을 수있는 최악의 상황은 그저 나 혼자 점심을 먹는 것뿐이다. 최상의 상황은 식당에 갔다가 다른 사람들을 만나서 함께 먹는 것이다. 현실적으로 그저 밥 한 끼 혼자 먹거나 같이 먹거나 하는 것이다.

● 최악의 상황이 될 수 있다고 인정한다면 그 최악의 상황을 줄이기 위해서 지금 할 수 있는 일은 무엇인가요?

> 예 다른 사람들에게 연락하거나 혼자서 점심을 즐기는 것이다.

● 그 상황에서 그렇게 생각하는 것은 나에게 무슨 도움이 되나요?

> 예 별로 도움이 되지 않는다. 실제로 사람들에게 물어본다고 해도 내 생각이 맞다고 이야기를 하지도 않을 것이다.

● 그 상황에서 내 생각이 분명히 맞다면 그 상황을 어떻게 대처해야하나요? 해결방법을 구체적으로 나열해 보기 바랍니다.

> 예 내 문제를 파악하기 위해 나와 친한 김 대리와 먼저 이야기를 해 볼것이다. 내가 생각하지 못한 부분이 있다면 고치도록 하겠다. 그동안내 소극적인 면이 문제였다면 사람들에게 좀 더 적극적으로 다가가야겠다. 인사를 열심히 하거나 내 의사표현을 정확하게 하는 것도 필요할 것 같다.

● 만약 친구나 가족이 똑같은 상황에서 똑같은 생각을 말하면서 고민한다면 나는 어떤 답변을 줄 수 있나요? 혹시 당신이 알고 있는 이런 문제를 잘 다루는 사람이 있다면 그 사람은 이 상황에서 어떻게생각할까요? 만약 정신과 의사에게 이런 이야기를 한다면 의사는

뭐라고 할까요?

예 확인할 수 없는 일에 너무 고민하지 말라고 할 것이다. 기껏해야 점심 한 끼다. 그냥 밥이나 맛있게 먹어라.

평가하기

생각

당신의 생각은 얼마나 변했나요? 처음 생각 바꾸기를 하기 전과 비교해서 내가 생각했던 것에 대한 믿음이 어떻게 변했나요? 수치적으로 표현해 보기 바랍니다.

예 나를 무시했다고 생각했던 믿음이 처음에는 70%에서 지금은 20%이다.

감정

당신의 감정은 지금 어떻게 변했나요? 수치적으로 표현해 보기 바랍니다.

예 분노가 70%에서 20%로, 우울감이 30%에서 10%로, 불안감이 30%에서 10%로 변했다.

행동

그래서 당신은 지금 어떤 행동을 할 계획입니까?

예 혼자서 즐길 수 있는 메뉴를 생각해 볼 것이다.

날짜 :	**이름 :**	
당신의 기분이 나빠질 때 자신에게, "지금 내 마음속에는 어떤 생각들이 스쳐가는가?"라고 스스로 질문하십시오. 그리고 가능한 한 빨리 그 생각이나 장면을 자동적 사고 기록란에 기록하십시오.		
상황	1. 기분 나쁜 감정을 일으킨 일이나 상황은 무엇이었습니까? 2. (혹시 있었다면) 어떤 기분 나쁜 신체적 감각을 느꼈습니까?	
감정	1. 위 상황에서 발생한 (슬픔, 불안, 분노 등) 자신의 감정은 무엇이었습니까? 또한 심한 정도는 (0~100 %)?	
자동적 사고	1. 어떤 생각이나 장면이 마음속을 스쳐갔습니까? 2. 그것들을 얼마나 믿습니까?	
대안적 반응 (자기 방어)	1. 어떤 사고의 왜곡을 가졌습니까? 2. 자동적 사고에 반응할 수 있도록 고안된 질문들을 사용하여 대안적 반응을 적으십시오. 3. 각각의 반응들을 당신은 얼마나 믿습니까?	**맞는 증거** **반대 증거** **대안적 설명** **최악의 일은? 최상의 일은? 현실은?** **이 생각은 나에게 무슨 도움이 되는가?** **그렇다면 내가 해야 할 일은? (문제 해결의 대책은?)**
결과	1. 적응적 반응을 시도한 결과 지금 어떤 감정을 느끼며 그 감정의 정도는 얼마나 심합니까? 2. 이제는 무엇을 하려 합니까?	

다음은 44기로 본원에서 인지행동치료를 받은 '난 건강해!'님이 상황과 생각과 감정을 구별하고 역기능적 사고를 교정하는 과정을 기록지에 정리한 것입니다.

생각 바꾸기

날짜 : 2005년 6월		
당신의 기분이 나빠질 때 자신에게, "지금 내 마음속에는 어떤 생각들이 스쳐가는가?"라고 스스로 질문하십시오. 그리고 가능한 한 빨리 그 생각이나 장면을 자동적 사고 기록란에 기록하십시오..		
상황	1. 기분 나쁜 감정을 일으킨 일이나 상황은 무엇이었습니까? 2. (혹시 있었다면) 어떤 기분 나쁜 신체적 감각을 느꼈습니까?	1. 시험장에서 시험문제를 풀고 있는데 갑자기 팔꿈치가 시리고 저리고 아프더니 바로 전에 겪었던 공황이 번뜩 떠오른 상황 2. 심장 두근거림/세게 뜀, 떨림, 식은땀, 호흡곤란 등/공황
감정	1. 위 상황에서 발생한 (슬픔, 불안, 분노 등) 자신의 감정은 무엇이었습니까? 또한 심한 정도는 (0~100 %)?	불안 100%, 우울 90%
자동적 사고	1. 어떤 생각이나 장면이 마음속을 스쳐갔습니까? 2. 그것들을 얼마나 믿습니까?	**불안** – 팔꿈치 느낌이 이상해. 이러다가 전처럼 손에 감각이상이 오는 거 아니야? 어, 정말 그러고 보니 손가락 느낌이 이상해. 부자연스러워. 이러다 마비? 뇌출혈? 중풍? 헉, 그럼 안 되는데. 더구나 여기에서 쓰러지면 안 되는데. 그런데 어떻게 해. 나 진짜 뒤로 넘어갈 것 같아. 중심을 잡기가 힘들어. 나가고 싶은데, 감독관 얼굴을 보니, 후. 어떻게 하지? 어떻게 하지? (안절부절 못함) **우울** – 왜 자꾸 나에게 이런 일만 생기는 건지. 한동안은 부모님 때문에 힘들고 이제 내 갈 길 가려고 했더니, 원인도 모르는 이런 병에 걸려서 병원 가도 소용없고 이런 시한폭탄 같은 일을 언제까지 겪어야 하는 건지. 대체 난 왜 이렇게 내 뜻대로 되는 일이 없는 거야.

자동적 사고		공부해 봤자 무슨 소용이야. 결국 이렇게 제대로 풀고 나오지도 못하고. (사고오류 - 속단하기 O / 재앙화하기 O / 자기 탓 O / 지나친 일반화 O) (현실적 가능성 - 5% 미만)
대안적 반응 (자기방어)	1. 어떤 사고의 왜곡을 가졌습니까? 2. 자동적 사고에 반응할 수 있도록 고안된 질문들을 사용하여 대안적 반응을 적으십시오. 3. 각각의 반응들을 당신은 얼마나 믿습니까?	**맞는 증거** - 전에도 밥을 먹다가 젓가락질을 하는데 잘 되지 않았어. - 연필을 쥐고 있다가도 잘 움직이지 않는 듯한 느낌을 받았었어. - 손이 부은 듯한 느낌이 있고 섬세한 작업은 잘 안 될 때가 있곤 했어. - 오른쪽 손발이 둔하고 뻣뻣함을 자주 느껴. **반대 증거** - 맞다는 증거들은 모두 느낌일 뿐이고 전에도 경험했지만 시간이 지나면서 사라졌던 증상일 뿐이야. - 그런 증상들을 많이 경험했지만 지금 이 순간 시험을 볼 정도로 난 건강해. - 뇌졸중이나 다른 심각한 질환을 의심할 만한 실제적인 증상은 지금 없어. 실제 마비된 것은 아니고 쓰러지지도 않았어. - 전에 수없이 검사를 했고, CT도 찍었지만 이상이 없었어. - 신경과 선생님께 의논 드려서 감각검사를 해 봤지만 이상 없다고 말씀하셨어. **대안적 생각** - 잠자는 자세가 잘못돼서 팔이 눌리거나 꺾인 채로 자서 그런 느낌이 왔을 수도 있어. - 자세가 너무 구부정해서 몸의 한쪽에 무리가 갔을 수도 있어. - 시험장에 대한 압박감과 전날처럼 공황 상황이 오면 나갈 수 없다는 사실에 큰 부담을 느끼고 있었어. - 이미 그동안 너무 많은 일을 겪었고, 몸과 마음이 지칠 대로 지쳐 있는 상태에서 부정적인 생각을 계속했던 것 같아. 더구나 고모가 뇌출혈로 쓰러져서 나도 혹시 그렇게 되지 않을까 하고 미리 걱정하고 있었던 부분도 있어. 신경과 선생님도 문제없다고 했으니 믿어야지.

202

대안적 반응 (자기 방어)		– 이젠 정말 나의 문제가 공황인 것도 알았고 인지치료도 받고 있는 중이고 제대로 알아가고 있으니 더 이상 막연한 두려움에 떨 필요는 없을 거야. 그리고 공황이어서 못할 건 아무것도 없다지 않아? 믿고 시험에만 몰두하자.

최악의 일은? 최상의 일은? 현실은?
– 최악의 일은 지금 이 순간에 공황이 오는 것뿐이야. 그리고 일정한 시간 동안 불안해하고 시험에 불편함을 경험하지만 일정한 시간이 지나면 사라질 불편함. 10분 정도 시험에 방해를 받는 것뿐이야. 설사 최악의 상황으로 공황이 와서 시험 못 본다고 해. 까짓것. 떨어져 주지 뭐. 죽기야 하겠어? 정 힘들면 감독관에게 이야기하고 나가도 돼. 그리고 다음에 다시 시험 보면 돼. 감당 못할 최악은 아니야.
– 최상의 일은 그런 증상이 오다 말고 잠시 불안하고 다시 시험에 집중할 수 있는 것.
– 현실은 공황에 대한 걱정으로 불안해하지만 그래도 시험은 끝까지 보는 것.

이 생각은 나에게 무슨 도움이 되는가?
나에게 도움 될 건 없다. 걱정해 봐야 해결될 것도 없고 불안만 가중될 뿐이다.

그렇다면 내가 해야 할 일은? (문제 해결의 대책은?)
천천히 복식호흡을 하고 몸을 이완하자. 시험에만 집중하자. 다른 문제는 시험 끝나고 고민해도 늦지 않아. |
| **결과** | 1. 적응적 반응을 시도한 결과 지금 어떤 감정을 느끼며 그 감정의 정도는 얼마나 심합니까?
2. 이제는 무엇을 하려 합니까? | 불안 40%, 우울 20%
매사에 마음의 여유를 갖자.
조급함과 미리 걱정하는 습관을 버리고 현실에 충실해 가면서 하나하나씩 해나가자. |

생각 바꾸기 4

앞서 생각 바꾸기를 설명하면서 생각을 다루기 위해서는 먼저 내가 무슨 생각을 하는지 알아야 한다고 했습니다. 상황/생각/감정 기록지는 자동적으로 하고 있는 내 생각을 찾는 데 도움이 됩니다. 그리고 우리가 흔하게 범할 수 있는 역기능적 사고의 패턴에 대해서 설명했습니다. 찾은 생각을 어떻게 다루어야 하는지에 대해서는 역기능적 사고 기록지를 통해서 이야기했습니다. 이번에는 왜 그 상황에서 나도 모르게 자동적으로 그런 생각을 하게 되는지에 대해서 이야기해 보겠습니다. 생각을 바꾸기 위해서는 생각을 찾아 다루는 것도 중요하지만 그런 생각을 하게 되는 내가 가진 내면적인 맥락을 이해하는 것이 더 중요하기 때문입니다.

우리는 살아가면서 많은 상황을 만나고 그 상황에 대해서 반응을 보입니다. 하지만 같은 상황에서 모든 사람들이 같은 생각을 하고 같은 감정을 가져서 같은 행동을 보이지는 않습니다. 각자 다르게 해석해서 다른 반응을 보입니다. 같은 사람도 같은 상황에 대해 10살 때 한 해석과 30살이 되어서 한 해석은 달라질 수 있습니다. 집에서의 해석과 직장에서의 해석도 달라질 수 있습니다. 공황장애 환자분들이 공황을 경험한 후에 지하철이나 비행기를 못 타는 경우가 있는데, 전혀 두려워하지 않던 지하철이나 비행기를 겁을 내게 되는 것은 공황을 경험하고 나서 지하철과 비행기에 대한 생각이 완전히 달라진 것이라고도 볼 수 있을 것입니다. 왜 이렇게 사람들마다 다르게 생각하고 또 같은 사람에서도 상황에 대한 해석이 달라질 수 있을까요?

어떤 상황에서 자신도 모르게 하게 되는 자동적이고 반사적인 생각은 어느 날 갑자기 하게 되지는 않습니다. 각자의 경험 속에서, 각자의 맥락 속에서 자연스럽게 생각하게 됩니다. 사람들은 태어나고 성장하면서 수많은 경험을 합니다. 그 경험을 통해 자신과 주변, 미래에 대해 그리고 세상에 대해서 어떤 믿음을 형성하고 상황을 판단하는 관점을 가지게 됩니다. 아론 벡은 이렇게 형성된 가장 중심적이고 근원적인 믿음을 핵심 믿음이라고 했습니다. 벡은 인지모델을 설명하면서 어떤 상황에서 사람들이 하게 되는 자동적인 생각은 그 사람이 가지고 있는 핵심 믿음의 영향을 받게 되고 핵심 믿음은 그 사람이 살아온 경험을 통해서 형성된다고 했습니다. 이런 핵심 믿음은 근원적이고 깊은 수준의 믿음이기 때문에 사람들은 자신에게 어떤 핵심 믿음이 있는지 잘 모르는 경우도 많습니다. 알고 있다고 해도 지금 이 상황에서 어떤 핵심 믿음이 작동해서 그렇게 생각하게 되고 그런 반응을 보이게 되었는지 잘 알아차리지 못하기도 합니다.

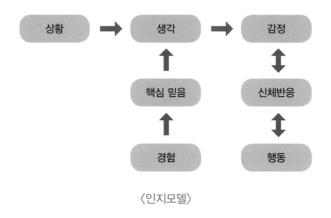

〈인지모델〉

　예를 들어 보겠습니다. 성장하는 과정에서 인정받지 못하고 사람들에게 반복해서 따돌림을 당한 경험을 통해서 스스로에 대해서 '나는 무능해', '사람들은 나를 좋아하지 않아'라는 믿음을 가지게 된 사람이 있다고 가정해보죠. 그 사람이 어느 날 직장에서 복도를 걷다가 상사를 만나 인사를 했을 때 상사가 인사를 받지 않고 그냥 지나쳐 버리면 어떤 생각을 자동적으로 하고 어떤 감정을 갖고 어떤 행동을 하게 될까요. 아마 상사가 일부러 자신의 인사를 무시했다고 자동적으로 해석해서 화가 날 수 있고 내가 얼마나 무능하면 이 상사도 나를 싫어할까 하면서 우울해질 수도 있을 것입니다. 이후에 그의 행동은 위축되어서 매사에 자신 없게 행동하게 될 수도 있습니다. 실제로 상사가 무시하

3장 생각 다루기

거나 싫어했을 수도 있습니다. 하지만 상사가 다른 생각을 하다가 못 봤을 수도 있고 다른 이유가 있을 수도 있습니다. 만약 실제로 상사는 무시할 의도가 없었는데 자신에 대한 부정적인 핵심 믿음으로 인해서 화가 나고 우울해지고 위축된 행동을 보이게 된다면 그것은 참 억울한 일일 것입니다. 또 한 번 가정해보죠. 무시당했다는 생각에 화가 나고 우울한 감정으로 사무실에 들어갔더니 방금 나간 상사의 부모님이 교통사고가 나서 급하게 병원으로 갔다는 이야기를 들었다고 생각해 보죠. 나를 무시했다는 생각이 정신없어서 나를 못 봤다는 생각으로 바뀌면서 화도 풀리고 우울감도 없어질 것입니다. 하지만 그 상황에서는 생각이 변화될 수 있어도 '나는 무능하고 사람들이 나를 좋아하지 않아'라는 믿음을 그대로 가지고 있는 한 그 사람은 비슷한 상황을 다시 만나면 또 무시당했다고 생각하고 나를 싫어한다고 생각해서 화가 나고 우울해지고 위축될 것입니다. 핵심 믿음의 변화가 없으면 생각의 변화는 제한적이고 왜곡된 생각은 반복될 수밖에 없다는 것입니다. 생각 바꾸기를 제대로 하려면 자신이 어떤 사고의 맥락 속에서 자동적인 생각을 하고 있는지 이해할 수 있어야 하고 왜곡된 생각을 반복하게 만드는 핵심 믿음이 있다면 그 믿음에 변화를 주기 위해 노력하는 과정이 필요하다는 말입니다.

공황장애 환자분들의 생각 바꾸기도 마찬가지입니다. 공황장애 환자분들은 신체증상에 민감하고 쉽게 불안감을 경험하고 회피하는 행동에 익숙해져 있습니다. 공황을 반복해서 경험하는 과정을 통해서 공황과 관련된 부정적인 핵심 믿음이 생겼을 수도 있지만 원래 그 사람의 인생의 경험을 통해서 스스로 약하다는 믿음, 나는 무엇이든 잘 못한다는 믿음, 사람들은 믿을 수 없다는 믿음 등 부정적인 믿음이 형성되어 있었을 수도 있습니다. 부정적인 핵심 믿음 없이 공황장애로 인해서 불편함이 생긴 사람들은 공황장애에 대한 정확한 정보만으로도 생각을 바꾸기가 어렵지 않을 수 있습니다. 하지만 원래 부정적인 믿음이 밑에 있던 분들은 공황이 실제로 위험하지 않다는 것을 알아도, 공황장애를 어떻게 치료해야 하는지 알아도 여전히 두려워하고 회피하는 삶을 살 수 있습니다. 생각 바꾸기가 잘 되지 않고 공황장애 치료가 잘 되지 않는다면 내 내면에 어떤 부정적인 믿음들이 작용하고 있는 것은 아닌지 살펴봐야 할 것입니다.

저는 자주 공황장애를 극복하기 위해서는 신체적 · 심리적 자신감을 회복해야 한다고 말합니다. 나는 건강하지 못하다는 믿음, 나는 공황을 감당하지 못한다는 믿음, 나는 환자라는 믿음을 가지고 있으면 약을 먹지도 않고 공황도 오지 않고 아무리 일상생활을 잘하고 있어도 조금만 신체적으로 불편하거나 피로해지면 다시 자동적으로 또 다른 질병을 염려하고 공황장애의 재발을 걱정하면서 불안에 빠지게 됩니다. 공황장애를 극복하기 위해서는 공황장애라는 병에 대해서 잘 알고, 불안해지거나 공황이 왔을 때 잘 대처할 수 있는 방법을 아는 것도 중요하지만 신체적 · 심리적 자신감을 회복하는 것이 가장 중요하다고 볼 수 있습니다.

그렇다면 어떻게 하면 신체적 · 심리적 자신감을 회복할 수 있을까요. 저는 첫 번째로 운동이 반드시 필요하다고 말합니다. 꾸준한 운동은 자율신경계를 안정시켜서 공황의 발생을 줄여주고 체력을 향상시켜서 신체적인 회복력을 키웁니다. 심리적으로 꾸준히 운동하는 과정 속에서 내가 건강해지고 있다는 믿음이 쌓이게 되고 자신에 대한 만족감, 성취감을 통해 자신감을 키울 수도 있습니다. 건강에 대한 자신감이 생기면 최소한 작은 신체증상에 대해서 쉽게 놀라고 겁을 내는 예민함은 줄어들게 될 것입니다.

두 번째로 자존감을 높이는 노력을 해야 한다고 말합니다. 자존감은 자신을 존중하는 마음이고 자신을 신뢰하는 마음입니다. 저는 자존감은 자신의 역할을 충실히 잘하고 있을 때 유지될 수 있다고 생각합니다. 내가 할 일을 잘하고 있다고 느끼고 내가 세운 목표를 향해 잘 가고 있다고 판단이 될 때 자존감은 유지되고 높아질 수 있습니다. 좋은 대학을 가야 한다는 목표를 세운 학생은 학교에서 공부를 잘하고 학교생활을 잘하고 있다고 느낄 때 자존감이 유지되고 자신감도 커집니다. 엄마로서 자식들을 잘 돌보고 가정을 화목하게 이끌어야 한다고 생각하는 사람은 엄마로서의 역할을 잘하고 있다고 생각할 때 자존감이 유지됩니다. 공황장애 때문에 학교에 가지 못하고 학교생활을 잘하지 못하면 학생으로서의 자존감은 유지되기 어렵습니다. 공황에 대한 두려움으로 자식을 잘 돌보지 못하고 함께 있지 못하면 엄마로서의 자존감도 유지되기 어렵습니다. 자존감을 회복하고 공황장애를 극복하기 위해서는 회피하지 않고 원래 내가 있어야 하는 자리에서 건강한 목표를 세우고 내 역할을 잘 수행해 나가는 노력이 반드시 필요합니다.

여러분은 지금 어떤가요? 여러분 스스로에 대한 부정적인 믿음을 가지고 공황장애를 만나고 있는 것은 아닌가요? 공황장애를 극복하고 싶다면서 불규칙적으로 생활하고 운동도 안 하고 해야 할 일도 회피하고 있는 것은 아닌가요? 만약 그렇다면 나 자신을 돌아보는 시간을 가지시기 바랍니다. 나에게 맞는 운동을 찾아서 무리하지 말고 조금씩 꾸준히 해보시기 바랍니다. 해야 할 일을 못하고 있다면 할 수 있는 일부터 회피하지 말고 시작하시기 바랍니다. 새로운 목표를 세우고 그 목표를 향해서 움직이시기 바랍니다. 부정적인 경험을 통해서 부정적인 믿음이 쌓였듯이 긍정적인 경험을 통해서 자신감이 쌓이게 될 것입니다.

공황 극복 사례
지하철 극복하기(탑승기)

42기로 공황장애 인지행동치료를 받았던 연우사랑 님이 치료 중에 지하철에 노출하고 난 뒤 그 결과를 Daum 카페 '공황 장애를 극복하기 위해'에 올린 글입니다. 생각 바꾸기가 불안 극복에 도움이 된 예입니다.

지하철

1년여 만에 처음 타 본 지하철(작년 이맘때 제일 친한 친구 결혼식을 못 갔습니다. 그분 때문에…). 작년에 비해서 많이 좋아졌고, 현재 인지 행동치료를 열심히 받고 있을 뿐만 아니라 짧은 거리였기에 당연히 괜찮을 것이라 생각하고 무심코 탄 그곳에서 어김없이 그분이 찾아왔습니다.

> '갑자기 가슴이 답답해지고, 숨이 막히고, 손발에서 땀이 나고, 뛰쳐나가고 싶은 충동. 한마디로 죽을 것 같은 느낌.'

어떻게 해야 되나. 순간적으로 많은 생각이 스쳐갔습니다. '그래 죽진 않아. 그건 검증이 된 거잖아. 지금까지 공황이 와서 죽은 사람 봤어? 못 봤지. 니가 뭐 특별하냐? 버티자.' 하지만 마음 한편으로는 슬퍼졌습니다. 이 많은 사람들은 아무렇지도 않게 일상으로 받아들이는 것이 왜 나에게는 이렇게 힘이 들까. 계속되는 고통, 그래서 여기에서 죽는 한이 있더라도 버티기로 결심했고 강남구청역까지 무사히(?) 도착했습니다.

선택

'그래, 지하철에서만 내리면 괜찮아질 거야. 어차피 공황은 소멸되는 거잖아.' 지하철에서 내리는 순간 버티기에 성공한 제 자신에게 기뻐해야 할 텐데 그렇지가 않았습니다. 계속되는 증상, 분명히 공황은 소멸된다고 들었는데 나만 이상한 건가. 더 힘들었고 그냥 쓰러져 눕고 싶었습니다. 그리고 또 다른 선택에 직면하게 되었습니다. 갈 때는 어떻게 해야 하지?

연우사랑 : 선생님, 제가 꼭 지하철을 타고 가야 되나요? 버스나 택시를 타고 가면 편히 갈 텐데 왜 그 고통 속으로 스스로 찾아가야 되나요? (당연히 말도 안 되는 소리임을 인정합니다. 하지만 당시에는 이 말을 하면서도 당당한(?) 느낌이었습니다.)

원장님 : 지하철을 타고 가십시오.
― 연우사랑 님은 왜 인지행동치료를 받고 있나요? 평생 지하철을 안 타면 되지 않나요? (직접 말씀은 안 하셨지만 이런 생각이었을 것이라고 감히 짐작해 봅니다.)

연우사랑 : 예…. (아! 난 이제 죽었다.)

생각 바꾸기

생각 바꾸기에 대해서 많은 생각을 해 봅니다. 연우 엄마는 항상 "당신은 생각이 문제다.", "제발 생각을 바꿔라." 때로는 타이르며, 때로는 눈물로 호소를 합니다.

'아니 그걸 누가 모르나?' 저는 제 마음을 몰라주는 연우 엄마가 가끔은 서운합니다.

생각 바꾸기라. 알 듯 모를 듯, 아직은 더 노력해야겠지요.

충격

원장님 : 연우사랑 님 아들이 어느 날 "아빠, 지하철을 못 타겠어요. 지하철을 타면 가슴이 답답하고, 숨이 막히고, 손발에서 땀이 나

고. 아빠 나는 평생 지하철을 안 타고 살래요."라고 하면 어떻게 하시겠어요?

충격이었습니다.

연우사랑 :

— 공황을 모른다면 : 야, 임마. 그게 무슨 소리야! 이런 바보야.

— 공황을 안다면(생각 바꾸기를 알기 전) : 생각하기 나름이다. 아예 무시하고 버텨라. 죽지 않는다.

— 실제 답변 : 아들아! 공황은 언제든지 너에게 올 수 있다. 감기도 예고하고 찾아오는 것이 아니잖니? 그것을 어떻게 받아들이느냐가 중요하단다. 더도 덜도 말고 그것만큼만 받아들이고, 그 정도만큼만 아파하거라. "아, 그거 아무것도 아니야. 분명히 극복할 수 있어." 이런 무책임한 얘기는 하지 않으마. 그 고통을 아빠인 나도 알고 있으니까.

자, 이제 실전이다. 오늘 지하철에서 공황을 만난다면 고통을 최소화할 수 있는 방법을 강구하거라. 너는 복식호흡법과 근육이완법을 배웠어. 그 방법을 다시 한 번 체크하고, 신문을 사서 거기에 집중해라. 분명한 최악의 상황은 공황을 만나는 것이다. 그 이상도 그 이하도 아님을 명심하거라.

눈치챘겠지만, 이건 내가 아들에게 한 가상의 대화가 아닙니다. 아들을 핑계 삼아 자기 자신에게 한 이야기지요. 순간적으로 감정이 북받치더군요. 원장 선생님의 "그것만큼만 받아들여라." 가슴에 깊이 와 닿았습니다.

42기 여러분께

원장 선생님의 과제를 늦었지만 올립니다. 저 솔직히 처음 봤습니다. 연우 엄마도 몰라주는(?) 제 얘기를 고개 끄덕이며 들어 주시는 분들, 항상 감사하게 생각합니다. 동기끼리 유대관계가 쌓일수록 치료효과가 훨씬 크다는 원장 선생님의 말씀을 실천하기 바라며 화이팅입니다. 아, 결론을 말씀 안 드렸네요. 어떻게 됐냐구요? 잘 왔습니다. 그분께서 피하시던데요. 하하하!

행동하기

노출의 중요성 1

어떤 상황이나 대상에 대해서 공포감을 가지고 있는 사람들은 간혹 이런 이야기를 합니다.

"노출을 하라고 해서 했는데 저는 소용이 없어요. 저에게는 학습의
능력이 없는 것 같아요. 오히려 더 절망스럽고 우울해져요."

두려워하는 상황에 노출했을 때 어떤 사람은 그 노출로 인해서 자신감을 가지고 다음부터는 그 상황을 피하지 않고 오히려 더 어려운 상황에 도전하게 됩니다. 예를 들어서 처음 운전을 배우고 도로로 나가게 되면 반대편에서 오는 차들이 두렵고 운전하는 것도 무섭지만 충분한 시간 동안 운전을 하고 나면 두려움도 줄게 되고 오히려 운전하

는 상황을 즐기게 되며 시간이 지나면서 좀 더 멀리까지 운전하고 싶은 마음까지 생기게 됩니다. 또 어떤 사람은 똑같은 상황에서 노출을 했음에도 더 위축되어서 다음부터는 아예 그런 상황에 대해서 노출할 엄두도 내지 못하고 전에는 두려워하지 않던 비슷한 상황에 대해서도 두려움을 가지게 되어 피하게 됩니다. 예를 들어 운전하려고 나갔는데 앞에서 오는 차와 부딪칠 것 같은 상황을 경험하고 크게 놀라서 운전을 포기하고 집에 돌아오면 다음에는 운전하고 싶은 마음이 없어지고 운전하려고 생각만 해도 또는 다른 사람이 운전하는 차만 타도 불안해져서 회피하는 행동으로 이어지게 됩니다.

어떤 차이가 있을까요?

앞의 상황은 둔감화되었다고 이야기할 수 있고 뒤의 상황은 민감화되었다고 이야기할 수 있습니다.

둔감화는 두려움을 줄여 줘서 자신감을 키우고 민감화는 두려움을 커지게 만들어서 예민함을 키우게 됩니다. 만약 두려운 대상이 있다고 해도 제대로 노출해서 둔감화만 가져올 수 있다면 더는 그 대상에 대해서 두려워할 이유가 없어질 것입니다. 결국 둔감화시킬 수 있는 방법을 아는 것은 두려움을 극복하는 가장 중요한 부분이라고 할 수 있습니다.

민감화와 둔감화에는 어떤 차이가 있을까요? 우선 내가 노출하는 동안에 감당할 수 있었던 자극이 왔는가 아니면 감당할 수 없었던 자극이 왔는가가 중요합니다. 운전을 하면서 '어, 생각했던 것보다는 무섭지 않네.' 하는 생각을 한 사람은 둔감화의 과정을 밟게 되는 것이고

'아, 역시 난 안 되는구나. 정말 죽을 뻔했다.'라고 생각하는 사람은 민감화의 과정을 밟게 되는 것입니다.

그렇다면 어떻게 노출을 해야 감당할 수 있는 자극으로 받아들여 둔감화를 통해 두려운 대상을 극복할 수 있게 될까요? 저는 둔감화가 되려면 세 가지가 반드시 필요하다고 생각합니다.

첫 번째는 대상을 피하지 말고 불안이 줄어들어서 안정될 때까지 노출하는 것입니다. 민감화를 가져오는 가장 많은 원인은 불안한 대상에 노출되었을 때 놀라서 너무 빨리 불안한 대상을 회피하는 것입니다. 공포의 대상을 회피하는 이유 중 하나는 두려운 대상에 노출되었을 때 회피하지 않으면 공포감이 계속 점점 더 커질 것 같고 너무 오래 지속되어서 감당하지 못할 것 같은 걱정입니다. 하지만 영원한 공포는 없습니다. 적응되지 않는 불안도 없습니다. 처음 두려운 대상에 노출되면 당황하고 겁을 내면서 불안감은 커질 것입니다. 상황에 따라서 다를 수 있지만 5분, 15분이 지나면 어느 정도 적응하는 부분이 생기게 됩니다. 기복은 있지만 30분 정도 지나면 불안의 강도는 많이 낮아지게 되고 1시간 정도 지나면 충분히 적응되어서 불안의 강도는 더 많이 낮아지게 됩니다. 오히려 불안했던 상황을 잊어버리고 전혀 다른 생각을 하게 될 수도 있습니다. 여러분의 경험을 생각해 보셔도 두려운 대상에 노출되기 전에 상상하면서 불안감은 커지지만 막상 두려운 상황이 되면 생각보다 그 공포나 불안이 오래 지속되지 않았을 것입니다. 그래서 공포증을 치료할 때는 단일 자극에 대해서는 90분 정도의 노출 치료 시간을 가집니다. 아무리 불안해도 90분 정도 지나면 대상에 대해서 충분히 적응되고 안정되기 때문에 막연한 두려움에서 벗어나 감당할 수 있다는 용기를 줄 수 있기 때문입니다.

사람들 앞에서 이야기를 할 때도 처음 이야기하기 전이나 이야기를 시작하고 5~15분 정도가 힘듭니다. 어느 정도 시간이 지나면 사람들의 얼굴도 보이고 내가 이야기하는 것에 대한 사람들의 반응도 보이며 여유를 가지고 이야기를 할 수 있게 됩니다. 끝날 때쯤에는 좀 더 잘할 수 있었는데 하는 아쉬움은 가질 수 있지만 평상시 상태와 별다르지 않은 감정상태로 돌아오는 것을 경험하게 됩니다.

이런 시간에 따른 불안의 코스를 생각할 때 노출 시 힘들어서 중간에 멈추거나 회피하는 것은 불안이 커지는 과정만 경험하고 그 이후에 불안이 안정되고 괜찮아지는 상황은 경험하지 못하는 것입니다. 불안은 예측하지 못할 때 더 큰 공포로 변한다고 했는데, 끝까지 해보지 않았기 때문에 회피한 상황 이후에 대해서 더 막연하게 재앙적으로 생각하게 됩니다. 그렇게 되면 그 상황은 정말 끔찍한 상황으로 기억될 수밖에 없고 다음에는 더 불안해져서 도저히 감당할 수 없는 것으로 인식하게 되고 피하고 싶어지는 것입니다.

끝까지 할 수 있어야 시간이 지나면서 좀 할 만하다는 생각도 할 수 있고 끝까지 해봤기 때문에 다음 상황에는 어떤 일이 일어날까 하는 막연함에서 벗어나서 예측할 수 있게 됩니다. 또 끝까지 해냈다는 생각은 자신감으로까지 이어질 수도 있습니다. 공포영화를 처음 볼 때는 언제 무서운 장면이 나타날까 하는 생각에 두려움을 가지고 보게 되지만 한 번 끝까지 보고 나면 다음 상황들을 예측할 수 있기 때문에 더 이상 처음처럼 두려워지지 않는 것과 같습니다.

둔감화가 되기 위한 두 번째 조건은 만족입니다. 아무리 잘 노출을 해도 스스로 만족하지 못하고 '또 망쳤어. 난 역시 문제가 많아.'라고 생각한다면 그 노출은 나에게 득이 되기보다는 해가 될 뿐입니다. 만족하지 못하면 잘 못한 것, 부정적인 기억만을 생각하게 되고 시간이 지나면서 노출 시 일부 있었던 부정적인 면이 마치 전체적으로 부정적인 면만 있었던 것처럼 여겨지고 부정적인 느낌의 강도도 시간이 지나면서 더 강했던 것으로 기억하게 됩니다. 다음에 할 때는 내가 감당하지 못할 것 같은 생각으로까지 이어질 수도 있고 자신감이 점점 줄어드는 경험을 하게 됩니다.

이렇게 만족을 하지 못하게 되는 데는 몇 가지 이유가 있습니다. 우선 자신이 생각하는 만족의 기준이 너무 높은 것이 문제입니다. 두 번째는 결과를 흑백으로만 판단하는 것입니다. 세 번째는 긍정적인 부분에는 초점을 맞추지 않는 것입니다.

만족의 기준이 높은 것과 결과를 흑백으로만 보는 것과는 어느 정도 연관이 있을 수 있습니다. 세상 어디에도 흑과 백만 있는 것은 없습니다. 항상 중간이 있고 회색이 있습니다. 그런데 사람들은 어떤 결과를 볼 때 잘했다와 잘 못했다의 두 가지 기준만으로 보는 경향이 있습니다. 특히 광장공포를 가진 사람들은 자신이 힘들어하는 상황에 노출될 때 잘해야 한다는 부담을 갖기 때문에 노출 후의 결과를 성공과 실패의 흑백논리로만 평가합니다. 중간에 잠시 몸에 긴장을 느꼈으면 이번에도 잘 못했다는 생각에 0점(실패)밖에는 되지 않는 것이고 중간에 당황해서 행동이 어색했으면 그 역시 0점이 되는 것입니다. 완벽하게 만족해야 100점(성공)이고 나머지는 90점도 0점이고, 80점도 0점이고, 70점도 0점이 되는 것입니다.

이렇게 흑백논리를 가지고 높은 만족의 기준을 갖는 이유에는 자신에 대한 열등감이 있습니다. '나는 공황장애 환자다. 나는 공황을 감당할 수 없다.'라는 생각을 하게 되면 공황이 오면 안 되기 때문에 절대로 불안하면 안 된다는 강박적인 부담을 가지게 됩니다. 노출 시에도 절대로 불안하거나 신체반응을 보여서는 안 된다는 높은 평가 기준을 가지게 됩니다. 그런데 불안한 대상에 노출하면서 불안하거나 신체반응이 없을 수 없기 때문에 조금이라도 그런 증상을 경험하면 흑백논리에 빠져서 '난 역시 공황장애 환자이고 지금 이 상황에 대한 두려움에서 벗어날 수 없어.'라는 생각에 또 빠지게 되는 것입니다.

상황을 판단할 때는 객관적인 평가 기준이 필요합니다. 객관적이려면 평가 방법도 다양해야 합니다. 한 가지 기준으로 잘했다 못했다가 아니라 이런 부분은 50점을 줄 수 있고, 이런 점은 80점을 줄 수 있으며, 이런 점은 90점을 줄 수 있다로 다양하게 평가해야 합니다. 이렇게 평가를 해도 너무 엄격하게 평가하거나 기준이 너무 높아서 최소한 90점은 되어야 한다고 생각한다면 그 또한 만족을 하기에는 어려운 상황이 될 수 있습니다.

도쿠가와 이에야스, 도요토미 히데요시가 활동했던 일본 전국시대의 유명한 장군인 다케다 신겐은 이런 이야기를 했습니다.

전투에서는 5부의 승리를 최상으로 하고 7부를 중간으로 하며 10부를 최하로 한다. 5부는 탄력을 낳고 7부는 게으름을 낳으며 10부는 오만을 낳기 때문이다.

어떤 일을 함에 있어서 50점을 목표로 하거나 전보다 50% 정도만 향상되기를 바라면서 노출을 한다면 우리는 얼마든지 희망을 볼 수 있고 만족도 느낄 수 있을 것입니다. 그리고 이렇게 만족을 하려면 긍정적인 면에 대한 분명한 평가도 필요합니다. 못한 부분을 가지고 평가하는 것이 아니라 전보다 나아진 점을 가지고 긍정적인 면에 초점을 맞추어 평가해야 한다는 말입니다. 일단 하려고 시도를 했다면 최소한 50점은 기본으로 줘야 한다고 생각합니다. 하려고 했던 일을 끝냈다면 어떤 과정이 있었든 80점 이상은 줄 수 있을 것입니다. 이렇게 긍정적인 면에 초점을 맞추면 노출이 진행되면서 점점 더 만족스러운 자신을 볼 수 있게 될 것입니다.

물론 노출 시에 어떤 문제가 있었는데도 무조건 긍정적인 면만 생각하라는 것은 아닙니다. 만약 노출을 끝까지 못했다면 그것은 내 문제를 파악할 수 있는 좋은 기회가 될 수 있습니다. 문제가 있으면 문제를 받아들이고 그 문제에 대해서 어떻게 대처할 수 있을지 생각해야 합니다. 그리고 그 대처방법을 실제로 다음 노출 시에 적용해야 합니다. 긍정적으로 생각하는 것이 있는 문제를 외면하고 무조건 잘될 거라고 생각하는 것은 아닙니다. 문제가 있다면 문제점을 파악하고 대처할 수 있는 방법을 찾아서 행동으로 변화를 주는 것이 긍정적인 생각입니다.

노출을 할 때 중요한 세 번째는 반복하는 것입니다. 아무리 충분한 시간 동안 잘 노출하고 스스로 만족할 수 있어도 그것을 한 번만 하고

224

말게 되면 극복했다고 볼 수 없고 둔감화되었다고도 볼 수 없습니다. 노출을 하기 전에 상당한 기간 동안 불편했고 불안했던 것이기 때문에 우리 몸은 불편과 불안에 익숙해 있고 습관화되어 있습니다. 그런 익숙함이나 습관이 단 한 번으로 변화되기는 어렵습니다. 반복해서 노출을 하고 극복하게 될 때 습관은 변화되고 불안요소도 자연스럽게 줄어들게 되는 것입니다.

어떤 상황이든 우리가 완전히 극복하려면 다양한 상황을 경험해 봐야 합니다. 갑자기 나타날 수 있는 돌발 상황까지도 대처할 수 있어야 극복이라는 단어를 쓸 수 있습니다. 그렇게 되려면 한두 번의 노출로는 부족할 수밖에 없습니다. 반복적으로 노출을 시도해야 하는 것입니다.

여러분도 그동안 불안을 극복하기 위해서, 두려움을 극복하기 위해서 많이 노력했을 것입니다. 어떨 때는 실망도 하고 어떨 때는 만족감도 얻었을 것입니다. 그렇다면 한번 생각해 보시기 바랍니다. 나는 그동안 노출을 하면서 충분한 시간 동안 끝까지 한 적이 있었는지, 또 내가 한 것에 대해서 만족을 하고 있었는지, 그것에 반복해서 노출하고 있었는지. 만약 그렇게 하지 못했다면 지금부터 이 세 가지를 유념하면서 노출하기 바랍니다.

1. 불안의 강도가 줄어들어서 변화되지 않고 안정될 때까지 충분한 시간 노출하라.

2. 노출 후에 긍정적인 면을 생각해서 스스로를 칭찬하라. 잘못된 문제가 있다면 찾아내서 준비하고 다시 노출하라.

3. 노출을 반복하라.

노출의 중요성 2

공황장애란 공황에 대한 두려움을 가지는 것이라고 했습니다. 두려움을 극복한다는 것은 어떻게 보면 더 이상 공황장애가 존재하지 않는 것이라고 말할 수 있습니다. 그러면 두려움을 극복하기 위해서는 어떻게 해야 할까요? 먼저 필요한 것은 내가 두려워하는 대상이 도대체 어떤 것인가에 대해서 정확하게 아는 것일 것입니다. 두 번째는 그 대상에 대해서 어떻게 대처해야 할지 실질적인 방법을 아는 것입니다.

하지만 두려운 대상이 어떤 것인지 정확하게 알아서 대처할 수 있다고 해도 실제로 그 대상을 경험해 보지 않으면 아무런 소용이 없습니다. 그래서 두려움을 극복하는 데 가장 중요한 것은 실제로 부딪쳐서 극복하는 경험을 해 보는 것이라고 할 수 있습니다.

"움직이지 않으면 아무 일도 일어나지 않는다." 아이슈타인이 한 말입니다. 아무리 많은 생각을 하고 연습을 해도 실제로 내가 움직이지 않으면 아무 일도 일어나지 않습니다. '난 두렵지 않아. 난 할 수 있어.' 라고 생각을 해도 실제 해보지 않으면 두려움을 극복했다고 할 수 없고 실제로 할 수 있다고도 할 수 없는 것입니다. 저는 환자들에게 제가 인지행동치료자이기 때문에 여러분의 생각을 바꾸려고 노력하지만 진짜 치료 목표는 행동을 변화시키는 것이라고 이야기합니다. 행동의 변화를 보이지 않는 생각은 변화된 생각이라고 할 수 없습니다. 일시적으로 바뀐 듯하지만 시간이 지나면 원래 그 생각으로 다시 돌아가게 됩니다.

공황장애나 불안장애에서도 극복에 가장 중요한 것은 무섭지 않다고 생각하는 것이 아니라 두려워하는 대상이나 상황에 실제로 노출하고 극복하는 과정을 통해 자신감을 갖게 되는 것입니다.

노출치료의 중요성을 강조하는 이유가 여기에 있습니다.

그렇다면 노출을 위해서 우리는 무엇을 준비하고 생각해야 할까요? 앞에서 노출을 할 때는 세 가지가 필요하다고 했습니다. 첫 번째는 끝까지 해보는 것, 즉 충분한 시간을 노출하는 것이고, 두 번째는 만족하고 스스로를 칭찬하는 것이며, 세 번째는 반복하는 것이라고 이야기했습니다.

여기에 덧붙여서 노출하기 전에 필요한 몇 가지에 대해서 이야기하려고 합니다.

대상을 정확하게 알기

첫 번째는 노출하기 전에 노출할 대상에 대해서 정확하게 알고 스스로 준비가 되어 있는지를 아는 것입니다. 두려운 대상에 대해서 아무런 준비를 하지 않고 노출을 하는 것은 요행을 바라는 것과 같습니다. 호랑이를 잡으러 가는데 막연하게 '잡을 수 있겠지.'라는 생각만으로 그냥 맨몸으로 호랑이를 잡으러 가면 잡기는커녕 잡아먹힐 수밖에 없습니다.

호랑이를 잡기 위해서는 호랑이가 어떤 동물인지, 어떤 습성을 가지고 있는지, 얼마나 포악해질 수 있는지, 뭐에 약한지를 잘 알아야 하고 그런 호랑이를 잡기 위해서 자신이 어떤 무기를 쓰고 위기 상황에서는 어떤 대처를 해야 하는지 충분히 대비해야 합니다.

마찬가지로 우리가 두려워하는 공황이나 광장공포의 대상에 대해서 노출을 할 때는 그 대상이 어떤지 충분히 연구하고 공부해야 합니다. 공황장애가 무엇인지, 공황이 무엇인지, 그런 불편한 신체증상들은 왜 나타나는지, 그래서 어떻게 될 수 있는지를 알아야 하고 공황이 오면 어떻게 대처할 수 있는지, 그 상황에서 내가 준비하고 또 필요한 것이 무엇인지, 최악의 경우에는 내가 어떻게 할 것인지를 미리 생각하고 준비해야 합니다.

어떤 자극이 공황을 유발할 수 있고 어떤 상황을 회피하게 되는지 정확하게 파악하고 그 상황이 나에게 어떤 의미로 작용하기 때문에 불안하고 회피하게 되는지도 알아야 합니다.

예를 들어 지하철이 두려워서 회피하고 있다면 그 상황이 나에게 어떤 의미를 주는지 알아야 합니다. 밀폐된 공간이라는 것이 나를 두렵게 하는 것인지, 지하철 사고에 대한 생각이 나를 불안하게 만드는 것인지, 사람들 앞에서 공황이 오거나 불안해질 때 사람들이 나를 어떻게 볼지가 걱정되는 것인지 정확하게 파악하고 있어야 합니다. 그리고 그런 생각을 어떻게 변화시켜서 그 상황을 극복할지도 생각하고 있어야 합니다.

노출하기 전에 준비가 되어 있는지 점검하기 위해서 다음과 같은 질문을 스스로에게 해 보기 바랍니다.

1. 나는 지금 내가 무엇을 노출하려는지 또 노출하려는 대상이 어떤 것인지 잘 알고 있는가?

2. 노출하려는 상황은 어떤 의미로 다가오는가? 왜 내가 이 상황을 두려워하는지 알고 있고 그 생각을 변화시킬 준비가 되어 있는가?

3. 나는 지금 노출하려는 대상에 대해서 어떻게 대처할 수 있는지 준비가 되어 있는가?

4. 최악의 상황은 어떤 것인가? 난 그 상황을 대처할 수 있는가?

질문에 "예."라고 대답하셨다면 이제 당신은 노출할 준비가 된 것입니다. 만약 "아니요."라고 대답하게 되는 항목이 있다면 아직 노출할 준비가 더 필요한 것입니다. 먼저 그 질문에 대답을 "예."라고 할 수 있도록 준비하기 바랍니다.

명확한 목표 세우기

두 번째는 목표를 명확하게 하는 것입니다. 노출을 하는 데 있어서 제대로 된 목표만큼 중요한 것은 없습니다. 막연한 목표는 막연한 성과밖에는 가져오시 못하게 되고 막연한 성과는 결코 자신감이나 만족감으로 이어지지 못합니다.

무슨 일이든 일에는 순서가 있습니다. 제대로 된 목표를 세우는 것은 일을 시작하기 전에 반드시 해야 하는 중요한 일입니다. 목표 없이 어떤 일을 한다는 것은 먼 항해를 떠나면서 나침반, 지도도 없이 파도에 자신의 몸을 맡기는 것과 같습니다. 파도에 흘러 어디에 당도해도 자신이 어디에 있는지 정확히 알지 못하고 앞으로 어디로 가야 할지도 모르게 됩니다.

목표를 세우는 데 중요한 것은 무엇일까요? 우선 전체적인 밑그림을 그리는 것이 필요합니다. 장기적인 목표와 단기적인 목표를 생각해야 합니다. 어느 한 가지만 있어서 되는 것이 아니라 지금 내가 하려는 것의 장기적인 목표와 단기적인 목표를 함께 생각해야 합니다. 밀폐된 공간에 대한 두려움으로 비행기를 못 타고 있어서 비행기 타는 것을 노출 대상으로 생각하는 사람이 있다고 가정해 봅시다. 이 사람의 장기적인 목표는 폐쇄된 공간을 두려워하지 않는 것입니다. 어떤 상황에서든 폐쇄된 공간에 대한 두려움으로 그 상황을 회피하지 않는 것이 장기적인 목표가 될 것입니다. 다음의 장기적인 목표는 역시 비행기를 탈 수 있는 것이 될 것입니다. 미국이나 유럽과 같은 장거리 여행이 좀 더 구체적인 장기적인 목표가 될 것입니다. 이렇게 장기적인 목표를 세운 다음에는 그 장기적인 목표를 위한 실질적이고 구체적이며 단기적인 목표가 단계별로 세워져야 하고 자신의 상황에 맞게 현실적으로 세세한 계획이 필요합니다. 지하철이나 버스 등과 같은 곳에 대해서도 회피하는 사람이라면 우선 짧은 구간의 지하철이나 버스를 통해서 노출을 시작해야 할 것입니다. 비행기를 노출할 때도 갑자기 장거리 여행을 하는 것이 아니라 시간대별로 노출의 강도를 구체적으로 높여 가는 계획을 세워야 할 것입니다. 상황적으로도 단순하게 비행기를 탄다가 아니라 누구와 함께 어떤 계절, 어느 시간대에 타는지에 대해서도 단계적으로 생각할 수 있어야 합니다.

두 번째로 중요한 것은 목표가 실현 가능한 것이어야 한다는 것입니다. 단기적인 목표는 지금 현재 내 상황에서 가능한 것이어야 하고 장기적인 목표도 언젠가는 할 수 있는 실현 가능한 것이어야 합니다. 현재 혼자 밖에 나가지도 못하면서 혼자서 해외여행을 하는 것이 단기적인 목표가 되어서는 안 되고, 불안이나 스트레스 없이 사는 것이 현실적으로 불가능한데도 평생 불안이나 신체적 불편함 또는 스트레스 없는 삶을 사는 것이 장기적인 목표가 되어서도 안 됩니다.

세 번째로, 목표는 평가 가능하고 조절 가능한 것이어야 합니다. 우리는 상황, 생각, 감정, 신체반응을 완전하게 조절하지 못하고 완벽하게 평가하지도 못합니다. 주관적인 판단으로 나름대로 평가는 하지만 그 평가가 객관적이지 못하고 항상 일정한 기준을 가지지도 못합니다. 또 그 발생을 스스로가 조절하지 못합니다. 자신도 모르게 불안해지는 것이지 스스로가 원해서 불안해지는 것은 아닙니다. 자신도 모르게 위험하게 부정적으로 생각하는 것이지 내가 원해서 의도를 가지고 생각하지는 않습니다. 물론 그 생각이 의식으로 올라와서 생각하게 된 후에는 일정 부분 조절할 수도 있습니다. 하지만 그 생각을 완전하게 통제하지는 못합니다.

통제할 수 있는 것은 스스로가 하게 되는 행동뿐입니다. 또 행동은 얼마든지 일정한 기준으로 평가하는 것도 가능합니다. 그래서 노출 시 목표를 세울 때 생각이나 감정에 대해 목표를 세우는 것이 아니라 행동에 초점을 맞추어서 목표를 세워야 합니다.

예를 들어 지하철을 타려는 노출 훈련을 할 때 불안하지 않을 것이라는 목표나 답답함을 느끼지 않을 것이라는 목표, 자제력을 잃을 것 같다는 생각을 안 하겠다는 목표는 의미가 없습니다. 어떻게 보면 불안해지지 않고 답답해지지 않고 불편한 생각을 하지 않을 노출이라면 그렇게 시간을 내서 노출 훈련을 통해 극복할 이유도 없을 것입니다. 목표는 행동에 초점을 맞추어야 합니다. 불안하든 그렇지 않든 간에 자신이 원하는 곳까지 가는 행동에 초점이 맞추어져야 하고 불안했을 때 자신이 하려던 대처방법을 사용했는지 안 했는지를 평가해야 할 것입니다. 노출치료를 잘 하고 나서도 그 결과가 자신감으로 이어지지 못하는 많은 경우 평가하는 사람이 자신이 하지 못했던 행동을 했다는 것에 초점을 맞추기보다는 그 과정에 있었던 어떤 감정이나 신체반응, 생각을 가지고 노출 훈련을 평가하기 때문입니다.

노출할 준비가 되었다면 먼저 조절 가능하고 평가 가능한 명확한 목표를 정해 보기 바랍니다.

1. 노출 훈련을 시작하면서 여러분이 장기적으로 가진 목표는 무엇인가요?

2. 그 장기적인 목표를 위해서 지금 단기적으로 해야 할 목표는 무엇인가요? 세분해서 목표를 세우기 바랍니다. 점진적으로 하기 힘든 목표를 세워 보도록 하세요.

   ● 1단계 _____
   ● 2단계 _____
   ● 3단계 _____

3. 이번 노출을 하면서 여러분의 평가 대상은 무엇인가요? 객관적으로 평가할 수 있도록 써 보기 바랍니다(행동 중심으로).

불편함 받아들이기

노출 훈련을 준비하면서 세 번째로 중요한 것은 불편함을 받아들이려는 자세를 가지는 것입니다. 여러분이 노출치료를 하려는 상황은 어떤 상황인가요? 왜 여러분은 그렇게 힘들어하고 회피하고 있나요? 여러분이 노출 훈련을 하려는 상황은 아무렇지도 않고 불편하지 않은 상황들이 아닙니다. 힘들고 고통스러운 상황이라서 그동안 그렇게 회피했던 상황입니다.

환자들 중에는 그런 불편한 상황을 노출하는 데 아무렇지도 않기를 바라는 사람들이 많습니다. 불안하지도 않고 신체적으로 불편하지도 않아야 된다는 생각을 하고 단번에 아무런 문제 없이 노출한 뒤에 극복해야 한다고 생각하는 경우가 많이 있습니다. 그래서 노출하고 나서 조금만 불편해도 좌절하고 겁내고 자책하게 되는 경우가 많습니다.

요리를 한다고 가정을 해 봅시다. 요리를 하면서 손에 물을 묻히지 않을 수 있을까요? 요리를 하면서 항상 맛있는 음식만을 만들 수 있을까요? 좋은 요리사가 되려면 손에 물 묻히는 것, 옷에 음식이 묻어서 더러워지는 것을 두려워해서는 안 됩니다. 요리를 망치는 것을 두려워하고 실수를 안 하려고만 해서도 안 될 것입니다. 오히려 많은 실패를 통해서 배우고 기술을 갈고 닦아서 더 좋은 요리사가 되려고 해야 할 것입니다.

노출 훈련도 그렇습니다. 노출을 하게 되면 당연하게 따라오는 것이 불안, 신체적인 반응, 부정적인 생각입니다. 물론 시간이 지나서 많이 극복하게 되면 그런 점들은 점점 줄어들게 될 것입니다. 초보 요리사는 물을 많이 묻히고 실수도 많이 하지만 숙달된 요리사는 깔끔하게 실수 없이 잘하게 되는 것과 같습니다. 노출하면서 불편해지는 것을 감수하고 받아들이려고 해야 합니다. 피하려고 하는 것은 오히려 더 쉽게 좌절감이나 패배감을 가져오게 만듭니다. 실수나 시행착오도 두려워해서는 안 됩니다. 포기하지 않으면 실패는 없습니다. 극복하는 과정 중의 일부일 뿐입니다.

저는 실수나 시행착오는 자신의 취약점을 알게 해 주고 내 문제를 정확하게 파악하게 해 주는 고마운 과정이라고 생각합니다. 우리는 실패를 통해서 배우지 성공을 통해서 배우지는 못합니다. 성공은 내가 알고 있던 것을 확인하는 것에 불과합니다. 하지만 실패는 내가 모르고 있던 것을 알게 해 주고 내가 무엇을 해야 할지도 알려 주게 됩니다.

지금 여러분이 노출을 계획하고 있다면 먼저 불편함을 받아들일 준비를 하고 실패를 할 때는 그 실패를 통해서 배우겠다는 적극적인 자세를 가지기 바랍니다. 노출할 때 아무 문제없이 성공해야 한다는 강박적인 부담이 많이 줄게 될 것이고 노출을 하면서 무엇을 해야 할지 알게 될 것입니다. 잘 안 되었을 때도 좌절감보다는 무엇이 문제였고 극복하기 위해 어떻게 해야 하는지 생각하게 될 것입니다.

Tip!

효과적인 노출을 위한 방법

● 장기적 목표와 단기적 목표를 구체화합니다.

● 노출 대상을 명확하게 하고 대처법을 찾아보세요.

● 노출 시 최악의 상황을 확인하고 준비해야 합니다.

● 노출 시 불편함을 받아들여야 합니다.

● 노출 후 행동에 초점을 맞추어서 객관적으로 평가합니다.

● 노출 후 문제를 파악하고 다음 노출을 준비해야 합니다.

칭찬은 공황도
극복하게 한다

『칭찬은 고래도 춤추게 한다』는 책이 있습니다. 켄 블랜차드가 샌디에이고의 시월드 해양관에서 범고래 '샴'의 쇼를 보고 고래의 훈련 과정을 인간관계에 적용해서 쓴 책입니다.

사람들은 누구나 칭찬이 얼마나 강력한 힘을 가지고 있는지 알고 있습니다. 하지만 실제로 실생활에서 주변사람들이나 자신에게 그 힘을 사용하지 못하는 경우가 많습니다. 칭찬에 대해서 이야기하면 그것은 이상적인 것이라고 이야기하고 현실에서는 매가 더 필요하다고 이야기하기도 합니다. 칭찬이 좋은 영향을 주는 것은 알지만 어떻게 해야 하는지 모르겠다고 말씀하시는 분들도 많습니다.

『칭찬은 고래도 춤추게 한다』는 범고래를 조련하는 조련사의 행동을 통해서 칭찬이 가진 긍정적인 영향과 칭찬을 어떻게 해야 하는지에 대해 이야기하고 있습니다. 칭찬이 고래를 어떻게 변화시키는지를 보여주고 있는 것이지요. 공황장애를 극복하는 과정도 어떻게 보면 변화의 과정입니다. 공황장애 때문에 행동에 제약을 받는 것을 회피하지 않고 두려워하지 않게 해서 행동에 제약을 가지지 않게 변화시키는 것입니다. 변화의 과정에서 칭찬은 고래나 사람이나 아주 중요한 영향을 줍니다.

칭찬의 힘에 대해서 잠시 책의 내용을 볼까요? 여러분이라면 길이가 7~10미터가 되고 6~10톤인 큰 고래를 어떻게 해서 물 위 높은 곳에 있는 줄을 뛰어넘게 할 수 있겠습니까? 이미 책 제목에 힌트는 있습니다. 한번 생각해 보세요.

치료 중에 환자들에게 이렇게 질문하면 환자들은 먹이를 공중에 매달아 놓는다거나 또 다른 고래가 뛰어넘는 것을 보여 준다고 대답하곤 합니다. 그냥 막연하게 칭찬한다고만 이야기를 하는 사람들도 있습니다. 책의 내용을 보면 사람보다 몇십 배 큰 범고래를 조련사의 말 한마디에 높이 매달려 있는 줄 위로 뛰어오르게 하는 것은 먹이도, 조련사의 채찍도 아닙니다. 고래에 대한 지속적인 관심과 칭찬입니다. 그리고 더 중요한 것은 이런 관심과 칭찬을 어떻게 주는가라고 이 책은 이야기하고 있습니다.

조련사들은 이렇게 한다고 합니다. 먼저 고래가 살고 있는 수족관의 중간쯤 되는 깊이에 줄을 하나 매달아 놓습니다. 그리고 고래가 자유롭게 놀게 놔두는 거죠. 조련사는 고래가 놀고 있는 것을 보다가 줄 위로 움직이면 관심을 보인다고 합니다. 먹이도 주고 박수도 쳐 주고 관심을 보여 주는 것이지요. 그런데 반대로 줄 밑으로 지나갈 때는 전혀 관심을 보이지 않는다고 합니다. 이렇게 반복하다 보면 고래도 영민한 동물이라 '아, 줄 위로 가야 먹이도 주고 관심도 주는구나.' 하고 알아차리게 된다고 합니다. 그리고 고래가 알게 되면 행동에 변화가 생기니까 조련사도 알게 됩니다. 그럼 그때부터 줄을 조금씩 올리기 시작한다고 합니다. 하지만 이런 과정은 한순간에 이루어지는 것이 아니라 오랜 시간을 공유하면서 이루어지며 이런 칭찬과 관심의 과정을 통해서 조련사와 고래는 친해지고 좋은 관계가 형성됩니다. 그러다 보면 어느 순간부터는 조련사의 신호나 말에 따라서 고래는 움직이게 되고 공중에 걸린 줄 위로도 뛰어오를 수 있다는 것입니다.

이 이야기는 칭찬을 하는 것이 중요하지만 어떻게 해야 하는지에 대해서도 이야기하고 있습니다. 조련사가 칭찬하는 과정을 보면 우선 고래에게 뭔가를 요구한 것이 아니라 고래가 현재 하고 있는 행동 중 긍정적인 면에 초점을 맞추었습니다. 처음부터 고래에게 공중으로 뛰어오르라고 한 것이 아니라 고래의 행동 중에 원하는 행동에 초점을 맞추었습니다. 두 번째는 오랜 시간을 가지고 칭찬과 관심을 통해서 관계를 형성했습니다. 그리고 문제를 지적하기보다는 긍정적인 강화를 통해서 행동을 변화시켰습니다.

이런 칭찬의 방법은 모든 경우에 적용될 수 있습니다. 그래서 나는 동기 부여나 동기 유지를 위해서 칭찬을 할 때 다음과 같이 해야 한다고 이야기합니다. 첫째, 칭찬을 하려면 칭찬할 대상을 잘 관찰해야 합니다. 현 상태에서 그 사람이 어떻게 하고 있는가를 보고 그 안에서 어떤 긍정적인 면을 가지고 있는지를 아는 것이 우선 중요합니다. 그 사람에게 생소한 것을 시키고 칭찬하는 것은 일시적인 동기를 부여할 수는 있지만 지속적인 동기 부여는 되지 못합니다. 예를 들어 아이에게 책을 읽게 하고 싶을 때 "네가 책 열 권을 읽으면 만 원을 줄게." 하는 것은 아이에게 일시적으로 동기를 부여할 수는 있지만 만 원을 얻고 난 후에는 책에 대한 동기 부여가 유지되기 어렵습니다. 하지만 아이가 책을 열심히 읽었을 때 칭찬과 함께 상을 준다면 아이는 자신이 좋아하는 책을 읽으니까 이런 긍정적인 효과도 생기는구나 하는 내적 동기가 강화되어 상을 받은 후에도 지속적으로 책에 대한 관심을 유지하게 됩니다.

두 번째로 칭찬받은 이유가 명확해야 합니다. 내가 무엇을 해서 칭찬받았는지 모르면 아무리 칭찬받아도 어떤 행동이 강화되지 않습니다. 고래는 칭찬받은 이유가 아주 단순했습니다. 줄 위로 올라가기만 하면 되는 것이었습니다. 칭찬하는 사람의 의도를 명확하게 알 수 있었기 때문에 칭찬은 효과가 있었던 것입니다. 노출할 때도 마찬가지입니다. 내가 왜 잘했는지 구체적으로 평가하고 칭찬해 주어야 자신감으로 이어질 수 있습니다. 앞서 평가할 때는 노출 과정에서 경험한 감정이나 생각, 신체반응이 아니라 행동에 초점을 맞추어야 한다고 했습니다. 노출하기 전에 나는 이런 행동적인 목표를 세웠고 노출하면서 나는 이렇게 행동했기 때문에 잘한 것이고 만족할 수 있다고 말할 수 있는 것이 도움이 됩니다.

세 번째, 기다려 주어야 합니다. 의미 없는 사람에게서 받는 칭찬은 오래가지 못합니다. 자신이 중요하게 여기는 사람에게서 받는 칭찬이 사람의 마음을 변화시킬 수 있습니다. 관심과 칭찬을 유지하면서 그 사람과의 관계를 건강하게 유지해 나가는 것이 중요합니다. 관계가 충분히 형성된 후에 하게 되는 칭찬은 그 사람 마음 깊은 곳에서 변화를 가져오게 만듭니다.

네 번째, 상대가 원하는 보상을 주어야 합니다. 나는 칭찬을 했다고 생각하고 관심을 주었다고 생각하는데 칭찬받는 사람은 모르고 있거나 오히려 상처를 받게 된다면 그 칭찬은 전혀 도움이 되지 못할 것입니다. 고래에게 고래가 좋아하는 음식을 보상으로 주어야지 인간이 좋아하는 것을 보상으로 준다면 고래는 그 보상을 칭찬으로 생각할 수 없고 오히려 반감이 생길 수 있을 것입니다.

나는 칭찬에 대한 이야기를 환자들에게 자주 합니다. 특히 노출 훈련을 시작할 때 이 이야기를 합니다. 많은 사람들이 불안한 대상에 대해서 노출할 때 걱정하곤 합니다. 불안하면 어떻게 하나, 더 나빠지면 어떻게 하나, 지금까지 한 노력이 엉망이 되면 어떻게 하나. 그럴 때 환자들에게 자신에 대해서 좋은 엄마, 좋은 선생님이 되라고 말합니다. 좋은 엄마, 좋은 선생님은 아이를 믿어 주고 긍정적인 면을 칭찬해 줄 수 있는 엄마, 선생님입니다. 잘못된 것을 지적하고 혼만 내는 선생님이나 부모는 아이의 행동을 통제할 수는 있지만 긍정적으로 이끌지는 못합니다.

범고래를 조련한 조련사가 줄 밑으로 가는 것을 혼내고 지적하는 것으로 조련을 한다면 고래는 수족관 안에서 줄 밑으로 내려가지 않게 통제될 수는 있을 것입니다. 하지만 결코 수면 위를 나와서 높은 곳에 걸린 줄 위를 넘지는 못하게 될 것입니다.

노출하게 되면, 뭔가에 직면하게 되면 완벽하게 해낼 수는 없습니다. 당연히 부정적인 요소도 있고 긍정적인 요소도 있게 됩니다. 하기 전에 불안했다는 생각을 하게 되거나 몇 번 머뭇거리거나 순간적으로 부정적인 생각에 빠지거나 중도에 멈출 수도 있습니다. 하지만 이런 것에 초점을 맞추고 자신을 원망하는 것은 고래가 줄 밑으로 지나갈 때 혼만 내서 조련하는 것과 같습니다.

불안했지만 그래도 끝까지 할 수 있었다는 것, 전보다는 망설이는 시간이 줄었다는 것, 불안해도 응급실에는 가지 않았다는 것, 중간에 포기했어도 일단 시작은 했다는 것 등 긍정적인 요소를 찾아서 스스로를 인정하고 칭찬해 줄 수 있어야 합니다. 일단 그동안 못하고 있던 것을 시도했다는 것 자체가 충분히 칭찬할 만한 대상입니다.

우리는 단 한 번 직면해서 완벽하게 성공할 수는 없습니다. 고래가 한 번 줄 위로 올라갔다고 해서 매번 물 위의 줄을 넘지 못하는 것처럼 우리는 수많은 실수와 시행착오를 경험해야 합니다. 그런데 이때 긍정적인 면을 보지 못하고 칭찬하지 못한다면 우리는 불안에 지배될 수밖에 없을 것입니다. 불안에서 벗어나려면, 불안을 통제하려면 우리는 우리의 긍정적인 면을 볼 수 있어야 하고 스스로 칭찬할 수도 있어야 합니다.

자, 이제 시작해 보기 바랍니다. 그리고 스스로에게 좋은 엄마, 좋은 선생님이 되기 바랍니다. 칭찬을 하면 공황도 극복하게 됩니다.

믿음의 힘

공황장애를 가진 사람들은 사람들이 많은 곳에 가지 못할 때가 종종 있습니다. 불안하거나 공황이 왔을 때 사람들에게 보여지는 모습을 걱정하는 분들입니다. 불편한 모습을 보여주는 것 자체를 자존심 상해하기도 하고 불안해하거나 공황이 온 모습을 보면 이상한 사람 취급할 것을 걱정하기도 합니다. 공황장애인 것을 알게 되면 사람들이 자신을 멀리할 거라고 걱정하는 분들도 많습니다.

왜 이런 생각들을 하게 될까요? 그건 사람들을 믿지 못하기 때문일 것입니다. 집이나 가족들 앞에서 공황이 오는 것은 괜찮은데 다른 사람들 앞에만 가면 힘들다는 것은 결국 가족들은 내가 실수를 해도 또는 불편한 모습을 보여 주어도 나에 대한 생각이 변하지 않을 것이라는 믿음을 가지고 있지만 다른 사람들은 내가 조금만 실수해도 나를 부정적으로 평가하고 비웃을 것이라고 생각하고 그래서 나를 떠나게 될 것이라고 생각할 만큼 그들을 믿지 못하기 때문입니다.

어린 시절을 한번 생각해 볼까요. 초등학교 5학년 교실입니다. 한 여자아이가 책을 읽다가 더듬었습니다. 아이는 낭황해서 책을 끝까지 읽지 못했습니다. 앞에 있던 악동 남자아이가 놀립니다. 얼레리 꼴레리. 놀림을 받은 아이는 얼굴이 빨개져서 울면서 밖으로 나갑니다. 이 모습을 본 옆에 앉아 있던 다른 친구가 놀린 남자아이를 나무랍니다. 다른 여자아이들도 한마디씩 합니다.

만약 이런 경우 여러분이 선생님으로 옆에서 이 장면을 보고 있다면 뭐라고 하시겠습니까? 아마 다른 친구의 실수를 놀린 아이를 혼내줄 것입니다. 그리고 유치한 장난 그만하라고, 이제 너도 고학년이라고, 어린애 같은 장난은 그만하라고 야단을 치지 않을까요?

다시 그 장면에서 여러분은 어릴 때 어떤 아이에 속했나요? 놀리던 아이? 책을 읽다가 더듬은 아이? 친구를 두둔한 아이? 함께 놀린 아이를 비난했던 아이? 지금은 어떤가요? 지금 이 순간 당신이 속한 곳에서 누군가 글을 읽다가 실수로 당황했고 끝까지 읽지 못했다면 당신은 어떤 모습으로 그 장면을 볼까요? 실수한 사람을 놀릴까요? 한심한 사람이라고 욕할까요?

누군가 옆에서 공황이 온 것처럼 불안해하는 사람을 보면 어떨까요? 지하철 안에서 땀을 흘리고 숨을 몰아쉬고 힘들어하는 누군가를 보게 된다면 당신은 어떨까요? 아마 여러분은 놀리는 사람보다는 실수한 사람을 위로하고 놀리는 사람을 나무라는 사람이 되지 않을까요? 힘들어하는 사람에게서 도망치기보다는 어디가 아픈지 물어보고, 자리에 앉아 있었다면 자리를 양보하는 사람이 되지 않을까요? 대부분의 사람들은 성인이 되면서 유치함에서 벗어나게 됩니다. 다른 사람이 힘들어하면 안타까워하고 다른 사람의 문제를 감추어 주려고 합니다.

물론 모든 사람이 그렇지는 않습니다. 다른 사람 이야기하기를 좋아하는 사람도 있습니다. 하지만 그런 사람은 일부이고 어린아이의 유치한 마음을 성인이 되어서도 가지고 있는 사람일 뿐입니다. 그리고 그런 사람들을 대부분의 사람들은 유치하다고 멀리하고 좋아하지 않습니다.

측은지심은 남을 불쌍하게 여기는 타고난 착한 마음을 이르는 말입니다. 맹자는 측은지심이 없는 것은 사람이 아니라고 했습니다.

나에게 측은지심이 있듯이 다른 사람들에게도 측은지심은 있습니다. 측은지심은 인간의 본성입니다. 그렇지 못한 사람이 오히려 문제가 많은 사람입니다. 여러분은 혹시 사람들을 모두 유치하다고 생각하고 있지는 않나요? 본인은 다른 사람들에게 너그러우면서 다른 사람들은 내 실수만을 꼬집고 내가 실수하기만을 기다리고 내가 실수하면 위로보다는 뒤에서 험담하고 소심하다고 놀릴 거라고 생각하고 있는 것은 아닌가요?

다른 사람들을 한번 믿어 보면 어떨까요? 그들도 성숙한 성인이라고 또 만약 그것을 비웃는 사람이 있다면 그 사람은 유치한 사람이라고 무시해 보면 어떨까요? 공황장애를 가진 사람들은 다른 사람들에게 해를 끼치지 않습니다. 피해를 주지도 않습니다. 오히려 너무 피해를 안 주려고 노력하는 사람들입니다. 그냥 공황이 온 그 순간 몸이 아플 뿐입니다.

여러분의 의도가 다른 사람들에게 해를 주지 않는 것이라면 사람들은 여러분을 비난하지 않을 것입니다. 만약 여러분의 실수나 아픔을 놀리는 사람이 있다면 그것은 여러분의 문제라기보다는 그 사람의 문제입니다. 그리고 그런 사람이라면 가까이 할 필요도 없습니다. 자, 이제 옆에 있는 사람들을 한번 믿어 보기 바랍니다.

38

공황 극복 사례
다시 써 보는 제주 비행기

32 기로 공황장애 인지행동치료를 받고 비행기를 극복한 disillusion 님의 글입니다. '공황장애를 극복하기 위해' 카페에 올린 글을 옮겼습니다.

안녕하세요? 32기 신OO입니다.

으. 어제 수업에서 지난 제주 비행기에 대해 이런저런 얘기를 나누면서, 혼자 정리해 둔 저만의 '비행기 타기' 기록을 여러분과 공유하는 게 어떨까 하고 생각해 봤습니다. 뭐, 정리를 한 번 더 하는 것 자체가 비행기를 무서워하는 제 스스로에게도 도움이 될 것 같구요. '자기 소개방'의 가입 인사에 제가 주저리주저리 제 증상을 써두긴 했습니다만,

간단히 한 번 더 제 소개를 하고 넘어갈게요.

지난 8월 18일, 부산으로 가는 비행기 안에서 한동안 잊고 지내던 '공황발작' 증상을 경험한 후로, (급기야 부산-김포 복귀 비행편은 활주로로 나가던 비행기를 세워서 내렸다는 -_-) 비행기를 타려고만 하면 심한 예기 불안과 심지어 공황발작 승세가 오는 바람에 비행기, 나아가 버스나 지하철에서도 자꾸만 반복되는 공황을 경험하고 있던 사람입니다. 증세가 나아지지 않아서 결국 병원을 찾게 되었고, 저는 인지행동치료의 정확한 중간지점에 있던 차였습니다.

자, 그럼 시작해 볼까요?

사실 인지행동치료 전에도 저는 두 번이나 혼자 비행기를 타 보려고 김포공항으로 갔던 적이 있습니다. 직장이 김포공항 옆이어서 매일 가는 길로 그냥 가기만 하면 되고, 종착지만 공항으로 바뀌는 것이나 다름없는 거였죠. 그런데 아침에 일어나서 오늘 비행기를 탄다, 아니 '타야만 한다'고 생각하기 시작하면 가만히 있는데도 심장이 떨리고 식은땀이 나고, 지하철로 향하는 발걸음이 무거워지는 증상이 나타났습니다.

10월과 11월, 각각 한 차례씩 김포-대구 간 비행기표를 끊었다가 결국 두 번 모두 타질 못했죠. 정확히 말하면 수속조차 하지 못했습니다. 그러니까 비행기를 타러 들어가서 나온 것도 아니고 탑승권 자체를 카운터에서 받지도 못한 겁니다.

늘 다니는 공간인데 비행기를 타러 갔을 때는 왜 그리 다르게만 느껴지던지. 비행시간이 가장 짧은 구간인 김포-대구를 선택했음에도 불구하고, 저는 제 자신의 공포를 이겨내지 못했습니다. 만약 지금 비행기를 타게 된다면, 지난번에 비행기를 세웠을 때처럼 타자마자 심한 질식감에 큰 기침을 반복하며 내려야 될지도 모르고, 설사 그걸 극복하고 비행기를 탄다고 할지라도 비행기가 하늘을 날게 되는 순간부터 나는 그 누구의 도움도 받지 못하고, 내리고 싶어도 절대로 내릴 수 없는 공간에 남겨진다는 생각. (글쎄요, 그리고 그렇게 죽을 수 있다는 생각?) 그 생각들이 계속 저를 짓눌렀습니다. 비행기 이륙 시간을 연기하고, 결국 환불까지 하고 난 이후 인지행동치료를 시작하게 되었습니다.

인지치료 후 많은 것들이 변했습니다.

'공황발작'을 대면한 적은 한 번도 없었습니다. 불안증상이 높았던 적은 있지만, 그야말로 제겐 '여러 가지 방패'가 있었으니까요. 지하철을 타야 하거나, 장거리 버스를 탈 때의 불안함 혹은 종종 경험하던 공황발작은 이제 제게서 점점 멀어져 갔고, 피폐하던 생활이 조금씩 즐거움으로 바뀌고 있었습니다. '공황을 이겨내고 있구나.' 하는 생각. 그 생각만으로도 뿌듯하다는 것, 환우 여러분도 모두 잘 알고 계실 거예요.

12월 20일. 회사에서 뜻밖의 소식이 날아들었습니다. 12월 27일에 잠깐 제주공항을 들러야 하는 일이 생긴 거죠. (항공사 근무 중입니다. ^^) 순간 머리를 스치는 생각은 '다른 사람한테 내 일을 부탁하면 안 되나?' 하는 것이었습니다. 100% 치료를 종료한 것도 아니고, 또 내 계획에 의해 시작되는 비행도 아니고, 뭐 이것저것 내 스스로의 처지를 느닷없이 변명해대는 자아가 나타난 거죠.

그런데 이런 생각도 들었습니다. '해야 되는 일이 있다면 오히려 비행이 쉽지 않을까?' 상반된 생각들이 머리를 어지럽게 했지만, 결론적으로 제 불안이나 염려의 강도는 점점 커져만 갔습니다. 마침 그날이 인지행동치료 날이었는데, 원장 선생님께 이런저런 불안한 마음으로 질문을 했습니다.

"이상하게 막상 탈 생각을 하니 못 탈 것 같아요. 분이 닫히고 더 이상은 내릴 수 없다고 생각하면 불안해서 미쳐버릴 것 같아요."

그랬더니 선생님께선, "문이 닫히고 더는 내릴 수 없다면 무슨 일이 일어나나요?"라고 질문했습니다.

멍~. 무슨 일이 일어날까요? 정말 제게는 무슨 일이 일어날 수 있을까요? 비행기가 아닌 곳, 생활의 모든 곳에서 스스로에게 잘도 던졌던 저 질문! 왜 비행기라는 장소만 나타나면 그것에 압도되어 허둥지둥대는 건지……. 어쨌든 최악의 경우는 공황이었습니다. 그 이상의 생각들은 어차피 아니라는 걸 저 스스로 알고 난 후의 질문이었으니까요.

"그렇습니다. 최악의 상황이 있다면, 그건 그냥 공황입니다. 10분 정도의 공황."

선생님의 마지막 말씀. 갑자기 그렇다는 생각과 함께 불안증세가 일소되는 경험을 했습니다. 일단 그럭저럭 일주일을 잘 보냈죠. 비행한 당일 27일은 제가 쉬는 날이었습니다. 예전에 만신창이 피곤 모드로 비행기를 타다 공황을 경험한 저로서는 일단 잠을 좀 많이 자고 비행기를 타겠다는 생각이 있었습니다. 그러다 결국 14시간 동안이나 잠을 잤고, 결국 14시 50분 비행기를 타게 되었습니다. 12시쯤 일어나서 밥을 먹고 샤워를 하고 주섬주섬 옷을 입고, 영등포시장역까지 15분 정

250

도 걷고 역에서 지하철을 4분간 기다렸고, 영등포시장역에서 김포공항역까지 24분. 김포공항역에서 카운터까지 도보로 10여 분.

대구로 가려 했던 지난 두 번의 날들과는 사뭇 다른 시간들이었죠. 그냥 출근하는 느낌이었습니다. 당일에는 일어나서 밥을 먹고 바로 자낙스 한 알을 먹었는데, 그것 때문일 수도 있었겠지만, 그렇다고 하더라도 제게는 큰 자신감이 생긴 느낌이었습니다. 심지어 카운터로 가서는 주저하지도 않고 바로 탑승권을 받았답니다. (아무 일도 아닌 것처럼 보일 수 있지만 제겐 어마어마한 일이었답니다. -_-)

약간의 기대감, 약간의 불안감만 있었을 뿐, 공항공사 직원들의 검사도 전혀 불안하지 않았을 정도로 전 아무렇지 않았습니다. 머릿속에는 예전에 비행기에서 질식감을 느껴 비행기를 세우고 내리던 그 장면들이 슬쩍슬쩍 스쳐 지나갔지만, 그냥 그뿐이었고 그 기억이 저를 불안하게 만든다거나 공황의 느낌을 가져다주지는 않았습니다.

하지만 탑승시간이 다가오자 조금 더 불안감이 생기긴 했습니다. 그날 손에는 달랑 서류가방 하나 들고 있었는데요. 그 안에는 모두 공황장애와 관련된 책들, 기록일지들 그리고 저 혼자 만들어둔 작은 기록노트, 이런 것들뿐이었습니다.

'잘할 수 있다'는 생각이 컸지만 그래도 '만약'이라는 생각을 떨칠 수는 없었습니다.

"대한항공에서 알려드리겠습니다. 김포에서 제주로 가는 KE1237, 1237편 탑승 고객께서는 1번 탑승구로 탑승해 주시기 바랍니다."

그 안내 방송. 너무 공포스러울 수 있다는 걸 방송하는 사람도 알까요? 그러나 이게 웬 걸, 그 방송을 듣자 짐짓 묘한 웃음이 나는 겁니다. 그냥 너무 아무렇지도 않았거든요. 저는 1번 탑승구 앞에 섰습니다. 프레스티지클래스 승객이나 유·소아를 동반한 승객, 몸이 불편한 승객들이 먼저 탑승했고, 그다음으로 제가 바로 탑승을 시작했죠. 제게는 가장 큰 고비가 될 순간으로 예상했기에 '매를 먼저 맞으려는 심성'으로 탑승을 일찍 시작한 것이었습니다.

마지막 비행기를 탄 기억으로는 비행기 안에 들어서자마자 숨을 쉴 수 없어서 비행기 밖으로 콜록콜록 기침을 하며 나왔던 저였기 때문에 탑승구에서 비행기 안으로 들어가기가 매우 어려울 것으로 예상했습니다.

어땠을까요? 전 그냥 탑승했답니다. 너무 싱겁다구요? (안 됩니다. 채널 고정!)

그런데 문제는 탑승해서 제 자리를 찾고 앉은 이후부터였습니다.

가장 먼저 탑승을 하고야 만 저. 자리에 앉아서 창밖을 보니 김포공항의 멋진 장면이 눈에 들어왔고, 감정은 기대보다 훨씬 고무적이었습니다. 허나 이게 웬일입니까. 비행기 출발까지 15분 정도가 더 남은 것이었으니! 그 생각을 하자마자 느닷없이 심장이 뛰면서 숨이 가빠지기 시작했습니다. 몸이 경직되면서 내려야겠다는 생각을 하게 되었죠. 늘 제가 교통수단에서 느끼는 불안 초기 증상을 맞게 된 것입니다.

서류가방에서 자기 지시문과 제 기록 노트를 꺼냈습니다. "상황을 직면하고 회피하지 말자. 감정을 받아들이고 싸우려 하지 말자. 불안의 느낌들은 사라질 것이다."

아무리 지시문들을 읽고 내가 느끼고 있는 것들에 대해 스스로 산파술 질문을 던져 보았으나, 다 필요없고 일단 비행기가 뜬다면 전 불의의 질식사고로 비행기 안에 갇혀 죽고야 말 것이라는 생각이 엄습했습니다.

바를 정(正) 자 하나.

저는 늘 조그만 노트를 하나 들고 다닙니다. 그래서 불안증상이 나타나거나 심리적으로 공포를 느낄 때 제 생각, 감정, 행동 변화를 기록하는 습관이 생겼습니다. 당시에는 너무 불안해서 그냥 '내리고 싶다'는 생각이 들 때마다 바를 정(正) 자 획을 하나씩 그어 둔다는 생각으로 노트와 펜을 들었던 것입니다.

눈을 감고 복식호흡을 했습니다. 오잉? 또 바로 괜찮아지더군요? 슬슬 승무원들의 바뀐 유니폼과 웃으며 들어오는 승객들이 하나 둘 눈에 잡힙니다. '오. 다행이다. 그래, 아무 일 없겠지?' 탁! 바를 정 자 둘. 다시 왜곡되고 재앙화된 장면이 머리를 스칩니다. 그냥 다 포기하고 내리고 싶었습니다.

'회사를 때려치우는 게 낫겠다. 이번에는 그래도 비행기 안까지 들어왔으니 다음에는 탑승까지 완료하면 되니까 그냥 이번만은 내리는 게 낫겠다.' 별 생각이 다 들더군요. 그렇게 완성한 글자, 바를 정(正). 전결국 바를 정(正) 자를 노트에 완성하고 말았습니다. 마지막 획을 그을 때는 짐 다 챙기고 나갈 준비하고 일어서서 그었답니다. 그런데 막상 나가려니 눈에서 눈물이 핑 돌더군요. 우울한 감정이 들어서였죠. 스스로가 너무 불쌍하기도 하고. 절대 내려서는 안 되겠다는 생각을 했습니다.

정말로 내리고 싶지 않다. (야, 뭐해! 내려!)

아냐, 정말로 내리고 싶지 않아. (야, 곧 문 닫아! 내려!)

난 내리지 않아. (우아하게 내리려면 문 닫기 전에 내려야 돼, 임마!)

머릿속에서 천사와 악마가 난리 블루스를 추는 동안 전 혀를 깨물고 자리에 앉았습니다. 눈을 감고, 다시 복식호흡을 시작했습니다. 머릿속으로 복식호흡의 박자만 느껴 보려고 최선을 다했습니다.

하나… 둘… 셋…, 다시 하나… 둘… 셋….

아직은 어설프지만 숨을 쉬면서 이완의 느낌도 가져 보려고 노력했습니다.

'괜찮다. 나는 안전하다. 그리고 나는 행복하다.'

내가 생각해냈던 행복한 장면들도 머릿속에 그렸습니다. 물론 순간 순간 그 장면들 속에서도 비행기 안에서 미쳐가는 제 모습이 어딘가 희미하게 오버랩되기도 했지만요. 다행이었습니다. 불안한 증상들이 사라지기 시작했을 때 이제 비행기 문을 닫겠다는 방송을 들었으니까요. 다시 불안증세가 탁, 오려는 신호가 있었으나, 다시 눈을 감고 복식호흡을 시작하자 제게 더 이상의 변화는 찾아오지 않았습니다.

잠시 시간이 지났을까요? 비행기가 후진하는 느낌이 들어서 창밖을 보니 엔지니어들이 손을 흔드는 모습들이 보이고 정말로 비행기가 후진을 하고 있었습니다.

오! 그런데 웬일입니까!

전 아무렇지도 않네요? 죽지도 않았고 공황을 맞이하지도 않았습니다. 불안한 증상이 있지도 않았고, 왜곡된 생각들이 떠올라도 아무렇지도 않다는 생각만 드는 겁니다. 그 감정, 그 생각, 그 느낌.

모든 걸 정확하다고 확인한 순간 슈웅 하고 모든 불안이 일소되었고, 저는 예전의 저, 비행기를 타고 이리저리 놀러다니던, 건강했던 제 모습으로 돌아가 있었습니다. 심지어 비행기가 활주로 끝에서 제트엔진을 점화하며 앞으로 달리는 그 경쾌한 순간을 즐기기도 했고, 하늘로 올라가는 비행기에 맞추어 몸을 세운 비행기 안의 사람들을 보며 우습다는 생각도 했고, 제 반대편 창에 앉은 웬 누나(?)의 잠든 모습을 보고 '참 복 받았다.'는 생각도 했답니다.

물론 비행을 100% 무심하게 하지는 않았을 테죠. 비행 중에도 안전벨트 사인 불이 들어올 때마다 느닷없이 '공황이 오는 건 아닌가?' 하는 생각이 스치고, 전 제 생각을 바로잡기 위해 자세를 똑바로 하고 복식호흡을 하기도 했죠. 하지만 매우 짧은 시간이었고, 제겐 아무 일도 일어나지 않았습니다. 승무원을 졸라서 커피와 콜라, 물 모두 받아 마시는 경이로움도 보였습니다.

창 아래로 보이는 하얗게 덮인 호남. 호남을 지나 바다만 보이는 곳에서 느껴졌던 청량감. 얼마 지나지 않아 보이던 한라산. 아. 지금 생각해도 정말 들뜨는 기분. 그 장면들. 앞으로도 제게 큰 희망이 될 것 같아요.

음. 하여튼 쿠웅 하고 비행기가 제주국제공항에 착륙하는 순간, 정말 기쁘고 즐거웠답니다. 비행기 안에서의 느낌을 잊지 않으려고 가장 마지막에 내리기로 했습니다. 모든 손님이 다 빠져나간 텅 빈 객실. 연극이 끝난 텅 빈 관객석을 보는 마음과는 사뭇 달랐겠죠?

천천히, 아주 천천히 내렸습니다.

사실 제가 도저히 해낼 수 없다고 생각한 일을 나름대로 '해낸' 터라, 저는 제주에서 소리치고, 춤추고, 텀블링도 하고, 막 그렇게 날아갈 듯 기쁠 줄 알았는데, 이미 날아시였는지 그냥 느낌 없이 너무너무 담담 하더라구요. 하긴 그 평상의 담담함이 우리에게 얼마나 큰 행복을 주 는지 이제는 너무도 잘 알기 때문에 그 담담함 역시 정말 제겐 감사했 답니다. 뭐 급히 내려간 거라, 어디 바닷가 구경도 못하고, 제주공항에 서 한라산을 보며 커피 한 잔을 마신 게 제주도에서 한 일의 전부였습 니다. 두 시간 후쯤 다시 복귀편을 타기 위해 수속을 하고, 면세점에서 그리도 싸다는 조니워커 블루를 구입하고, 다시 비행기를 탔습니다.

이번엔 어땠을까요?

첫 비행편에 제 옆 자리에는 공황 관련 서적으로 가득했답니다. 혹 시 공황이 오면 읽고 힘내려고 온갖 책들을 다 꺼내뒀었거든요. 그것 때문에 승무원분들이 킥킥 웃기도 했구요. 그런데 복귀편에서는 가방 안에 책들을 다 넣어두고, 전 아무것도 손에 쥐지 않았답니다. 한두 번 정도? 잠깐 잠깐 공황에 대한 염려가 스치긴 했으나, '내리고 싶다'고 생각하진 않았습니다. 뭐, 결국은 잠까지 와서 그 무서운 비행기 안에 서 졸 뻔도 했답니다(그러고 보니 제주도에서 왜 그렇게 피곤했는지).

그냥 복귀편은 너무 허무했을 정도로 아무 느낌이 없었습니다. 기록 지에도 글 한 자 안 썼으니까요. 마침 도착할 때는 밤이 되는 시점이어 서 하늘에서 예쁜 풍경들도 다 감상할 수 있었구요. 갑자기 승리자가 된 것 같기도 하고, 하여튼 정말 좋았습니다.

제주 비행 한 번 한 걸로 이리도 주절주절 할 말이 많다니. 하지만 참 재미있었습니다, 정말.

사실 지금 생각하면, 그때 비행이 자낙스 때문에 그런 것 같기도 하고, 운이 좋았던 것 같기도 하고, 만약 또 비행기를 탄다면 처음 제주 내려갈 때 비행기 안에서 그랬던 것처럼 또 불안증세가 심할 것 같기도 하고, 어처구니없는 생각들이 들기도 합니다. 하지만 설사 그런 생각들을 제가 한다고 해도 제 걱정의 수준은 공황에서 불안으로 한 단계 낮아진 것이고, 어쨌든 저는 비행에 성공했다는 큰 자신감을 가졌으며 앞으로는 '비행기는 무섭다'라는 막연한 두려움에서 벗어나 '이러한 상황에서 이렇게 대처를 할 수 있겠다'고 하는 구체적 상황의 승리자가 될 수 있을 것 같아 스스로 매우 뿌듯해하고 있답니다. 뭐, 이 정도면 제가 완성했던 바를 정 자, 제가 바른 일을 했다는 것에 대한 상으로 받아들여도 될까요?

앞으로는 비행기를 더 타려고 합니다. 3월에는 우리 05사번 동기들과 함께 단체로 몽골도 다녀와야 해서 그때까지 국내선 '비행연습'을 한두 번 더 해볼 생각입니다.

치료 마치고도 계속 도전해야죠. 뭐, 걱정 반, 기대 반입니다. 하여튼 여러분 모두 건승하시는 병술년 되시길 바라며, 이만 총총입니다.

공황장애를 극복하기 위해

공황장애
치료의 4단계

진료실에서 환자들과 이야기를 하거나 인터넷 카페에서의 질문을 보면 완치와 치료 과정에 대해서 궁금해하는 사람들이 많습니다. 그래서 이번에는 공황장애 치료의 단계에 대해서 이야기하려고 합니다. 환자들을 치료할 때 저는 공황장애의 치료 단계를 4단계로 나누어서 이야기합니다.

공황장애 치료의 첫 번째 단계는 무의식적 불안 단계입니다.

이 시기는 공황을 경험하게 된 초기 단계나 치료를 시작하기 전 단계로, 뭐가 뭔지 모르고 막연하게 두려워하고 불안해하는 단계입니다. 자신에게 어떤 문제가 있는지도 모르면서 우왕좌왕하는 상황입니다. 예상하지 못한 상태에서 공황을 경험했기 때문에 이 일이 언제 다시

5장 공황장애를 극복하기 위해

닥치지 않을까 두려워하고 과연 어떤 결과가 나타날 수 있을까 상상하면서 공포에 떠는 단계입니다. 또 이 시기는 신체적으로도 자율신경이 예민해져 있고 항진되어 있는 상태이기 때문에 작은 자극에도 교감신경이 쉽게 자극을 받아서 신체적인 증상들이 자주 나타나는 시기입니다. 의식을 하지 않아도 신체적으로 예민해져서 신체증상들이 반복되고, 생각만 해도 재앙적인 생각에 불안과 신체적인 증상들이 반복되는 시기입니다. 신체적인 예민함, 재앙적이고 부정적인 생각, 우왕좌왕하는 행동, 반복되는 불안이 증상을 악순환하는 시기입니다.

두 번째 단계는 의식적 불안 단계입니다.

어느 정도 시간이 지나간 상태로 공황장애라는 것을 알고 약물치료를 시작하면서 신체적인 증상이 줄어든 단계라고 할 수 있습니다. 신체적으로는 안정이 오고 적응이 된 상태로 신체적인 예민함도 줄어들어서 예상하지 못한 상황에서 나타나는 무의식적인 공황증상들은 줄어듭니다. 공황장애라는 것을 어설프게 안 상태로 공황에 대해서 의식적으로 걱정하고 있는 단계입니다. 생각이 주로 불안을 불러오는 상태입니다. 예를 들어 이런 신체적인 증상은 공황의 전 단계인데 공황이 오면 어떻게 하지? 여기에서 공황이 오면 어떻게 하지, 사람들이 이상하게 볼 텐데 등과 같은 생각이 행동을 제약하고 불안을 불러오게 됩니다.

본인이 공황장애라는 것을 알고 약을 먹고 있어서 실제로 신체적인 증상은 줄어들었음에도 공황을 정확하게 알지 못하고 조절할 수 있다는 자신감이 없기 때문에 공황에 대한 생각만으로도 불안해질 수 있는 단계입니다.

세 번째는 의식적인 조절 단계입니다.

치료를 잘 받은 사람들이 여기에 해당됩니다. 치료를 잘 받아서 공황 혹은 공황장애에 대해서 정확하게 알고 공황이 오면 어떻게 대처해야 하는지도 잘 알고 있는 단계입니다. 하지만 아직 그런 대처방식이 완전히 숙달된 것은 아니어서 불안이 올라오면 또는 공황을 경험하면 당황하기도 합니다. 의식적으로 생각하고 대처하려고 노력해서 불안을 조절하는 단계입니다.

이 시기에도 신체적인 증상이나 공황, 불안을 경험할 수 있는데 더는 두려워하거나 우왕좌왕하지 않고 적절하게 대처하면서 조절하는 단계라고 볼 수 있습니다. 아직 완벽한 자신감은 없는 단계라고 볼 수 있습니다.

네 번째 단계는 무의식적인 조절 단계입니다.

어떻게 보면 이제 의식적으로든 무의식적으로든 공황이나 신체적인 증상을 두려워하지 않는 단계라고 볼 수 있습니다. 의식적으로 조절하려고 노력하지 않더라도 무의식적으로 스스로 조절이 되는 상태입니다. 다시는 불안해할 가치를 못 느낀다고 할 수 있습니다. 세 번째 단계가 충분히 숙지되어서 의식적으로 노력하지 않아도 저절로 조절이 되는 단계입니다.

공황과 관련된 어떤 자극을 받아도 덤덤하고 감정적 · 신체적으로 행동 상에 영향을 주지 않는 단계라고 할 수 있습니다. 또 실제 예상하지 못한 상황에서 공황과 같은 신체적인 증상을 경험해도 불안이나 안절부절못하는 행동으로 넘어가지 않고 무의식적으로 조절되는 상태입니다. 치료의 완성 단계라고 할 수 있습니다.

여러분은 지금 어떤 단계에 와 있나요?

1단계라면 먼저 병원을 방문하여 정확한 진단부터 받아야 합니다. 자신의 문제를 정확하게 아는 것은 치료의 시작입니다. 일차적인 막연함에서 벗어나는 것이 우선 필요합니다.

2단계라면 정확하게 공황을 알고 대처하는 훈련을 하기 바랍니다. 인지행동치료를 권하고 싶습니다. 아는 것이 힘이라고 했습니다. 막연하게, 모호하게 아는 것은 오히려 독이 될 수도 있습니다. 정확하게 알고 적절하게 대처할 수 있는 치료를 해야 합니다. 약은 신체적인 증상을 조절하고 공황의 발생을 줄여줄 수는 있습니다. 하지만 생각을 바꾸지는 못하고 자신감을 주지도 못합니다. 또 약에만 의존하게 되어서 다른 제약이 될 수도 있습니다. 스스로 자신을 통제하고 공황을 조절하는 힘을 길러야 합니다.

3단계라면 더 많이 노력하기 바랍니다. 노출도 열심히 하고 알고 있는 것을 실제로 행하려고 노력해야 합니다. 자전거를 한 번 타고 방법을 겨우 익혔다고 해서 자전거를 잘 타게 된다고 할 수는 없습니다. 비포장 도로에서도 타 보고 넘어져 보기도 하고, 뒤에 누구를 태우고 달려 보기도 하고 어두운 곳에서 타 보기도 해야만 자전거를 잘 타게 될 것입니다. 그렇게 되면 자전거를 타고 있다는 의식을 하지 않고 다른 생각을 하면서도 자연스럽게 자전거를 탈 수 있게 됩니다.

공황에 대처하는 방법을 아는 것과 실제로 공황을 대처하고 극복하는 것과는 차이가 있을 수 있습니다. 아는 것에서 그치지 않고 실제로 공황과 부딪히고 극복하는 과정을 반복해야 공황 극복 과정이 몸에 자연스럽게 습득되어 무의식적으로도 공황을 다룰 수 있는 경지가 됩니다.

그런 과정을 경험하면 여러분은 어느덧 자신도 모르게 4단계에 도달해 있을 것입니다.

4단계는 공황이 오지 않거나 신체적인 증상이 전혀 없거나 불안을 전혀 느끼지 못하는 단계는 아닙니다. 공황에 대한 대처가 몸속에 충분히 숙지되어서 당황하지 않고 두려움 없이 저절로 조절하고 있는 단계입니다. 공황 극복 과정이 너무 쉽게 이루어지기 때문에 공황에 대해서 더 이상 두려워하거나 불안해할 이유가 없어지는 단계입니다. 그래서 공황이 생활에 제약이 되거나 행복을 방해하지 않는 단계를 말합니다.

공황의 이상적인 완치라고 한다면 무의식적으로도 공황을 다룰 수 있는 단계가 되었을 때를 말할 수 있을 것입니다. 병원에서 여러분을 도와드릴 수 있는 단계는 3단계까지입니다. 3단계에서 4단계로 넘어가는 것은 여러분의 노력에 달려 있습니다. 병원에서 인지행동치료를 받은 환자들 중에는 이미 그런 사람들이 많이 있습니다. Daum의 '공황장애를 극복하기 위해' 카페를 방문하시면 만나 볼 수 있을 것입니다. 지금 노력하고 있는 여러분도 분명히 그렇게 될 수 있다고 생각합니다.

자신이 어디에 있는지 먼저 살펴보고 그다음은 자신에게 필요한 치료를 시작하기 바랍니다.

5장 공황장애를 극복하기 위해

공황장애와
완치

공황장애에 대해서 질문하는 사람 중에 완치가 가능한가를 묻는
사람들이 많습니다.

> "공황장애는 치료가 힘들다고 하는데 완치가 가능한가요? 도대체
> 완치란 무엇인가요?"

어느 날 지방에서 병원을 방문한 환자와 면담을 했습니다. 카페에서
어떤 사람과 대화하는데 완치가 가능한지 물어보았더니 그 사람이 공
황장애에 대해서 뭔가 모른다고 하면서 공황장애는 완치가 불가능하
다고 했다고 합니다. 그래서 완치가 가능한지를 물어보기 위해서 서울
까지 저희 병원을 찾아왔다고 했습니다. 다른 사람에게서도 비슷한 질

문을 자주 받는데 아마 많은 사람들이 궁금해하는 사항일 것입니다.

완치란 무엇일까요?

약을 먹지 않는 것이 완치인가요? 공황이나 불안을 경험하지 않는 것이 완치인가요? 현기증이나 맥박이 빨리 뛰는 등의 신체적인 증상을 경험하지 않는 것이 완치일까요? 공황장애 전의 상태, 다시 말해서 공황이라는 것이 있는지도 모르고 공황에 대해서는 생각도 안 하는 상태로 돌아가는 것이 완치인가요?

만약 여러분이 위에 언급한 상태를 완치로 생각한다면 완치는 불가능한 것입니다. 이것은 어떻게 보면 존재할 수도 없는 신기루를 쫓는 것과 같은 것으로, 완치에 대한 기준 자체에 문제가 있는 것입니다.

먼저 약에 대해서 볼까요?

아무리 몸이 불편해도 약만 먹지 않으면 완치되었다고 말할 수 있나요? 공황장애 환자들이 먹는 약은 공황장애에서만 먹는 약이 아닙니다. 원래는 우울을 조절하거나 불안을 조절하기 위해 개발된 약들입니다. 경우에 따라서는 위장장애 시에도 복용할 수 있고 감기증상이 나타날 때도 처방될 수 있습니다. 심하게 놀란 것을 가라앉게 하려고 복용할 수도 있고 검사나 마취 등에도 쓰일 수 있습니다. 그런 경우에 약을 먹는 것도 완치를 판정하는 데 영향을 줄 수 있나요? 1년에 한 번 약을 먹는 것도 완치라고 할 수 있을까요? 1년에 두 번 먹는 것은 완치라고 할 수 없나요? 의미 없는 논의일 것입니다.

약은 우리를 도와주려고 만들어진 것이지 진단 기준으로 이용되려고 만들어진 것은 아닙니다. 참고사항은 될 수 있지만 완치의 기준이 될 수는 없습니다. 공황을 다루기 위해서 약에 의존하는 것이 아니라 이용할 수 있고 조절할 수 있다면 일시적으로 자신을 조절하기 위해서 약을 사용하는 사람은 아무리 힘들어도 완치라는 기준에 자신을 맞추려고 약을 먹지 않는 사람보다는 완치에 가까운 사람이라고 할 수 있을 것입니다.

두 번째, 불안이나 공황을 경험하지 않는 것을 완치로 보는 것은 그 자체가 모순입니다. 왜냐하면 불안이나 공황은 병이 아니라 생리적인 현상이기 때문입니다. 기침이 병에서만 나타나는 것이 아니라 목에 이물질이 걸렸을 때도 나타나고 다른 생리적인 이유에서도 나타날 수 있듯이 불안이나 공황도 공황장애에서만 나타나는 것이 아니라 위험한 상태에서 누구나 경험할 수 있는 상태입니다.

위험을 감지하면 우리 몸을 위험에 대해서 준비시키기 위해 불안이라는 신호는 켜질 수밖에 없고 그게 커지면 공황이라는 신호도 켜질 수밖에 없습니다. 불안과 공황을 없애려고 하는 것은 우리 몸의 보호 체계를 없애는 것이기 때문에 불가능한 일입니다. 그런 기준이 완치의 기준이 되지는 못할 것입니다.

위험한 상황에서 불안은 너무나 자연스럽습니다. 불안이나 공황을 느끼지 않는 것이 완치는 아닙니다. 불안, 공황 자체를 겁내지 않고 불안한 상황에 적절히 대처해서 불안과 공황을 잘 다스리는 것이 완치입니다. 불안과 공황은 우리가 완전하게 조절하지 못합니다. 의식적인 과정에서도 나타날 수 있지만 무의식적인 방어 과정에 따라 나도 모르게 나타날 수 있습니다. 실제로 위험하지 않아도 몸과 마음이 예민해져서 나타날 수도 있습니다. 예민해서 생긴 불안이나 공황이라면 신체적인 예민함을 낮추고 과장된 해석을 교정해 불안과 공황에 대처해야 할 것입니다. 실제로 상황이 위험해서 생긴 감정이라면 그 위험에 대비책을 세우고 위험한 상황을 해결해서 불안과 공황을 다스려야 합니다.

세 번째, 현기증이나 맥박이 빨리 뛰는 등의 신체적인 증상들을 전혀 경험하지 않는 상태를 완치라고 하는 것도 있을 수 없는 상태를 기대하는 것과 같습니다. 우리 몸은 로봇이 아닙니다. 상황에 따라서 변화합니다. 또 우리 몸은 외부 환경에 적응하기 위해서 변화합니다. 현기증이나 맥박이 빨라지는 것, 몸에 땀이 나는 것, 호흡이 빨라지는 것 등의 증상들은 병에서만 나타나지 않습니다. 운동을 해도 나타날 수 있고 놀라거나 화가 나도 나타날 수 있는 생리적인 변화들입니다. 어떤 상황에 적응하기 위해서, 우리 몸을 준비시키기 위해서 나타나는 증상들입니다. 물론 병적 상태에서도 나타날 수 있습니다. 하지만 그런 경우도 병적인 상태에서 우리 몸을 보호하기 위해서 나타나는 것입니다.

몸에 열이 날 때 땀을 배출시키는 것이나 호흡기 질환이 있을 때 호흡을 빠르게 하는 것도 모두 우리 몸을 보호하기 위해서 나타나는 현상입니다. 또 그런 증상들은 우리 몸에 불편함이 있다는 것을 우리에게 알려 주어서 어떤 조치를 취하게 하는 알람기능 같은 것이기도 합니다.

그렇기 때문에 이런 신체적인 증상을 경험하지 않기를 바라는 것은 우리 몸의 조절기능을 상실하기를 바라는 것과 같습니다. 외부 상황이 변해도 항상 같은 상태로 있기를 바라는 것과 같습니다. 하지만 만약 그렇게 된다면 일시적으로 몸은 편할 수 있을지 모르지만 상황에 적응하지 못하고 병이 생겨도 병이 생긴 줄 모르고 죽게 될 것입니다. 그렇다면 우리가 생각해야 되는 공황장애의 완치는 몸에 아무런 증상이 없는 것이 아니라 상황에 맞는 증상을 경험하는 것 그리고 그런 증상에 대해서 적절하게 대처할 수 있게 되는 것이 완치의 개념이라고 할 수 있을 것입니다.

네 번째, 공황장애를 경험하기 전으로 돌아가서 공황이라는 것을 전혀 모르고 공황에 대해서 생각도 안 하는 상태를 완치로 보는 것도 문제가 있는 기준입니다. 이유는 우리의 두뇌가 그렇게 나쁘지 않기 때문입니다. 우리 두뇌는 어떤 것을 경험하면 기억으로 저장하는 버릇이 있습니다. 특히 감정적인 변화가 큰 기억은 더 잘 남아 있게 됩니다.

첫사랑의 경험이 있으신가요? 10년 전에 첫사랑을 경험한 사람도 있고 20년 전에 첫사랑을 경험한 사람도 있을 것입니다. 오래되었다고 첫사랑을 완전히 기억에서 지울 수 있나요? 아마 오랜 시간이 지나도 길을 가다가 첫사랑과 비슷한 사람을 보면 그 사람을 기억하게 되어 어떤 감정을 가지게 될 것이고 첫사랑과 함께 들었던 노래가 나오면 그 사람에 대한 추억에 잠시 젖게 될 것입니다. 첫사랑에 대한 아픔을 극복하는 것이 첫사랑에 대한 기억을 완전히 지우고 어떤 자극을 받아도 생각조차 나지 않는 것은 아닐 것입니다. 기억이 나도 그게 오래가지 않고 감정적인 변화의 폭도 크지 않고 하던 일이나 현재 생활에 지장을 주지 않는 것이 첫사랑의 상처를 극복하는 일일 것입니다.

공황장애 극복도 마찬가지입니다. 공황장애에 대한 기억 자체가 없어지는 것이 아니라 어떤 이유로 공황을 연상하게 되는 자극을 만나면 일시적으로 공황에 대한 생각이나 감정을 가질 수 있으나 공황을 잘 다루어서 오랜 시간 공황으로 불안해하지 않고 일상생활에 지장도 주지 않는 것입니다. 공황에 대해서 생각하는 것이 없거나 불안이 없는 것이 아니라 그런 자극이 있어도 일상생활에 지장을 주지 않는 것입니다.

공황장애는 예상하지 못한 상황에서의 반복적인 공황이라고 했습니다. 그 결과 공황이 올까 노심초사하고 공황이 오면 어떻게 될까를 걱정하고 그래서 행동에 제약을 받는 것입니다. 이런 진단 기준을 벗어나게 된다면 공황장애의 완치라고 볼 수 있습니다.

그렇다면 이렇게 이야기할 수 있습니다. 완치는 공황을 경험하지 않는 것이 아니라 공황을 두려워하지 않는 것을 말합니다. 공황을 두려워하지 않기 때문에 공황의 발생에 대해서 노심초사하지 않고 공황이 어떤 결과로 끝날지 알기 때문에 공황의 결과에 대해서 걱정하지 않으며 무서워하지 않기 때문에 공황을 경험해도 일상생활에 지장이 생기지 않는 것이 공황장애의 완치입니다.

공황이 생기지 않기 때문에 공황에 대한 걱정을 안 하는 것이 아니라 공황을 두려워하지 않기 때문에 자연스럽게 공황에 대한 걱정 없이 행복하게 사는 것이 공황의 완치입니다.

결국 완치란 약을 안 먹는 것이 아니라, 공황이나 불안을 경험하지 않는 것이 아니라, 아무런 신체적인 불편함을 경험하지 않는 것이 아니라, 공황에 대한 기억이 없어지는 것이 아니라, 공황에 대한 두려움 없이 행복하게 사는 것입니다.

5장 공황장애를 극복하기 위해

공황 극복 사례
완치에 대해서

'**공**황장애를 극복하기 위해' 카페 운영자로 일하시는 '감리' 님이 어떤 환우의 질문에 답글을 달아준 것입니다. 공황장애 완치에 대해서 여러분에게 도움이 될 수 있는 글입니다.

그러니까 2000년쯤이죠. 공황이란 놈을 맞아 병원 응급실에서 링거 한 병 맞았죠. 그리고 그게 무슨 병인 줄 모르고 한 1년 이짓 저짓 계속하며 다녔죠. 그러다 1년 만에 다시 응급실을 가게 되었죠. 이유야 뭐 다 아시잖아요. 몸이 정말 안 좋고 죽을 것 같고. 그래서 응급실 또 응급실 그러다가 대학병원 가서 종합검진한다고 입원했었죠.

하루 자고 나니 내과 의사선생님 한 분이 오시더니 "몸에는 이상이 없는 것 같은데 신경정신과 검진을 받아 봅시다."라고 하더군요. 내가 그랬죠. "미쳤어요? 제가 왜 신경정신과엘 갑니까?" 그래도 하는 수 없으니까 정신과엘 갔죠. 그랬더니 공황이라나 뭐라나. 낸들 그 병을 아나요? 그냥 일주일치 약 타서 집에 왔죠. 그런데 약을 먹어서 그런지 원래 낙천적이라 그런지 잘 지냈죠. 다른 병원 정신과에 가서도 한 3개월 약을 먹었죠. 그 선생님은 놀라서 그렇다고 하더군요. 그리고 한 2~3년 잘 견뎠죠. 늘 조금씩 불안하고 걱정을 하고 있긴 했지만 원래 소심해서 그렇겠지 하고 견디다 2005년 6월 말 2박 3일 밤새고는 완전히 처음의 공황을 다시 겪었죠. 이번에는 하루에도 몇 번씩 공황발작하고, 한 3개월 계속 그러더라고요. 그래서 안 되겠다 싶어서 최면치료를 받았죠. 좀 좋아지더군요. 약도 같이 먹고, 원래 약에 대해 거부감이 많은 편이라 의사선생님한테 거짓말도 많이 했죠. 약을 버리고는 먹었다고, 별로 안 좋다고 말하기도 하고, 길어지니까 우울증이 온다고 말하기도 했습니다. 우울증 환자들이 왜 자살하는지 알 것 같더라구요. 아무 이유 없이 죽고 싶었어요.

그렇게 고생고생하다 이 카페를 알게 되었고 갈매기 꿈 님과의 대화를 통해 최면치료와 인지치료로 설왕설래를 벌이기도 했습니다. 그러다 도대체 인지치료가 뭐길래 저러나 싶어서 받기로 했죠. 그때가 2005년 12월입니다.

밑져야 본전이니까요. 더는 물러설 데가 없는 거죠. 손해볼 것도 없고. 그래도 인지치료 받으면서 스키도 타고, 운동도 곧잘 했습니다. 여전히 불안했지만 말이죠.

인지치료 받은 지 한 6주 지났을까요? 신기하게도 공황이 안 오더라고요. 그래서 나중에 오겠지. 그러니까 대처법을 배우는 거겠지 하며 계속 다녔어요. 물론 돈이 아까운 것도 있었지만 우리 기수 사람들과 얘기하고 함께 무언가를 해결해 가는 게 좋았어요. 우리 기수의 회장이 되어 버렸는데 회장이 뒤풀이만 가면 무서워하니 뒤풀이 안 하려고 매번 핑계 대고 도망다녔죠.

우리 기수 사람들은 왜 안 모이냐고 하고, 난 말도 못하고, 그러다 보니 인지치료가 다 끝나더라구요. 그럼 이제 공황이 안 와야 되고 행복해야겠네요. 근데 그게 쉽지 않더라고요. 공황은 안 오는데 불안한 건 남아 있었어요. 이유 없지요, 뭐. 그러나 제 생활에는 저도 모르게 엄청난 변화가 있었어요. 도전 정신이 생겼고 사물과 내 생각을 분석하게 되었고 무엇이 옳고 그른지 제대로 판단하려는 의지가 생겼어요. 가끔은 힘들더라고요. 그럴 때 공황 강의자료를 다시 보며 복습했죠. 그렇게 3개월이 지나고 2006년 6월부터 아주 새로운 인지능력이 생겼습니다.

내 생각이 틀린 걸 인정하자. 내 핵심 믿음이 잘못된 걸 인정하자. 그걸 고치자. 그게 생각 바꾸기다. 그전까지는 차 타고 가다가도 피곤하면 '아, 왜 또 이러지?'라고 생각했는데 그 후론 '이 느낌 이거 가짜야. 내가 그렇게 생각해서 나타나는 신체증상이야.' 하며 철저히 무시했죠. 'So! What?' 사실 이게 무슨 말인지 몰랐어요. 근데 내 잘못된 생각에 내가 동조할 필요 없잖아요. '바보 같은 녀석. 또 쓸데없는 생각하네.' 하며 그냥 내버려뒀죠.

이번 여름 땡볕 아래에서 아침 9시부터 저녁 4시까지 테니스를 칠 일이 있었습니다. 몸이 아주 익어버려서 살갗이 오그라드는 느낌이 들었습니다. 그럴 때면 땡볕에 내가 쓰러지지 않을까 하는 생각이 몇 번 들죠. 그때마다 철저히 무시했죠. 또 걱정하는구나. 쓰러지면 잘된 거지. 내 생각이 드디어 맞는 거고. 단 한 번도 쓰러져 보지 못하면서 쓰리질 거라 예측한 내 생각을 부수겨 봤죠. 쓰러지긴요, 살갗만 쓰라렸죠. 사람 쓰러지기도 힘들어요. 안 쓰러지니 오히려 조바심이 날 정도였습니다.

아무튼 이런 생각 무시가 몇 번 되니까 용기와 자신감이 가득 차오르더라구요. 그래도 자만하면 안 되겠죠. 평온함을 찾기 위해 여러 권의 책도 읽고요. 회사에서도 예전에는 스트레스로 작용하던 것들이 이제는 사소한 일처럼 여겨지고요. 커피요? 물처럼 먹어요. 마시면 안 된다고 생각한 것을 버리니까 아무것도 아니고, 누가 시비 걸면 화내면 안 된다고 생각했던 것도 버리니까 욕도 하고 같이 싸우죠.

애들하고 하루 종일 놀러도 가고요. 예전엔 어디 멀리 가는 일이 두려웠거든요. 밤샘요? 일부러 영화 재밌는 것 빌려다 혼자 보기도 해요. 못 견디면 쓰러져 자면 되고, 술도 먹고 죽으나 안 먹고 죽으나 누군가는 먹을 게 아니겠어요? 내가 조금 먹는다고 달라지지 않을 테고. 몸 컨디션은 원래 마징가도 아닌데 감기 걸리는 날도 있고 두통 오는 날도 있고, 또 변강쇠 되는 날도 있는 거죠. 어제는 찌뿌드드했는데 오늘은 '다 덤벼.' 이러네요. 회사 짤리면, 산 입에 거미줄 치겠어요? 안 되면 우리 환우님들한테 구걸이라도 하죠. 뭐, 불우이웃 돕기죠.

뭐든 생각하기 나름이에요. 인지치료 받고도 집착을 못 버리고 생각 바꾸기를 성공하지 못하면 아무것도 아니에요. 확실히 생각을 바꿀 수 있게 인지치료가 도와줘요. 아무튼 사는 건 누구한테나 다 힘들어요. 어렵고, 고생이에요.

그래서 백팔번뇌라는 말도 있잖아요?

정말 세상을 못 바꿀 거라면 자기를 바꿔 보세요. 자기 생각과 자기 느낌을요. 그게 가장 쉽고 가장 빨라요. 다 불교 교리랑 비슷하지만요. 아마 부처님은 공황을 겪고 스스로 인지치료법을 터득해서 득도한 걸로 생각했을지도 몰라요.

아무튼 완치는 자기 생활하는 데 불편함이 없으면 되는 것이고, 여러분이 바라는 건 완치가 아니라 행복이에요. 착각하는 거죠. 정상인보다 더 좋아지길, 더 행복해지길 바라는 거예요. 그렇다면 공황에 대해서뿐만 아니라 마음 공부도 좀 해야 합니다.

전 자신 있게 말할 수 있습니다. 공황은 완치되었는데 행복하기 위해 노력하는 중이라고요. 가끔씩 저도 미칠 것 같고 답답하고 죽을 것 같은 느낌을 받아요. 옆에 지나가는 모든 사람에게 물어보세요. 식물인간 아니면 모든 사람들이 받는 느낌일 뿐이에요. 공황 환우들만 겪는 게 아니라 공황 환우들이 거기에 집착하고 신경쓸 뿐입니다. 노력하면 안 되는 것 없습니다. 또 안 되면 어떻습니까? 안 한 것보다는 뭔가 돼도 되지 않겠어요?

밥 잘 먹고 딴생각 안 하는 게 행복입니다. 아무 걱정 없는 것, 이게 여러분이 바라는 완치입니다. 결코 포기하지 맙시다.

공황장애와
임신

임신, 수유와 약에 대해서 공황장애 환자들이 질문하는 경우가 많이 있습니다. 여기에서는 임신과 관련된 사항들을 정리해 보겠습니다.

남자들도 약물치료를 하게 되면 임신에 대한 영향을 자주 질문합니다. 남성의 경우 약물치료가 임신에 미치는 영향은 현재까지는 문제가 없는 것으로 보고되고 있습니다. 임신을 위해서 약 투여를 중단하거나 변화를 줄 필요는 없다는 말입니다. 하지만 여성의 경우는 다릅니다. 임신 시에 복용하는 약물이 태아에 영향을 줄 수 있고 또 수유 중에 복용하는 약물도 아이에게 영향을 줄 수 있습니다.

5장 공황장애를 극복하기 위해

이것은 정신과 약물이기 때문만은 아닙니다. 임신 중에 약물의 영향은 일시적이기 어렵고 아이의 성장에 어떤 영향을 줄 수도 있기 때문에 일반적으로도 임신했을 때는 감기약이나 진통제, 어떤 약이든 가급적 복용을 피하는 것이 좋습니다. 성인의 경우 약의 부작용은 시간 제한적입니다. 시간이 지나서 약이 몸에서 빠져나가면 문제도 자연스럽게 해결됩니다. 하지만 태아의 경우는 평생 살아가는 데 필요한 여러 장기들이 생성되고 발달해 가는 과정 중에 있기 때문에 아주 작은 영향도 성장 과정에 지속적인 영향을 줄 수 있습니다. 또 태아의 혈뇌장벽이 미숙하기 때문에 뇌에서의 약물 농도가 쉽게 상승하고 간과 신장 기능이 미숙해서 약물이 대사되고 배설되는 데 걸리는 시간도 길어지게 됩니다. 산모에게는 특별한 불편을 주지 않는 약물의 용량이 태아에게는 상대적으로 큰 영향을 지속적으로 줄 수 있는 것입니다. 산모는 약의 부작용을 스스로 느끼기 때문에 바로 알 수 있으나 태아는 표현하지 못하므로 부작용이 있어도 산모가 느끼지 못해서 심각해진 다음에야 대처를 할 수 있게 됩니다. 물론 약물을 먹는다고 반드시 태아에게 영향을 주는 것은 아닙니다. 실제로는 매우 적은 영향을 줍니다. 하지만 아무리 작은 확률이라도 부작용이 생기면 심각한 문제가 될 수 있기 때문에 약물 복용은 피하는 것이 좋습니다.

일시적으로 먹는 약과 지속적으로 먹는 약도 태아에 미치는 영향은 다릅니다. 지속적으로 먹는 것이 태아에게 더 영향을 줄 수밖에 없습니다.

임신 중 어떤 시기에 약을 복용하는가도 중요합니다. 특히 임신 초기(임신 2주부터 12주까지, 특히 8주까지는 가장 위험한 시기)에는 태아의 기관이 형성되는 시기이기 때문에 유산이나 기형의 원인이 될 수도 있으므로 피해야 합니다. 그 이후에는 기형의 가능성은 줄어들지만 없어지는 것은 아니고 조산이나 출산 과정에 영향을 줄 수도 있기 때문에 가급적 사용하지 않는 것이 좋고, 부득이하게 약물치료를 해야한다면 치료자와 상의하에 조심스럽게 접근해야 합니다.

가임 여성이 약물을 복용하면서 임신을 원한다면 체내에 축적된 약물이 모두 몸에서 빠져나가는 데 시간이 필요하기 때문에 최소 임신하기 두 달 전에는 약을 중단할 것을 권유합니다. 출산 후에도 수유 중이라면 아이에게 영향을 줄 수 있기 때문에 수유 중단 후에 다시 약을 복용하는 것이 좋습니다.

약물이 임신에 영향을 많이 줄 수 있기 때문에 FDA(미국식품의약국)에서는 전체 약물을 A, B, C, D, X등급으로 나누어서 관리하고 있습니다. A등급은 임신 중에 약물을 사용할 수 있는 것이고 X등급은 임신 중에 사용 시 태아에게 영속적인 장애를 줄 수 있기 때문에 사용하지 못하는 것입니다.

대부분 정신과 약물은 C등급 이상(C, D, X)입니다. 만약 지금 약을 복용하고 있다면 어떤 약인지는 모르지만 비슷할 것 같습니다(C등급 : 약리작용에 의하여 태아 또는 신생아에 유해한 영향을 미치거나 미칠 가능성이 있는 의약품). 실제로 어느 약물이든 A등급에 해당되는 것은 별로 없습니다.

약과 임신과의 관계를 이야기하면 여성들이 임신에 대해서 두려움을 가지게 될 것도 같습니다. 하지만 임상 경험에서 보면 일반적으로 임신하게 되면 환자들의 공황이 좋아지는 예를 많이 봅니다. 호르몬의 변화가 생리적으로 영향을 주고 있는 것 같고, 임신에 따른 주변의 지지 그리고 임신 자체에 신경 쓸 것들이 많아지면서 공황에 대한 염려나 관심이 오히려 줄어들고 임신 전보다 잘 지내는 경향이 있습니다. 공황은 신체적인 불편함이 있어서 다른 사람들을 의식하게 되는데 임신을 하게 되면 여러 가지 신체증상이 있어도 임신 때문이라고 말할 수 있기 때문에 오히려 심리적인 안정감을 가지게 되기도 합니다. '임신했는데 뭐 어때?'라는 배짱 같은 것도 생기고 실제 다른 사람들도 공황장애만 있을 때는 '또 왜 아프냐?', '또 힘드냐?' 하면서 이해를 잘 해주지 못하는데 임신을 하게 되면 당연하게 받아들이고 이해해 주고 도와주려고 노력하게 됩니다. 임신 중에는 주변의 배려로 충분히 쉬게 되고 스스로도 좋은 생각을 하려고 노력하는데 이런 것도 공황장애 치료에 도움이 되는 것 같습니다. 그래서 임신 시에 오히려 공황 빈도도 줄고 잘 지내는 경우가 더 많습니다.

그러나 모든 사람들이 잘 지내는 것은 아니기 때문에 임신하기 전에 공황장애에 대한 치료를 확실하게 하는 것이 필요합니다. 공황장애를 치료하면서 약에 의존하지 않고 공황을 스스로 대처할 수 있는 인지행동치료를 받을 것을 권합니다.

인지행동치료를 받는 여성들 중에는 임신 때문에 임신 전이나 임신 중에 치료를 받는 사람들이 많습니다. 실제로 9기로 치료받았던 여자 환자는 홍콩에서 임신을 한 후에 한국 친정에 나와서 치료를 받았고 아이를 잘 순산한 뒤 홍콩으로 돌아갔습니다. 이후에도 여러 환자가 치료를 받았고 임신 과정을 카페에 글로 표현해 놓기도 했습니다.

정리하면 이렇습니다. 임신 중에 약물치료는 피해야 합니다. 부득이한 경우 전문가와 상의 후에 복용해야 합니다. 임신을 원한다면 임신 전에 공황장애에 대처할 수 있는 힘을 먼저 길러야 합니다. 회피하지 말고 적극적으로 치료해서 공황이 더 이상 두려운 존재가 되지 않도록 노력하는 것이 필요합니다. 임신은 약물치료를 하는 데 제약이 되어 힘들어질 수도 있지만 오히려 적극적인 치료를 하는 계기가 되어서 공황 극복의 시작이 될 수도 있을 것입니다.

임산부 약물 투여에 대한 FDA 약물 분류 기준

A 임신부 또는 가임 여성의 다수 예에서 사용되어 왔으며, 기형아 발생 빈도의 증가는 없고, 태아에 대한 다른 직간접적인 해로운 작용도 관찰되지 않은 의약품

B 임신 또는 가임 여성에 대한 사용 예는 아직 한정되어 있으나 기형아 발생 빈도의 증가는 없고, 태아에 대한 다른 직간접적인 해로운 작용은 관찰되지 않은 의약품

C 약리작용에 의하여 태아 또는 신생아에 유해한 영향을 미치거나 미칠 가능성이 있는 의약품

   예 푸로작(푸록틴), 졸로프트(셀트라), 팍실, 세로자트(팍세틸)

D 태아에 작용하여 기형아 혹은 회복되지 않는 장애의 발현 빈도를

높이는 의약품

예 자낙스(자나팜, 알프라), 아티반, 디아제팜, 리보트릴, 이미프라민

X 태아에 대하여 영속적인 장애를 일으킬 위험성이 높으므로 임신 중
또는 임신 가능성이 있는 시기에는 사용해서는 안 되는 의약품

공황장애와
유전

공황장애가 유전되는지에 대해 환자들이 많이 궁금해합니다. "내가 공황장애인데 아이를 가져도 되나요? 공황장애가 아이에게 유전되면 어떻게 하지요? 아이가 나처럼 공황장애 환자가 되면 아이에게 너무 미안할 것 같아요. 어떻게 하면 아이에게 영향이 없을까요?"

이런 질문에 분명하게 말씀드립니다. "공황장애는 유전되는 병이 아닙니다. 아이를 가져도 되고 아이를 건강하게 키울 수 있습니다. 다만 부모가 공황장애인 경우 자식에게 유전적인 영향을 줄 수는 있습니다. 다시 말해서 유전병은 아니지만 유전적인 성향은 아이에게 줄 수 있습니다."

좀 더 정확하게 이야기를 한다면 일반적으로 부모가 공황장애가 있

5장 공황장애를 극복하기 위해

을 때 자식이 공황장애가 될 확률은 일반사람들이 공황장애가 생길 수 있는 확률보다 2~3배 정도 높다고 합니다. 최근 공황장애 발병률이 높아지면서 통계 수치도 변화되고 있습니다. 보고에 따르면 미국 성인 인구의 5~8%가 공황장애와 광장공포증 둘 다 또는 둘 중 하나를 가지고 있는 데 반해서 공황장애 환자의 직계가족(부모, 형제, 자녀)에서는 15~20%가 공황장애를 경험한다고 합니다. 하지만 이것은 확률이 높아진다는 것이지 자식이 공황장애가 된다는 이야기는 아닙니다. 확률이 높아진다고 해도 80% 이상은 공황장애가 되지 않기 때문에 대부분은 공황장애가 될 가능성이 없다고 볼 수 있는 것입니다.

통계적으로 공황장애가 될 확률이 2~3배 높아진다고 하지만 이것은 말 그대로 통계적인 것으로 유전적인 요인만을 이야기할 수는 없습니다. 확률이 높아지는 이유 중에는 유전적인 이유뿐만 아니라 자라면서 경험하는 환경적인 학습 영향도 있습니다. 부모가 공황장애로 불안해하는 것을 보고 자라면 아무래도 부모가 두려워하는 상황이나 대상에 대해서 더 걱정하게 되고 예민하게 되는 학습효과도 있기 때문입니다. 그렇기 때문에 순수한 유전적인 영향은 더 적어질 수 있는 것입니다. 학습적인 효과에 유전적인 효과가 더해져 일반적인 발생 비율보다 2~3배 높아지고 전체적으로 15~20%가 된다는 것입니다.

그렇다면 어떻게 해야 유전으로 나타날 확률을 줄일 수 있을까요?

일단 순수하게 유전적으로 영향을 받는 것은 어쩔 수 없는 것입니다. 하지만 환경적인 요소는 다릅니다. 내가 공황장애를 잘 치료해서 건강한 삶을 산다면 자식이 그런 불안을 학습할 일은 없을 테니까요.

유전적인 면을 생각하면서 불안해하기만 할 것인지 아니면 열심히 치료해서 아이에게 부정적인 영향을 주지 않도록 노력할 것인지 우리는 한번 생각해 봐야 할 것입니다.

공황장애는 치료가 어려운 병도 아니고 어떤 장애도 아닙니다. 치료가 잘 되는 병이고 예후도 좋은 병입니다. 설사 유전적인 영향으로 공황장애가 있다고 해도 치료만 제대로 잘 받게 되면 문제가 되지 않습니다. 여러분이 치료를 잘 받아서 공황을 극복하게 된다면 자식이 공황장애가 되어도 여러분 스스로 공황을 잘 알고 공황장애를 다루는 방법을 잘 알고 있기 때문에 자식의 어려움을 공감해 주어서 힘이 되어 줄 수 있고 치료하고 극복하는 방법을 알려 주어서 쉽게 공황장애를 극복할 수 있게 도와줄 수 있을 것입니다. 여러분이 제대로 된 치료를 받아야 하는 이유가 여기에 있는 것입니다.

우리는 누구나 다소 유전적으로 취약한 부분을 가지고 태어납니다. 부모가 혈압이 높은 집안이면 혈압에 다소 취약한 면을 가지고 태어나고, 부모가 당뇨가 있는 집안이면 당뇨에 취약하고, 위장이 안 좋은 집안이면 위장이 취약하고, 뚱뚱한 집안이면 비만에 취약합니다. 한두 가지 정도는 모두 그런 취약성을 가지고 있습니다. 공황장애도 그런 정도입니다. 모두가 가질 수 있는 취약성 중 공황장애에 대한 취약성이 있는 것뿐입니다. 오히려 다른 심각한 질환보다는 긍정적인 면도 많이 있습니다.

혈압에 취약하다고, 비만에 취약하다고 해서 다 혈압이 높아지고 비만이 되는 것은 아닙니다. 스트레스를 잘 관리하고 몸을 잘 관리하면 아무리 취약성을 가지고 태어났다고 해도 그런 질병이 생기는 것은 아닙니다. 중요한 것은 취약성의 유무보다는 각자가 자신의 스트레스나 몸을 잘 관리하는 것이 더 중요하다는 말입니다.

유전에 대한 궁금증이 풀리셨나요? 많아야 가능성 20% 정도밖에 되지 않는 고민은 그만하고 좀 더 건강한 삶을 살기 위해서 노력하기 바랍니다. 여러분이 건강해지면 아이들 또한 건강해질 것입니다.

공황장애 극복 후의 마음가짐
무의, 무필, 무고, 무아

공황장애 인지행동치료를 끝내고 나면 많은 사람들이 좋아지는 모습을 보게 됩니다. 몇 년 동안 복용하던 약을 끊게 되고, 두려워서 하지 못하던 것을 할 수 있게 되고, 못 가던 곳을 갈 수 있게 되고, 직장생활을 잘 못하던 사람들이 직장에 적응을 잘할 수 있게 되는 등 여러 가지 삶의 변화를 경험하게 됩니다.

그런데 치료가 끝나고 몇 개월이 지나면 환자들 중에는 몇몇 어려운 점들을 호소하는 경우가 많이 있습니다. 전과는 분명하게 다르지만 왠지 불안해질 때가 있고 뭔가 힘든 점들이 생긴다고 호소하는 경우가 있습니다.

그래서 이번에는 치료가 끝나고 나서 어떻게 해야 하는지에 대해서 이야기하고자 합니다. 저는 인지치료가 끝날 때쯤 환자들에게 『논어』에 있는 공자의 말을 전하는 것으로 치료를 종결합니다.

자절사(子絶四) : 무의(毋意), 무필(毋必), 무고(毋固), 무아(毋我)

공자는 네 가지를 절대로 하지 않았습니다. 사사로운 의미를 부여하여 억측하지 않았고 기한이나 상황을 못 박으려 하지 않았고 쓸데없는 고집이나 집착으로 자신을 고립시키지 않았으며 사사로운 자신을 버려서 사리사욕을 도모하지도 않았다는 이야기입니다.

이 글은 공자가 세상을 살아간 처세원칙이지만 공황장애를 극복하는 데도 도움이 되는 글이라 치료가 끝날 때 환자들에게 소개합니다. 글귀 하나하나를 공황장애 극복에 연결하면 다음과 같습니다.

첫 번째 구절, 무의입니다. 사사로운 의미를 부여하지 말라는 뜻입니다. 공황장애 환자들은 본인에게 일어나는 변화를 모두 공황과 관련시켜 생각하는 경향이 있습니다. 치료를 받기 전에도 그렇고 치료 후에도 그렇습니다. 치료받기 전에는 모든 것을 공황과 관련지어서 불안해하고 두려워합니다. 반면 치료가 끝난 후에는 거꾸로 공황과 관련지어서 무시하려고만 합니다.

둘 다 좋은 태도는 아닙니다. 상황에 맞게 행동해야지 공황과 관련지어서 두려워해서도 무시해서도 안 되는 것입니다. 소화가 잘 되지 않을 때 공황이 올까 봐 두려워하는 것도 문제지만 소화가 잘 되지 않는데도 공황 때문이라고 생각하고 소화제를 먹지 않는 것도 문제라는 뜻입니다. 경우에 따라서는 병을 키울 수도 있으니까요. 있는 그대로 보려는 노력이 필요합니다. 무의는 공황장애 극복 후에 공황을 통해서 세상을 보지 말고 있는 그대로 객관적으로 보라는 뜻입니다.

두 번째는 무필입니다. 반드시 그런 것은 없다는 뜻입니다. 치료가 끝나면 불안은 없어야 한다고 생각하는 경우가 있습니다. 공황도 절대로 와서는 안 된다고 생각하는 사람들도 있습니다. 그렇지 않습니다. 불안이 없어야 한다고 생각하는 사람들이나 공황이 오면 안 된다고 생각하는 사람들은 그만큼 불안과 공황을 두려워하는 사람들입니다. 불안이나 공황은 위험에 대한 자연스러운 반응이기 때문에 우리에게 없어서는 안 되는 생리적인 현상입니다.

치료가 잘되어서 몇 달 동안 잘 지내면 환자들 중에 '어, 이러다 불안해지면 어떻게 하지?' 하고 너무 편한 것을 걱정하는 경우도 있고 시험이나 이별 등으로 불안이 생기면 왜 불안이 생겼나 생각하면서 불안을 없애야만 된다고 생각하는 경우도 있습니다. 그런 환자들은 그만큼 불안을 두려워하는 것이고 불안이 조금이라도 있는 것을 견디지 못하는 것입니다. 하지만 그런 생각을 할수록 오히려 불안은 더 올라오게 마련입니다. 이제는 불안을 자연스러운 것으로 여길 수 있어야 합니다. 없애는 것이 아니라 조절하는 것으로 생각해야 합니다. 절대로 불안해서는 안 된다는 생각을 버려야 합니다. 불안할 수도 있고 불안이 필요하다고 생각하고 과장된 불안만 조절한다고 생각해야 합니다.

또 치료 후에 상황에 따라 나빠질 수도 있고 약을 다시 복용할 수도 있습니다. 이런 경우 크게 낙심하거나 불안해할 수도 있습니다. 하지만 이런 문제는 치료 과정에서 당연히 나타나는 것들입니다. 치료가 끝나면 절대로 나빠지면 안 된다는 생각, 절대로 약을 먹으면 안 된다는 생각, 절대로 병원에 다시 가면 안 된다는 생각이 오히려 치료를 더 방해합니다. 상황에 따라서 변할 수도 있다는 생각, 약은 이용하면 된다는 생각, 아프면 병원에 갈 수도 있다는 생각을 할 수 있어야 합니다. 우리 몸은 항상 100%가 될 수는 없습니다. 70~80% 정도의 몸 상태를 유지할 수 있으면 건강한 사람입니다. 100%가 되어야 한다는 강박적인 생각을 버리기 바랍니다.

세 번째는 무고입니다. 집착해서 자신을 고립시킨다는 뜻이죠. 공황장애 환자분들은 공황에 대한 두려움으로 많은 것에 집착하게 됩니다. 약이나 도와줄 수 있는 사람에게 집착하기도 하고 공황과 관련된 자신만의 징크스에 집착하기도 합니다. 이런 집착은 일상생활에 제약을 가져와서 스스로를 고립시킵니다. 도와주는 사람이 있어야만 밖에 나갈 수 있는 사람은 그 이유로 집에만 있게 됩니다. 뭔가에 집착하는 만큼 일상생활에 제약을 받게 되고 고립됩니다.

치료가 끝나고 나서 힘든 경우 내가 지금 이 순간 무엇에 집착하고 있는 것인지, 그 집착이 나의 생각과 감정과 행동에 제약을 주는 것은 아닌지 자신을 한번 생각해 보기 바랍니다. 무언가에 집착하고 있으면서 생각과 행동과 감정을 아무리 바꾸려고 노력해 봐도 바뀌지 않습니다. 내가 그토록 집착하고 있는 것을 내려놓아야 내 감정, 행동, 생각도 변화될 것입니다.

네 번째는 무아입니다. 사사로운 자기 자신을 버려야 한다는 뜻입니다. 치료 중에는 환자분들에게 인지행동치료를 받은 사람처럼 행동해야 한다고 합니다. 치료를 받지 않고 이 책을 읽으신 분들에게는 『굿바이 공황장애』를 읽은 사람처럼 행동해야 한다고 말하고 싶습니다. 공황에 대해서 잘 알고 있고 어떻게 하면 극복할 수 있는지 충분히 알고 있으며 호흡법, 이완법 등을 통해서 자신의 신체도 잘 통제할 수 있으면서 불안이라는 요소가 나타나거나 공황이 나타났을 때 아무것도 모르는 사람처럼 행동하지 말라는 뜻입니다. 충분히 자신감을 가지고 자신을 통제할 수 있으면서도 자신을 믿지 못하고 아무것도 모르는 상태로 돌아가서는 안 됩니다.

여러분에게는 무기가 많이 있습니다. 치료를 받기 전에는 여러분을 지켜줄 것은 약밖에 없었습니다. 하지만 지금은 많은 무기가 있습니다. 그리고 그 무기를 아주 잘 다룰 수 있도록 훈련도 했습니다. 공황을 잘 알고 있는 것, 생각을 바꿀 수 있는 힘이 있는 것, 긴장을 조절하고 호흡을 조절할 수 있는 방법을 알고 있는 것, 어떻게 불안한 대상에 노출해야 하고 노출하고 나서 어떻게 생각해야 하는지 알고 있는 것, 공황을 함께 이야기할 수 있는 동기가 있는 것, 언제나 접속해서 이야기할 수 있고 도움을 받을 수 있는 카페가 있는 것, 치료가 끝나도 계속되는 추적치료나 정기모임이 있는 것, 언제나 쉽게 도움을 받을 수 있는 병원이 있는 것 그리고 어떤 약을 쓸 수 있고 그 약의 문제는 무엇이며 또 어떻게 이용할 수 있는지 알고 있는 것 등 주변에는 이렇게나 많은 무기가 있습니다. 여러분은 상황에 맞게 이 많은 무기를 이용하면 됩니다. 방법을 몰라 우왕좌왕하던 때와는 너무도 다른 상황입니다. 자신

5장 공황장애를 극복하기 위해

을 믿고 대처하기 바랍니다.

물론 이 말들은 인지행동치료를 받은 분들에게 하는 말이기 때문에 책만 읽은 분들에게는 부족한 부분이 있을 수 있습니다. 부족한 부분은 책을 참고로 실제로 일상에 적용하는 노력과 시간이 필요하고 치료를 받고 계시다면 선생님과 부족한 부분에 대해서 상담하는 과정도 필요합니다.

지식과 기술의 차이를 아십니까? 지식은 머릿속에 있는 것이고 기술은 몸에 배어 있는 것입니다. 지식은 시간이 지나면 없어지는 것이고 기술은 습득된 것이기 때문에 시간이 지나도 없어지지 않습니다.

지식은 시간만 투자하면 얻을 수 있습니다. 지식을 얻기 위해 노력해야 하지만 그 과정이 고통스럽지는 않습니다. 반면에 기술을 습득하려면 많은 시행착오와 실수를 해야 하고 고통도 수반됩니다. 그러나 그렇게 습득된 기술은 변화되지 않습니다.

치료가 끝나고 지식이 기술로 바뀌려면 여러분은 더 많은 노력을 해야 합니다. 더 많이 힘들어야 합니다. 힘든 것을 피하려고 하지 말고 치료의 과정으로 보고 극복하기 바랍니다. 여러분은 그 방법을 충분히 알고 있고 할 수 있습니다. 그리고 그런 과정들이 지나면 공황장애를 완전히 극복하게 될 것입니다. 항상 용기를 잃지 말고 노력하기 바랍니다.

힘들지? 괜찮아
공황장애일 뿐이야

진료실에서 또는 홈페이지를 통해 환자 가족들이 질문하는 경우가 많이 있습니다. 동생이 공황장애인데 혹은 아내가 공황장애인데 어떻게 하면 도와줄 수 있냐고 물어봅니다. 이럴 때 제가 가족들에게 하는 말은 한 가지입니다. 그것은 환자의 마음을 공감해 주라는 것입니다. 공황장애 환자들이 가족과의 관계에서 가장 힘들어하는 것은 가족들이 이해하지 못한다는 것, 또 가족들이 이해하지 못하면 어떻게 하는가 하는 것입니다.

사람의 마음을 공감한다는 것은 매우 큰 힘을 발휘할 수 있습니다. 소위 정신치료라는 것도 결국은 의사가 환자의 마음을 공감해 주는 것입니다. 서양의 정신치료에서는 주요한 치유인자로 치료자의 환자에 대한 사랑, 환자를 돕고 싶은 마음, 치료적인 에로스를 강조합니다. 동양에서도 수천 년 전부터 내려오는 인, 자비로 접근해 오고 공감적인 응답을 치료자의 중요한 덕목으로 보고 있습니다.

공감의 힘은 치료하는 상황에서도 많이 볼 수 있습니다. 인지행동치료를 받는 환자들 중에 이런 이야기를 하는 사람들이 많이 있습니다. "일주일 동안 이 시간만을 기다리고 있습니다. 그동안 다른 사람들에게 하지 못했던 말을 나를 이해해 주는, 나와 비슷한 것을 느끼는 사람들과 이야기하는 것이 정말 즐겁고 기다려집니다."

실제로 치료 첫 시간에 환자들은 모두 긴장합니다. 어떤 사람들이 와 있을까? 이상한 사람들이면 어떻게 하지? 이런 생각들이 환자들을 불안하게 만듭니다. 하지만 1시간만 끝나면 이미 서로 친해지고 서로 이해하기 시작합니다. 같은 것으로 고통받고 있다는 것이 서로를 쉽게 공감하게 만들고 가깝게 만드는 것이지요. 그리고 이런 환자들 사이의 공감은 치료적으로 이어집니다. 서로가 서로를 치료하는 상황이 이후에 나타나게 됩니다. 자신의 노하우를 전달하려고 노력하고 또 다른 사람들이 하는 말을 소중하게 듣고 치료에 용기를 내게 됩니다.

정신치료학회에서 한 노스님이 강의하신 적이 있습니다. 치료자의 태도에 대해서 말씀하셨는데 이것이 제가 환자들을 이해하고 치료하는 데 많은 도움이 되었습니다.

어떤 불심이 높은 여신도가 있었다고 합니다. 그 여신도에게는 공부도 잘하고 착한 아들이 있었는데 열심히 공부해서 서울에 있는 대학에 갔다고 합니다. 대학을 보내고 너무 기뻐했는데, 이 아들이 공부는 안 하고 부모에게서 받은 돈을 유흥비로 탕진하면서 방탕한 생활을 했습니다. 그 사실을 뒤늦게 알고 나서 충격에 몸져눕게 되었는데 먹지도 못하고 움직이지도 못하게 되었다고 합니다. 이 이야기를 듣고 스님이 여신도를 찾아갔습니다. 다 죽어가는 그 신도를 보고 놀라서 신도가 하는 이야기를 듣고 한참을 걱정했다고 합니다. 어떻게 해야 하나 고민을 하다가 아들을 만났다고 합니다. 아들을 만나서 "네 어미가 다 죽어가니 우선 어머니를 살리자. 거짓이라도 좋으니 어머니에게 잘 못했다고 하고 앞으로는 공부 열심히 하겠다고 다짐을 하고 어머니를 안심시켜라."라고 했답니다. 아들이 어머니에게 가서 스님과 약속한 대로 말을 하고 용서를 빌었다고 합니다. 그랬더니 어머니의 얼굴 표정이 밝아지면서 그래 한번 믿어보자 하시면서 물을 마시더랍니다. 그러면서 하는 말이 조금 전까지만 해도 물이 써서 입에 넘어가지 않았는데 이제 물이 달다고 하면서 일어났다고 합니다.

이 일이 있고 나서 그다음에 이와 비슷한 일이 또 있었다고 합니다. 그런데 이번에는 스님도 자신이 있었다고 합니다. 한 번 그런 일을 경험했기 때문에 자신이 이런 일을 잘 처리한다는 교만함이 있었다고 합니다. 그래서 전처럼 똑같이 아들에게 어머니에게 잘못했다고 하라고 했답니다. 그런데 이번에는 전처럼 아들도 스님의 말을 잘 듣지 않고 어머니도 아들의 이야기를 듣고 좋아지지 않았다고 합니다.

같은 상황인데 다른 결과를 가져오게 된 것이죠. 두 상황의 차이를 스님은 공감의 차이라고 말했습니다. 처음 상황은 스님이 신도의 말을 충분히 듣고 함께 해결하려고 고민하고 신도의 마음을 이해하려 했으며 이런 노력이 신도와 아들에게 전달이 된 것입니다. 하지만 두 번째 상황은 그런 노력 없이 해법만을 제시했기 때문에 스님의 마음이 전해지지 않고 자신들의 마음이 공감된다는 느낌이 전달되지 않아 효과가 없었다는 이야기입니다. 같은 해법을 제시해도 공감이 동반되는 것과 동반되지 않는 것은 전혀 다른 결과를 가져온다는 것입니다. 그만큼 상대의 마음을 이해하려는 노력은 치료적이라는 겁니다.

저는 환자 가족들에게 부탁드리고 싶습니다. 이것이 병이다 아니다 라는 어떤 사실보다는 '내 가족이 이렇게 힘들어하는구나' 하고 힘들어하는 마음을 이해해 주려고 노력해 주십시오. 물론 가족이 이해한다고 치료가 되는 것은 아닙니다. 치료는 의사와 환자가 해야 하는 것입니다. 하지만 이해받고 있다고 생각하는 사람과 이해받지 못한다고 생각하는 사람의 치료 결과는 차이가 날 수밖에 없습니다.

또 가족들이 환자들에 대해서 이런 걱정을 하기도 합니다. 이렇게 행동하면 환자 치료에 도움이 되나, 이렇게 이야기하면 어떻게 하나. 저에게 자세한 행동지침을 받고 싶어 합니다. 저는 세세한 말이나 행동은 중요하지 않다고 말합니다. 중요한 것은 가족이 나를 이해하고 있다는 믿음입니다. 그런 믿음만 있을 수 있다면 어떤 실수를 하더라도 문제가 되지는 않습니다. 어떤 말이나 행동보다도 환자에게 가족이 자신을 믿고 있고 이해하고 있다는 느낌이 전달될 수 있도록 하는 것이 더 필요합니다.

환자들에게도 이렇게 이야기하고 싶습니다. 환자들은 가족이 공황을 이해하지 못하면 그것은 자신을 인정하지 못하는 증거이고 자신을 사랑하지 않는 증거라고 생각해서 힘들어하는 경우가 많이 있습니다. 단순히 공황을 모르고 있다고 생각하면 그렇게 힘들지 않을 것입니다. 하지만 그것이 나를 사랑하지 않는 증거이고 더 나아가 가족들에게 나는 가치 없는 존재라고 생각한다면 그것은 자신을 비참하고 우울하게 만들 것입니다. 이것은 지나친 일반화이고 과장된 생각입니다.

우리는 있는 그대로 보려고 노력해야 합니다. 공황을 몰라서 그런다고 생각하면 그렇게 서운하지도 않고 공황을 이해시키려는 노력을 통해서 가족들이 나를 이해하게 만들 수도 있을 것입니다. 하지만 나를 사랑하지 않는 것이라고 생각하면 가족들 사이에서 의기소침할 수밖에 없고 나에게 조금만 서운한 이야기를 해도 쉽게 상처 받고 가족들을 이해시키려는 노력도 하지 못하게 될 것입니다. 가족들과는 점점 더 멀어지게 됩니다.

공황장애는 마음이 약해서 생기는 병도, 자신을 방어하려고 꾀병을 부리는 것도 아닙니다. 신체적인 요소와 정신적인 요소, 환경적인 요소가 결합된 질병입니다. 병 이상도 병 이하도 아닙니다. 환자나 가족들 모두 공황장애를 병으로만 보고 이해하려고 노력한다면 가족들 간에 서운함이나 불편함은 없어질 수 있을 것입니다.

이 책을 읽고 이제 공황장애를 잘 알게 됐을 것 같습니다. 공황장애를 진단받았다면 스스로에게, 또는 공황장애를 진단받아 힘들어하고 있는 가족이 있다면 가족에게 이렇게 이야기하기 바랍니다. "많이 힘들지? 하지만 괜찮아. 나는(너는) 공황장애일 뿐이야. 얼마든지 치료 가능한 병이야. 공황장애를 극복하기 위해 함께 노력하자!"